百万册
升级版

CURRENCY WARS

货币战争3

金融高边疆

宋鸿兵◎著

中信出版集团 · 北京

图书在版编目（CIP）数据

货币战争 . 3，金融高边疆 /（美）宋鸿兵著 . -- 北京：中信出版社，2017.7（2025.12 重印）
ISBN 978-7-5086-7664-7

I. ①货… II. ①宋… III. ①货币史 – 世界 IV. ① F821.9

中国版本图书馆 CIP 数据核字（2017）第 099586 号

货币战争 3：金融高边疆

著　　者：宋鸿兵
出版发行：中信出版集团股份有限公司
（北京市朝阳区东三环北路27号嘉铭中心　邮编　100020）
承 印 者：北京通州皇家印刷厂

开　　本：787mm × 1092mm　1/16　　印　　张：23.5　　字　　数：320 千字
版　　次：2017 年 7 月第 1 版　　印　　次：2025 年12月第 38 次印刷
书　　号：ISBN 978-7-5086-7664-7
定　　价：46.00 元

目　录

CURRENCY WARS

第三章
“四一二”政变：蒋介石的“投名状”

第四章
红色中央银行

第五章
蒋介石的金权天下

第六章
皇权与金权

第七章
金陵梦断

第八章 人民币的诞生

第九章 金融高边疆与人民币国际化

第十章
白银的光荣与梦想

自 序

CURRENCY WARS

2014年年初，美联储开始逐步退出持续了五年之久的货币宽松政策，全球经济面临金融生态环境巨变的严峻考验。金融危机以来，廉价美元充斥世界，在各国货币刺激的大潮中，债务脱缰，泡沫奔腾，资产价格高悬，与此同时，实业复苏疲软，财富分裂加剧，就业增长滞后，消费需求萎靡。导致旧危机的痼疾远未根治，而货币宽松政策所产生的新挑战已迫在眉睫。当世界货币扩张的总源头美联储开始踩刹车时，新兴市场国家从亢奋的资产升值幻梦中清醒过来，在高负债的压力之下纷纷发生金融内爆，股票市场大幅暴跌，债券市场满地鸡毛，汇率一泻千里，房地产拐点骤现。山雨欲来风满楼，一场新的危机已不再遥远。

人们终将承认，货币宽松解决不了问题，货币宽松本身才是问题！

国家有界，金钱无疆。货币主导国家总是能够通过控制世界储备货币的资金成本，左右其他国家汇率的波动、资本的流向和信用的稀缺，从而影响别国的经济繁荣、金融安全和社会稳定。货币从来就不是一种中性的经济要素，货币发行乃是人类社会最重要的权力之一。恰如美国货币史学家杰克·韦瑟福德所言，“控制货币是一场伟大的斗争，控制货币的发行和分配，就是为了控制财富、资源和全人类。”

不仅现实如此，历史也是如此；不仅西方如此，中国同样如此。

货币在中国的历史文献中，远不如政治、文化和军事的地位显赫。人们往往熟知历朝历代帝王的文韬武略，对将相名臣的事迹如数家珍，文人墨客的诗歌趣闻更是代代相传，而货币却鲜有抛头露面的机会。货币在中国似乎是一个被遗忘已久的领域。

本书将沿着金钱的主轴，逐步展开中国近代史的画卷。一幅幅熟悉的图像经过货币“显影液”的透视效果，将呈现出迥然不同的脉络风格。为什么鸦片贸易和鸦片战争只在中国发生？为什么日本的明治维新能成功，而中国的洋务运动却会失败？为什么蒋介石拿着苏联的卢布完成了北伐，却会突然变脸反共？为什么国共两党都要“一手抓枪杆子，一手抓钱袋子”？为什么蒋介石能够统一货币却不能维护货币主权？为什么国民党的法币改革激怒了日本，引诱着英国，却最终扑入美国的怀抱？为什么日本会存在皇权与金权之争？为什么日本军队总是发生“下克上”？为什么日本政变不断、刺杀成风？为什么国民党的法币改革刺激了日本，并加速了日本侵华战争的爆发？为什么国民党的法币最终走向崩溃，而共产党的人民币却能横空出世？

这些历史疑问迫使我进行更深入的思考，并逐渐认识到货币发行权对中国近现代史的巨大影响力。而构成和行使货币发行权，则需要一整套体系架构来支撑，这是我在这本书中对货币发行权的一种新的认识，我将这一体系称为“金融高边疆”。

“高边疆”理论是美国陆军中将格雷厄姆于20世纪80年代初提出的国家安全新思维，他继马汉的“海权论”和杜黑的“空权论”之后，提出太空也是主权国家必须捍卫的“高边疆”，并形成了美国星球大战计划的理论基础。

在研究欧、美、中、日等地区和国家的金融史的过程中，我越来越感觉到，金融是一个主权国家必须要捍卫的“第四维边疆”。主权国家边疆的概念，不仅仅包括陆疆、海疆、空疆（含太空）所构成的三维物理空间，还需要包括新的一维：金融。在未来国际货币战争阴云密布的时代，金融高边疆的重要性将日趋凸显。

从欧美各国金融进化的路径中可以清晰地发现，货币本位、中央银行、金融网络、交易市场、金融机构与清算中心共同构成了金融高边疆的体系架构。建立这一体系的主要目的就是，确保货币对资源调动的效率和安全。从中央银行创造货币的源头，直至最终接受货币的客户终端，从货币流动的绵密网络，到资金汇划的清算中心，从金融票据的交易市场，到信用评估的评级系统，从软性的金融法律制度监管，到刚性的金融基础设施建设，从庞大的金融机构，到有效的行业协会，从复杂的金融产品，到广泛的投资工具，金融高边疆保护着货币血液从中央银行心脏流向金融毛细血管，乃至整个经济体的所有细胞，并最终流回中央银行循环系统的效率与安全。

这就对未来人民币国际化的战略提供了新的视角。人民币国际化不仅仅是将人民币放出去进行体外循环这样简单，人民币的自由兑换、放开资本项目管制、跨境贸易的人民币结算、货币互换以及人民币的离岸中心建设，仅仅是人民币国际化的初始阶段，这些工作必须与一整套体系配合才能达成预期效果。人民币要走出去，更要看得见，还要管得着。未来不管在世界的任何地点，只要有人民币存在的地方，都是中国的国家利益之所在，必须进行有效和可靠地监控，以确保这些海外流通的人民币处于“合法”使用的范畴。

在本书中，贯穿始终的一条暗线就是白银。白银作为通货，在最近500年的历史中，成为中国人生活中必不可少的关键要素。它曾是真正的世界货币，在推动东西方贸易的400年中，发挥着主导作用。它又是被广泛使用的工业金属，并将在未来美元日薄西山的过程中，发挥更为重大的金融与工业的双重功能。物以稀为贵乃是投资的天道，而白银完美符合这一原则。

在本书第一版创作的两年里（2008 年秋到 2010 年秋），受金融危机的影响，白银价格一度跌至 9 美元（每盎司，下同），并在之后大部分时间里稳定在 15 美元左右，由此我判断银价处于被低估的状态，建议读者应该考虑白银投资。在本书 2010 年秋完稿之后，银价即从 18 美元开始一路剧烈攀升，并在 2011 年夏一度逼近 50 美元。当然，投机性狂热很难持久，银价最终回到了 20~25 美元的稳定区间。考虑到全球货币超发的现状和未来通货膨胀的隐忧，加之白银开采成本的显著上升，我认为白银已经又一次处于被低估的状态，在未来的价值发现过程中，白银将再度引发世人的关注。

研究货币历史的目的，在于看清货币的现状，以及洞察货币的未来。金融危机结束 5 年以来的全球货币宽松政策，制造的危险比解决的问题还要多，它并没有带来真正的经济复苏，反而将世界推向了下一次危机的边缘。

货币的命运最终也代表着国家的命运，货币走向何方，将标志着世界走向何方，让我们拭目以待。

宋鸿兵

2014 年 3 月于北京

第一章

金融高边疆的陷落

CURRENCY WARS

本章导读

谁是暗算胡雪岩的真凶？

为什么鸦片战争只发生在中国？

为什么中国的银本位会败在英国的金本位脚下？

为什么中国的钱庄与票号没能发展成世界金融帝国？

为什么只有中国盛产洋买办？

西方列强仅凭坚船利炮和工业革命是不可能将中国变成半殖民地的，割地赔款、开放通商口岸也不能窒息中国的经济潜力。导致清帝国衰落的真正原因在于西方金融资本势力首先攻破了中国的金融高边疆。

鸦片贸易的首要战略目标是颠覆中国的货币体系，而这一战略的制定和执行都源于伦敦金融城。鸦片战争实际上是英国的金本位与中国的银本位之间的一场战略决战，战争的胜负将决定东西方未来数百年的盛衰兴亡！

对于大英帝国的银行家而言，其最高战略目标就是：以伦敦作为世界金融的中心，以黄金作为世界货币的本位，大英帝国通过英格兰银行向全球输出英镑信用，将欧美主要国家变成金本位的核心成员，将世界的边缘国家变成英镑的附属地区，用战争与暴力维护这一体系的运转，以货币最大限度地控制和调动全球资源，最终完成对世界财富和全人类的控制。

英国金融资本的突击力量远比船坚炮利的帝国海军更具威力，它们将首先打垮中国的银本位，抢占中央银行这一控制清帝国银根的战略制高点，渗透和蚕食中国的金融网络，掌握中国资本与信用流动的渠道，完成对中国金融高边疆的全面控制。

在丧失金融高边疆控制权的情况下，中国的贸易定价权、工业自主发展的定位权、政府的财政税收权、军事与国防的开支权将逐步沦丧。中国将不可避免地成为西方列强的待宰羔羊。

实际上，清帝国的败亡，金融先于军事。

美国人马汉在19世纪末首先提出了“制海权”的概念，认为“控制海洋就是控制世界”。1921年，意大利人杜黑提出“制空权”的概念，提出“掌握制空权就是胜利”。时隔60年，美国陆军中将格雷厄姆又提出了“制太空权”的“高边疆”理论，坚信“控制外层空间就可以称霸世界”。

格雷厄姆有丰富的阅历，曾任美国国防部情报局副局长、中央情报局副局长和国防部情报局局长等职，1980年，他还担任过里根总统竞选的国防顾问。1981年，里根政府上台后不久，格雷厄姆在传统基金会的资助下，组建了“高边疆”研究小组。该小组由美国30余位著名的科学家、经济学家、空间工程师和军事战略家组成。经过7个多月的精心研究，于1982年3月3日以“高边疆——新的国家战略”为题抛出其研究报告。“高边疆”战略公之于世后，立即受到美国政府、军方和公众的关注，并且对美国的经济、政治、军事、高技术发展以及世界局势产生了重大影响。“高边疆”战略的核心是指历史上具有不断开拓疆域传统的美国，今后应该在地球的外层空间进行新的开拓，把太空作为美国新的战略疆域和控制范围。

无论是制海权、制空权，还是“高边疆”理论，归根到底强调的都是控制范围和控制能力。从西方文明的视角看，有人类活动而没有被控制的地区都是需要征服的“边疆”。

地球上，从大陆到海洋，从土地到天空，甚至包括太空，有人类活动的物理空间基本都已被大国严密地控制了。而金融领域正在日益成为大国博弈的主战场。

国家的边疆，不仅仅是陆疆、海疆、空疆所构成的三维物理空间，未来还需要包括新的一维：金融高边疆。

“猎杀”胡雪岩

1883 年 11 月初，胡雪岩经历着人生中最痛苦的煎熬时期，他苦心经营一辈子的金融帝国即将土崩瓦解。这是一个用 2 000 万两白银打造出的超级神话，如果以粮食的购买力估算，一两白银大约相当于今天的 200 元人民币，也就是说，胡雪岩当时的金融帝国大致拥有 40 亿元人民币的总资产。可是，当时的胡雪岩却面临着一场致命的“完美”风暴。

红顶商人胡雪岩

同年 11 月初，他有一笔 50 万两白银的汇丰银行债务必须偿还，这笔债务让他备感焦虑。在正常情况下，以胡雪岩的财富规模，绝对不至于被区区 50 万两白银难倒。不幸的是，他的对手们早已布下天罗地网，此时的胡雪岩已难逃被围猎的命运。他隐隐有一种不祥之感：“市面太坏，洋人太厉害，我不晓得怎样才能翻身？”

胡雪岩的正面敌人就是英国的怡和洋行，此时双方正在围绕生丝生意的霸主地位展开激烈较量。

在整个 19 世纪 70 年代，洋行牢牢地控制着中国生丝出口的定价权，在洋行的压迫下，生丝价格每况愈下，10 年中已跌去一半，江浙一带的丝农们苦不堪言，当地的丝商们惨淡经营，高额利润尽被洋行鲸吞。

胡雪岩开始介入生丝生意后，对洋行的高压有了切肤之痛。眼看着丝农被洋行敲骨吸髓而陷入破产境地，他暗暗下定决心，一定要夺取生丝贸易的定价权，迫使洋行在价格上让步。他开始仔细寻找洋行价格控制体系的破绽。洋行控制了生丝贸易融资、国际汇兑、外销渠道和航运保险，又有大英帝国的炮舰做后盾，似乎不可战胜。然而胡雪岩还是敏锐地捕捉到了洋行的死穴——难以控制生丝的生产源头。

胡雪岩决心占据生丝源头这一战略制高点，一举击破洋行对生丝的定价霸权。

机会终于在1882年到来了。初春，胡雪岩深入生丝产地进行仔细调查，同时在与当地生丝商人们的交流中发现，当年的生丝收成减少，将出现严重的供货不足。他立刻抓住这一难得的时机，开始悄悄行动，在江浙育蚕村镇四处采购，广发定金，控制货源。

果然，市场上当年5月生丝收成估计为8万包，而“在8月，逐渐清楚的是，收成被多估了2万包”。

早已完成生丝货源控制的胡雪岩立刻部署总攻。他动员起自己庞大的金融帝国中的每一个铜板，将上千万两白银全部投入这场中国商业史上前所未有的大决战中。到1882年夏，他共囤积了近2万包生丝[1]，占全部货源的1/3强。为彻底控制价格，他力邀丝业同行组成生丝价格同盟，坚持高价出售，试图一举拿下生丝的定价权。

这一招果然奏效，怡和洋行突然发现不出更高的价钱就难以买到生丝，它试图各个击破，但胡雪岩篱笆扎得很紧，稍微有些规模的丝商都被知会要遵守大家约定好的报价。“上等生丝在伦敦每包售价仅仅16先令6便士，但上海的丝价，由于胡雪岩的收购和操纵，折合英镑竟达17先令4便士。”[2]大多数洋行的逻辑是，自己对生丝价格的有组织打压不算操纵，而中国有组织的反抗却算操纵。这样的逻辑直到今天仍在大行其道，美国狂印美元不算操纵汇率，而中国的反制应对却被判定为操纵汇率行为。

怡和洋行无奈之下，只能请大清海关总税务司、英国人赫德出面斡旋。对，大家没有看错，是英国人在当中国海关的一把手。这并不是清政府为了吸引外国人才所制定的特殊政策，而是英国人打败清政府后，强迫清政府割地赔款，为确保中国准时付钱，直接任命英国人看管中国海关，所有海关关税收入都直接被英国人拿走冲抵赔款。

赫德 28 岁就执掌了大清海关，属于典型的少年得志，但与胡雪岩比起来还稚嫩得多。他以邀请胡雪岩合伙办丝厂为诱饵，以“市价以外，另送佣金”为条件，企图说动胡雪岩做出价格让步。不久，日本商家也登门求购，开出的价格是，按照当时的市价，再加 800 万两白银，经谈判后，同意加到 1 000 万两白银。只要胡雪岩点头，相当于今天 20 亿元人民币的毛利就到手了。形势一片大好。然而胡雪岩拒绝了，他要更高的价格。

就在这时，“欧洲的蚕丝却见丰收，伦敦和欧洲大陆市场能够不再受到中国歉收的影响”[3]。洋行转而寻求收购欧洲本土生丝。到 1883 年年关时，丝价大跌，一半丝商推迟结算，几家大的丝行破产。胡雪岩试图邀集丝商将来年的新丝再次收尽，以迫使洋行屈服，结果无人响应。

上海市场生丝成交冷淡，买卖双方僵持了整整 3 个月。此时，双方较量的就是资金的实力了。

怡和洋行可不是一般的洋行，它的后台大老板乃是十七大国际银行家族中起家最早、势力最大的英国巴林银行。在 19 世纪，巴林家族号称是“欧洲第六大强权”，其发迹比罗斯柴尔德家族更早，在国际金融领域曾是无可争议的老大。有此强援，怡和洋行在与胡雪岩的对峙中，始终处于不败之地。

盛宣怀

而胡雪岩的处境却开始不妙了。要知道，维持价格控制需要高昂的成本，对加盟丝商的利益补偿、高价收购生丝、提高定金比例、不菲的货栈费用、巨大的融资成本、运输、保险、人工全都要钱。惊人的资金占用使得胡雪岩的现金流处于日益脆弱的危险之中。

早已将这一切看在眼里的北洋派干将盛宣怀开始行动了。他正在密谋“废掉”胡雪岩。

胡雪岩与盛宣怀并无太深的个人恩怨，

只是各为其主罢了。胡雪岩的后台是当时的两江总督左宗棠，在平定新疆叛乱的过程中，胡雪岩作为其总后勤，运用自己阜康钱庄的信用和金融网络，于1867年首创以海关关税为抵押向洋行和外资银行举债，14年中，为左宗棠的军事行动融资1 600万两白银，为左宗棠收复新疆的历史殊勋立下了汗马功劳。1883年使胡雪岩陷入绝境的50万两白银的汇丰银行债务，正是他以自身信用为收复新疆的战争债务所做的担保，如果政府的钱不能准时到位，他将不得不自己掏钱垫付给汇丰银行。

盛宣怀的后台自然是北洋大臣李鸿章。李鸿章与左宗棠的矛盾天下皆知。19世纪六七十年代，中国出现了严重的边疆危机。中国的西北方向，中亚的阿古柏利用当时中国西北地区的民族与宗教矛盾，在英、俄等列强的支持下，侵入新疆，成立了所谓的“浩罕国”。不久，俄国军队占领边防重镇伊犁，西北塞防形势危如累卵。同时，在中国的东南方向，日本又挑起了侵略台湾地区的严重事端，中日之间战事一触即发。“太平天国”十四年战争之后，清朝府库一贫如洗，国家财政已无力同时打赢两场战争。可是，李鸿章所代表的“海防派”主张以强化海军为优先要务，为此不惜放弃新疆；而左宗棠坚持“塞防”绝不可废，应该毫不犹豫地对新疆叛乱进行武力征伐。双方矛盾的焦点就是“筹饷”问题，如果朝廷决定“海防”优先，则巨额的资金将流进北洋派的势力范围，而确立“塞防”国策，则左宗棠必然实力大涨。这是一场关乎国家利益和个人利益的尖锐较量。

最终，左宗棠胜利收复新疆全境，其声望与地位一时压倒了李鸿章。此时，中法战争又阴云密布，左宗棠再次主战，李鸿章再度主和。李鸿章生怕大笔资金再度流入主战派手中，致使北洋系经费来源不足，因此决定发动“倒左”攻势。打仗打的是钱粮，欲制住左宗棠，必先废掉左宗棠的“钱袋子”胡雪岩。

盛宣怀要彻底搞垮胡雪岩并不是件简单的事，他的能量也仅限于截断北洋系控制下的上海道应付给胡雪岩的50万两协饷，这笔钱正是朝廷偿还汇丰银行的欠款。而胡雪岩由于用阜康钱庄的信用为朝廷向汇丰借款，如果朝廷迟付，他就必须垫支。不过，胡雪岩毕竟是玩金融的，身在上海的资本市场中心，无论是向汇丰银行提出贷款展期，还是向其他外国银行拆票，或者向上海钱庄、票号同业拆借，抑或将价值近千万的生丝进行抵押贷款，更何况，他还有上万亩的土地、庄园等不动产，以及20多家典当铺、连锁票号和胡庆余堂药店等庞大经营性资产，筹措50万两白银并不是件太难的事。

因此，盛宣怀不仅需要掐断胡雪岩的官府资金来源，更需要斩断胡雪岩在资本市场上的一切融资通道，而这绝不是盛宣怀能搞定的。他必须联合上海金融市场上真正的大腕，才能向胡雪岩的背后捅上这致命的一刀。

洞庭山帮：暗算胡雪岩的幕后黑手

在上海，胡雪岩的信誉不错，又有主管上海的两江总督左宗棠为其做靠山，平时也广交商圈的朋友，不然他也不可能组成强大的丝商联盟同洋行叫板。谁能够左右所有外国银行的决定，同时还能控制上海全部钱庄、票号、典当铺的命运，让大家一起拒绝给胡雪岩融资呢？

这就是中国近现代史上最为强大的金融买办帝国的缔造者：来自洞庭东山的席正甫，这一圈人号称“洞庭山帮”。与国际银行家的打法一样，席家可谓相当低调，除了少数史学界人士，大多数中国人对这个名字都极为陌生。大道无形正是他们的特点！

外国洋行刚进入中国做生意时，语言不通，人生地不熟，商业环境和政府关系两眼一抹黑，欲扩大业务必借重当地华人，这就是人们熟知的洋买办。洋买办往往是以独立商人的身份与外国洋行“合作”，他们要向洋人缴纳高昂的“保证金”，担保生意亏损时，以保证金赔偿。同时，洋买办也享有生意的收入分成。他们为了自身的利益，为洋行的业务拓展殚精竭虑。除了结交官府，掌握政府资源，也需要广交商业圈的关系，将触角伸向社会的各个角落。他们编织着层层关系与金钱的网络，疏通着种种富贵与利益的渠道。他们的前台是商场，后台是洋场，舞台是官场。正是通过他们，外国的资本得以渗透中国的经济血脉，外国的商品涌向了中国的大城小镇，外国的精神颠覆着中国的意识，外国的利益捆绑了中国的权贵精英。可以说，没有洋买办，洋人的业务在中国将寸步难行，洋人的势力在中国也会一事无成。

洞庭山帮席家创始人席正甫

当胡雪岩所领导的本土金融和商贸力量开始向洋行发起挑战时，他不仅直接威胁到了洋行的商业利益，更威胁到了洋买办阶级的切身利益。

1874年，席正甫当上了汇丰银行的洋买办，在交了2万两白银的保证金后，他买到了一张通向控制上海金融市场的“快车票”。席正甫的能力当然没有让汇丰银行失望，刚到汇丰，他就搞定了清政府以盐税作为抵押，向汇丰进行政治借款200万两白银的大单，年息8%，分10年偿还。席正甫一炮打响，从此一发不可收拾。在席家的运作下，汇丰先后经理了沪宁、广九、沪杭甬、津浦、京奉、湖广、浦信等铁路贷款，从中获取了高额分成。

在发行纸币方面，也成效卓著，汇丰的纸币流通堪称外国银行之最，流通范围遍及长江、珠江流域，在华南，汇丰纸币几乎代替了清政府货币的地位，成为计价流通的工具。1893年，洋务派知识分子郑观应在他的《盛世危言》中指出：“若今之洋商所用银票（纸币），并不由中外官吏验瞧虚实，不论多少，为所欲为。闻英商汇丰银行在奥通用之票百余万，该行已获利二百万之谱。”席家为汇丰以白条占有中国实体财富立下了汗马功劳。

在拉存款方面，席家也是出手不凡。中国的达官贵人纷纷将资本存放在政府难以管辖的汇丰账户上，宁可只得到很低的利息，也愿意图个“安全保险”。据统计，长期在汇丰开户的客户中，定期存款在2 000万两以上的有5人，1 500万两以上的有20人，1 000万两以上的有 130 人，百万两和数十万两级别的则难以估算。[4] 席家从中获取的佣金更是天文数字。

在席正甫的打拼下，汇丰在上海的业务总量大大高于香港总行，英国人自己也承认，"汇丰银行的总行虽在香港，但一般说来，上海分行承做的生意更多些"。当席正甫与英国方面的大班①发生意见冲突时，总部最终都以席正甫的意见为最终决定，为此，不惜撤换英国大班。

席正甫不仅在汇丰一言九鼎，对上海的钱庄、票号也是说一不二。

当时，在上海的钱庄、票号由于自有资金不过几万两白银，难以将生意做大。席正甫率先开展拆票业务，向钱庄和票号提供无须抵押品的信用贷款模式，大大提高了本土金融机构的融资能力。这些有实力的钱庄以自身的信用出具的远期汇票，在 5~20 天的时间里，向汇丰或其他外国银行进行以庄票抵押的短期融资。这样一来，仅有七八万两白银的钱庄，可以用庄票抵押给汇丰，从而借出大量资本进行商业贸易放贷，其规模可高达七八十万两。由于汇丰的存款数量巨大且利息成本低廉，在向钱庄拆票的过程中可以收取高额利息，从而美美地享受着存贷利差的美餐。1879 年 5 月 23 日的《字林西报》指出，上海钱庄"用外国银行资本做生意，已经是众所周知的事实。近 300 万两白银的放款，竟为维持上海市面正常周转所必需的数量"[5]。当银根低于这个数字时，整个商业活动将立刻受到明显影响。

通过拆票业务，汇丰实际上控制了上海钱庄和票号的资金来源。汇丰的手松一松，市面的银根就宽裕，反之，银根就趋紧。汇丰银行所获得的中国巨额廉价储蓄，极大地增强了它对中国金融体系的控制能力，并事实上成了"中国的英格兰银行"。

正是由于汇丰控制着整个上海乃至全国的银根松紧，而席正甫又拥有着汇丰银行的贷款签字权，所以上海的钱庄业争相拉他入股，实现利益捆绑。席正甫对上海的本土金融机构具备绝对的影响力，其中

① 大班是旧时对外国公司、洋行经理的称呼，指当时中外通商的经纪人。——编者注

也包括胡雪岩。1878 年，胡雪岩为左宗棠办理的 350 万两汇丰银行借款，走的就是席正甫的路子。

席正甫不仅自家独揽了汇丰的买办职位长达三代人，还利用他的影响力，将席家的其他子弟陆续安排进了外国银行体系。无论是英国系的麦加利（渣打）、有利、德丰银行，还是法国系的东方汇理、中法工商银行，德国系的德华银行，俄国系的俄华道胜银行，比利时系的华比银行，美国系的花旗、运通、美商信济银行，日本系的横滨正金、住友银行等，皆是席家的天下。据不完全统计，在 1874—1949 年的 75 年间，在上海先后开设的外资银行有 20 余家，而席氏包揽了其中 13 家的买办席位。

随着席正甫的势力膨胀，连李鸿章和左宗棠都要争相笼络他。李左二人到上海都必见席正甫，毕竟是大财神，无论是“海防”还是“塞防”，离开钱都是瞎扯。二人对席正甫的拉拢都很尽心，他们同时保举席正甫担任政府官员，但席对此并无丝毫兴趣。后来，在李鸿章的再三推荐下，席正甫只得接受了二品顶戴。这与他的刻意低调很不协调。近乎隐居的席正甫连洞庭东山的商圈联谊活动都从不参加，上海的媒体报道中也极少出现他的名字。他恪守幕后运作才能成大事的信念。

席正甫与盛宣怀的关系就更密切了。盛宣怀在打垮胡雪岩成立中国第一家现代银行——中国通商银行时，席正甫是其主要的幕后支持者，两人在生意上是铁关系，在盛宣怀的账单上，令人瞩目地存在着与席正甫相关的“汇丰银行英镑与银账”[6]。但凡席正甫的要求，盛宣怀无不满足，席家的大量亲友纷纷被安排进盛宣怀的体系内任职。双方实现了彻底的利益互锁。

当清政府准备成立官商合办的中央银行——户部银行时，洞悉私有中央银行巨大利益的席家又捷足先登。户部银行共发行 4 万股，其中官方认购一半，私人认购另外一半，席正甫的几个儿子纷纷入股户部银行。其中，仅席家长子席立功就以不同身份拥有 1 320 股。户部银行改名大清银行时，席家安插了 4 个儿子在其中担任要职，大清银行改为中国银行时，席家又成为其大股东，并掌管外汇业务，成为宋子文系的同盟。国民政府中央银行成立时，席家更直接变为官股投资人，并代表官股参与中央银行董事会决策，同时席家还把持着国民政府外汇管理局局长、中央造币厂厂长等要职，更代表国民政府参与筹建国际货币基金组织（IMF），并成为国民政府的代表。席家脉系之庞大，涉及中国金融领域之广泛，在外国银行体系、官方银行体系、上海钱庄和票号体系、政府金融主管部门影响力之深，在中国近百年历史上恐怕也是绝无仅有的。由于席家所掌握的强大中外金融资源，对整个中国近现代史的影响非常深远，在后续章节将继续介绍。

如果胡雪岩不在生丝问题上挑战洋行的核心利益，席正甫与胡雪岩的关系应该可以维持得不错。但是，汇丰银行的股东们正是这些大洋行，成立汇丰的初衷就是为了洋行在占领地拥有自己的“中央银行”，胡雪岩挑战了汇丰大股东的核心利益，搞得股东们闹起事来，席正甫岂能容他！

事实上，这些洋行打压生丝价格、垄断定价权的背后正是汇丰和席正甫对上海乃至全国银根的操纵。

据 1878 年 8 月 28 日《申报》记载，到 19 世纪 70 年代，外国银行对上海钱庄的拆票金额已达 300 万两白银左右。到 19 世纪 90 年代，七八百万两的拆放额已习以为常。这使得钱庄在资金的周转上对外国银行的依赖性越来越强。而一旦上海银根紧缩，其效应便会立刻波及全国。

奇怪但并不令人意外的是，1878 年以来，每当中国的生丝、茶叶上市的时候，就会发生银根紧缩的“怪现象”。能够制造货币供应短缺，并且有明显意图的就是汇丰银行。维持上海正常贸易周转大约需要 300 万两白银，而汇丰经常在收购丝茶的季节猛收银根到 100 万两以下，导致丝茶商人无法融到足够的资金，丝农、茶农不得不贱价出售自己的产品，而汇丰的洋行股东们因此得以廉价抄底，获取暴利！

“每一次货币恐慌都是以汇丰银行为首的外国银行有意收缩银根而引起的。从 1878 年年初开始，银根就处于紧张状态，以致年底上海钱庄为坏账所累不复交易者达二三十家。造成这一现象的原因就是外商银行收缩放款 200 万两巨数之故。1879 年的货币恐慌发生在丝茶上市需款急切的 5 月，就在这时，经常需要 300 万两资金周转的上海市面，却被外国银行收缩到只有 90 万两的奇缺状态。这个数目全然不能适应本地贸易的正常需要。但是，那些外国银行并没有到此为止，它们进一步收缩银根到 60 万两，而使事态更加复杂化。”[7]

1883 年，历史再度重演。

正当胡雪岩与怡和洋行在生丝大战中处于僵持不下的状态时，上海的银根一天天被收紧，大批丝商斩仓出局，丝价直线下跌。9 月初，上等生丝每包价格尚能维持在 427 两；10 月，跌为 385 两；11 月初，更进一步下跌至 375 两。此时，上海各洋行完全停止收购新丝，胡雪岩的资金链濒于崩溃。

到 11 月 9 日，公众对胡雪岩的资金担忧终于全面爆发。阜康钱庄在杭州和上海的分号遭到挤兑。欠汇丰的 50 万两白银债务到期也无法延展，而上海道“恰巧”没有协饷来偿还汇丰的债务，胡雪岩只好以阜康钱庄仅存的家底还债。不堪重负的金融帝国终于在 1883 年 12 月 1 日倒下了。胡雪岩所经营的京城、上海、镇江、宁波、福州、湖南、湖北等地的阜康分号同时倒闭。[8] 胡雪岩苦心经营几十年的金融帝国崩溃了。最终，生丝被怡和洋行抄了个大底。

胡雪岩无法忍受洋行的压价行径毅然起而反抗，但是定价权的争夺背后其实是金融权力的争夺。可惜胡雪岩至死也没搞明白，在丧失中央银行这一金融制高点的情况下，单单依靠囤积生丝试图在贸易上与洋行一较高下是徒劳的，一旦银根被收紧，他的资金链将立刻陷入崩溃边缘。胡雪岩领导的这场中国本土金融力量对国际银行家的反击，最终以完全失败而告终。他陷入的是国外金融资本势力和国内金融买办势力的内外夹击，其失败在战略上早已无可挽回。

胡雪岩的失败与洋行的胜利都是基于同样的原因，那就是谁能控制银根，谁就能取得商战的战略主动权。无论是清政府，还是以胡雪岩为代表的南方钱庄和山西票号，都没有清醒地认识到中央银行的巨大威力。当汇丰银行占据这一地位之时，整个清帝国的命运就完全被国际银行家所控制。金融不独立，则经济不能独立；经济不独立，则政治不能独立。清政府金融高边疆的沦丧，是中华民族陷入深重灾难的开端！

清政府的中央银行地位是如何失陷的呢？问题的要害是本位货币白银被国际银行家所控制。一旦本位货币动摇，金融这一国家的血液循环系统必然瘫痪，然后就是各个经济要害脏器的衰竭，国家政治与战争的免疫系统动员能力瓦解，从而丧失反抗侵略的能力，最后就只剩任人宰割的命运了。

国际银行家要征服中国，首先必须征服中国的货币。鸦片战争的核心与其说是贸易战争，不如说是一场白银战争！这就是为什么鸦片战争没有发生在印度、美洲、非洲，也没有发生在日本、韩国和东南亚，却仅仅在中国爆发的真正原因！

鸦片贸易打击的目标正是中国的本位货币——白银！

鸦片贸易：金银本位的大决战

在英国开始对中国大规模开展鸦片贸易之前，中国在国际贸易中处于明显的优势。中国的茶叶、瓷器和丝绸构成了突破世界市场壁垒无坚不摧的出口“铁三角”。当时中国市场的真实景象是：福建沿海的茶叶出口为当地经济带来了前所未有的繁荣，由于在生产和加工方面处于市场垄断地位，武夷山成为各国茶商竞相朝拜的圣地；在长江中下游，丝和棉是最重要的手工业产品，数十万丝棉生产和纺织专业大军创造出了品质优良和价格极具竞争力的商品，打遍世界市场无敌手；在珠三角地区，形成了景德镇—广州产业链，将豪华瓷器源源不断地送进欧洲王室贵族富丽的客厅。19世纪末，主管中国海关总税务司的英国人赫德在其《中国见闻录》中说道：“中国有世界上最好的粮食——大米；最好的饮料——茶；最好的衣物——棉、丝和皮毛。他们无须从别处购买一文钱的东西。”

从16世纪到19世纪初，中国近400年的市场化程度和货币经济的发达程度，远远超过了欧洲。其结果就是，欧洲从美洲发现的13.3万吨白银，最终有4.8万吨被欧洲人运到了中国。国际贸易的基本构架就是，中国创造了世界贸易商品的主要部分，西方掠夺了世界资源的主要部分，在白银从西方源源不断流向东方的过程中，也伴随着中国商品的滚滚西去。

鸦片战争海战

白银不断流向东方，造成了世界金融天平的严重失衡。

由于长期向中国净输出白银，到17世纪末，欧洲白银短缺，出现了价格普遍下降的现象，同时贸易开始萎缩。1649—1694年，欧洲年均流通白银数量急剧减少，比1558—1649年的年均流通量减少了50%还多，而黄金流通量却增加了接近50%。

白银减少是顺理成章的事，可黄金怎么会增加呢？

原来，17世纪初，中国广州的金银比价为1∶5.5—1∶7，而英国的比价为1∶16，输送白银到中国不仅可以换得大量高利润的商品，还可以利用金银比价1倍以上的价格差，用便宜的白银在中国、日本和印度换回昂贵的黄金。连约翰·洛克都曾抱怨过："我被告知它（东印度公司）从印度某些地方进口（黄金），至少可获得50%以上的利润……但是，英国的真正财富被葬送在了印度洋，现在是人们坦率说出真相的时候了，究竟为什么我们面临着这个时代闻所未闻的白银短缺。"[9]

当黄金大量涌入英国后，银行家通过巨额行贿的手段，获得了《1666年自由铸币法案》的准生证。这个法案实质上是货币史上的一个重要转折点，它"改变了世界的货币体系，其具体效果就是废除了国王对货币发行的垄断权”[10]。该法案规定，任何人都有权将金锭拿到铸币厂，要求免费铸造合法的金币。

这一法案从根本上有利于金锭银行家和商业资本家的利益，他们将拥有对货币供应的实际控制权。由于掌握着大量实物黄金的筹码，他们将能够根据自己的利益决定货币供应量。当他们是债权人时，就减少货币铸造，制造通货紧缩效应，使得自己的债权含金量提升；当他们是债务人时，就加大货币供应，以通货膨胀冲销所负的债务。这是西方第一次在实质上将本属于政府的货币发行权转让给了私人。自此，私有中央银行货币发行权的法律基础得以奠定，并打开了通过控制一个国家乃至整个世界的货币供应量来控制财富分配的大门。

此时，我的耳边突然响起了罗斯柴尔德的那句名言：“只要让我控制一个国家的货币发行，我不在乎谁制定法律。”[11]

在银行家们看来，控制货币是一场伟大的斗争，控制货币的发行和分配就是为了控制财富、资源和全人类。欲控制世界，必先征服货币；欲征服货币，必先征服黄金；而欲征服黄金，则必先征服白银。

就在欧洲白银东来的过程中，同时伴随着亚洲的黄金西去。此消彼长，最后的结果是，英国在囤积黄金，而中国在吸纳白银。问题的关键是，最终成为世界货币霸主的究竟是黄金还是白银，这将是关系东西方未来数百年兴衰的重大分水岭！

工业革命以来，大英帝国国力空前提高，建立以黄金为本位货币的条件已经在1717年完全具备。尽管在1816年，英国才从法律上完成金本位的最终确立，但在此前的一百年中，英国已处在事实的金本位之下了。

对于大英帝国的银行家而言，其最高战略目标就是：以伦敦作为世界金融的中心，以黄金作为世界货币的本位，大英帝国通过英格兰银行向全球输出英镑信用，将欧美主要国家变成金本位的核心成员，将世界的边缘国家变成英镑的附属地区，用战争与暴力来维护这一体系的运转，以货币来最大限度地控制和调动全球资源，最终完成对世界财富和全人类的控制！

要确立黄金英镑的世界货币霸权地位，必须首先打垮白银货币的国家。其中最大的，也最难搞定的就是中国。

经过多年尝试，国际银行家最终选择了鸦片作为打击中国白银本位的武器。

而具体负责执行这一战略的机构就是东印度公司。

东印度公司：一个银行家的帝国

一般人很难想象一家公司能够招募军队、略地铸币、行政司法、宣布战争和缔结和约，但是，东印度公司居然做到了。谁能有这么巨大的能量成立如此强大的公司呢？答案就是伦敦金融城的国际银行家！

东印度公司在伦敦金融城的总部大楼

由伦敦金融城银行家合股建立、英国王室参股的东印度公司本身就是一个帝国。根据英国国会的授权，东印度公司垄断了从好望角到麦哲伦海峡之间的一切贸易，并有权在如此广大的区域之内招募陆海军、占领土地、在占领区域内征税、发行货币、进行立法和司法审判、宣战和缔结和约。

自英国在 1756—1763 年的英法七年战争中打败法国独霸印度次大陆以来，在包括今天巴基斯坦、孟加拉国、缅甸在内的英属印度，英国建立起一套完备的治理和掠夺机制。在 1750 年以后的 50 年间，东印度公司从英属印度一共榨取了 1 亿 ~1.5 亿英镑，而 1750 年英国一年的财政收入才 920 万英镑。[12] 这还不包括垄断印度贸易带来的巨额国际贸易收益。惊人的财富像潮水一般源源不断地流入伦敦金融城银行家和英国王室的钱袋里。18~19 世纪，由于巨额的殖民掠夺和商业贸易积累，英国从来就不缺乏资本，这是 18 世纪英国得以开始工业革命的重要前提。

巴林家族作为世界十七大国际银行家族之一，早在19世纪初就已经称霸世界金融江湖，号称“欧洲第六强权”[13]。1779年，巴林王朝的创始人弗朗西斯·巴林就开始担任东印度公司的董事，直到1810年去世，在位长达30年。从加盟东印度公司开始，他就成为伦敦金融城银行家在东印度公司的主要代表人物，并被公认为公司的核心与灵魂。他从1792年开始担任东印度公司的董事会主席，执掌着整个东印度公司这个庞大的殖民帝国。正是在他的带领下，东印度公司对中国的鸦片贸易取得了惊人的增长。

1790—1838年，东印度公司鸦片走私进入中国的数量，由每年数百箱暴增到数万箱，输入中国的鸦片总量高达40多万箱，每箱平均价约为750银元，总价值高达2.3亿两白银以上！

东印度公司的鸦片贸易遵循一套严密的体系：首先，东印度公司确立在英属印度殖民地的鸦片垄断权，对印度和孟加拉国的鸦片实行统购统销，只开放加尔各答一地集中进行鸦片拍卖，并授权与公司有代理关系的散商进行鸦片贸易。同时，公司在广州开设常驻管理委员会，其成员称为“大班”，对所有对华贸易进行统一管理。这个管理委员会又是全部对华贸易的“中央银行”，一切对华贸易汇兑业务必须由它经手，并对散商进行信贷支持，后期也对与它们做生意的广州十三行发放信贷。散商的对华贸易收入，包括出售鸦片所得款项，必须全部存到该委员会下设的银库，并由该委员会签发伦敦、印度、孟加拉国的汇票，散商可到当地兑换现银。公司再用库存白银在中国套购黄金、丝茶等大宗商品销往欧洲获取暴利。

东印度公司的架构更像是一个金融伞形垄断下的鸦片贸易连锁店。如果说独立经营的散商还要承担一定的贸易风险，那么提供垄断性金融服务的公司则是“旱涝保收”。

东印度公司因鸦片贸易的“金融服务”获取的巨额利润，足以支付英国从中国进口茶叶和生丝、从美国和印度进口棉花、向印度出口英国工业制成品和英国殖民统治印度的大部分行政费用。在整个

19世纪，英帝国的鸦片垄断在国际贸易中的战略地位，可与今天美国的石油霸权相比肩。东印度公司帝国的基本策略是，从金融上控制鸦片贸易链条的一切环节，生产、销售、仓储、运输和营销渠道都要牢牢地控制在自己手中。

在东印度公司旗下的散商中，形成了三大洋行割据的态势，它们是：怡和、宝顺和旗昌。

怡和洋行由渣甸和马地臣合伙建立于1832年7月，正是巴林家族为他们提供的融资。有了伦敦金融城最强大的银行家族的支持，怡和迅速成为远东的“洋行之王”。胡雪岩在与怡和争夺生丝的霸盘中惨败，但他恐怕并不知道怡和的来头。马地臣后来成为英格兰银行行长和英国第二大土地所有者。马地臣家族的继承人休·马地臣，则在1873年用家族鸦片贸易所得，在西班牙收购锡矿，成立了一家矿业公司，将其命名为“Rio Tinto”，今天人们称之为力拓集团。

宝顺洋行的当家人正是著名的鸦片贩子颠地，而他背后的东家正是巴林家族。后来因为直接从事鸦片生意有损巴林伦敦金融城头号银行家族的“名誉”而退居幕后，由颠地全面代理在华业务，成为仅次于怡和洋行的第二大鸦片贸易商。

旗昌洋行则是美资公司，从事广州与波士顿之间的鸦片、茶叶和生丝贸易。它的高级合伙人约翰·默里·福布斯，就是2004年美国总统候选人约翰·福布斯·克里的曾外祖父，一直充当巴林兄弟公司在美国的代理人。业务主管小沃伦·德拉诺，正是美国总统富兰克林·罗斯福的外祖父。洋行老板的堂弟威廉·亨廷顿·罗素则在耶鲁大学创建了著名的“骷髅会”。此外，波士顿的几大银行家族也都通过旗昌洋行参与鸦片贸易。正是丰厚的鸦片红利滋养着这些银行家族，形成了日后的波士顿财团和罗斯福家族王朝。

这三家大洋行占据了中国鸦片贸易的半壁江山，它们都与巴林家族关系密切，巴林在伦敦金融城遥控着这些“巨大的散商”，在鸦片战争前后几十年里，以鸦片发起了对清政府白银货币的攻击。

伦敦金融城通过东印度公司还在中国建立了一套鲜为人知却卓有

成效的地下营销体系，这个体系由 4 个部分组成：传教士、三合会、行商和大清官僚。这套体系日后左右了近代中国的历史进程。

传教士在中国一方面通过传教结交权贵和三教九流，了解中国社会、经济、军事等各方面的情报，以建立近代教会学校、医院、媒体为主，成为塑造亲西方的中国社会精英阶级的重要力量。

三合会本是以反清复明为宗旨的中国民间秘密社团，后来很多会友接受了基督教。两广地区三合会的反清武装行动，同样需要大规模融资支持，于是很多会友经教会中介，纷纷加入东印度公司的对华鸦片销售网络，成为广东沿海鸦片走私的主力。以反清为宗旨的三合会，等于间接得到伦敦金融城的财政补贴。三合会日后的发展，与洪秀全的拜上帝会、康（有为）梁（启超）谭（嗣同）唐（才常）维新派的秘密结社以及同盟会渊源颇深。洪秀全身边负责意识形态工作的左膀右臂冯云山，早年即拜在基督教华福会门下；负责军事斗争的杨秀清，也曾混迹于三合会在珠江流域的鸦片走私生意中；两广三合会更是直接参加了金田起义。戊戌变法失败后，谭嗣同遇难，维新派中谭系干将唐才常即发动湖广三合会势力举行自立军起义。同盟会早期各次反清起义，无不以三合会力量为依托。三合会一系的上海青帮更在蒋介石发动“四一二”政变上台和巩固权力的过程中发挥了重要作用。

行商即广州十三行，是朝廷授权负责对外贸易的专营机构，与外商直接打交道，既是贸易公司，又承担某些外交功能，同时又必须为自己国外的商业伙伴作保。广州十三行在鸦片战争后多转为洋行买办，是中国近代买办阶级的源头。

东印度公司还通过贿赂和毒瘾来控制与操纵一部分大清官僚，从中国的上层建筑着手，保护和开拓鸦片贸易。公司通过以天津为中心的北方鸦片贸易网络，向北京朝廷渗透，到鸦片战争前，已经控制了相当一大批大清高官为其所用。其中包括大学士穆彰阿、直隶总督琦善、宗人府主事耆英等。对此，马克思有过一段精辟论述：“英国人收买中国当局，收买海关官吏和一般的官员，这就是中国人在法律上抵制鸦片的最近结果。贿赂行为和鸦片烟箱一同侵入了‘天朝’官僚界之肺腑，破坏了宗法制度的柱石。”[14] 这一批人构成了后来清政府洋务派的源头。

1839 年，当雄心万丈的林则徐作为钦差大臣来到广东厉行禁烟时，这位伟大的民族英雄，面对的就是这样一个组织严密、财力雄厚、武装强大、里应外合的鸦片帝国。林则徐甫一上任，就严厉镇压三合会的地下走私贩毒网络，勒令外商上缴鸦片，进行了震惊世界的虎门销烟。但是林则徐万万不会想到，他的对手有多强大，他挑战的是整个大英帝国和攸关国际银行家生死的核心金融战略！

鸦片贸易导致中国白银大规模外流，在中国引发了严重的“银贵钱贱”的货币危机。从清朝建立到 19 世纪初的 100 多年中，中国的银铜双货币机制运转良好，比价基本稳定在 1 两白银折合铜钱 1 000 文。到鸦片战争前夕，银两竟飞升至兑换铜钱 1 600 文。农民、手工业者和普通百姓平时所得都是铜钱，但交付各种赋税则需折成白银，如此一来，经济负担大为加重。由于百姓生活困窘，上税自然拖延，结果是各省拖欠赋税日益增多，造成清政府的财政能力急剧衰退。从乾隆年间的 1781 年，到鸦片贸易大规模开始之前，国库存银高达 7 000 万两，至 1789 年约为 6 000 万两。随着鸦片泛滥，到 1850 年时仅剩 800 余万两，已不足以应付一场战争了。

正是鸦片摧毁了大清帝国金融高边疆的基石——白银货币本位，随之而来的是贸易大幅逆差，财政收入下降，人民生活困苦，贫富严重分化，社会矛盾日益尖锐。而国际银行家则手持利用鸦片套购出来的巨额白银，建立起“中国的英格兰银行”，一举夺取了清帝国金融高边疆的制高点——中央银行。

汇丰银行的成立，标志着中国近代史开启了一个金融殖民地时代。在汇丰夺取清帝国中央银行大位的过程中，一个新的沙逊帝国崛起了，它取代了东印度公司的地位，成为执行鸦片金融战略的最新操盘手。

沙逊家族：东方的罗斯柴尔德家族

沙逊与罗斯柴尔德家族同属于塞法迪犹太人，自古就生活在伊斯兰化的伊比利亚半岛上（大部分为今西班牙领土），从事金匠和钱币兑换的生意，并经常作为热那亚银行家族的代理人，从事信用调查、收放贷款等业务。在这个过程中，沙逊逐渐建立起自己的商业信用和金融网络。15 世纪 90 年代，随着伊比利亚基督徒将伊斯兰教政权赶走，塞法迪犹太人也被逐出西班牙和葡萄牙。

沙逊王朝创始人大卫·沙逊

罗斯柴尔德家族流亡德意志从事老本行，后来成为德意志王室的"宫廷银行家"。另一支犹太金融家族则逃往荷兰、比利时，并很快凭借多年积累下来的商业关系网东山再起，参与了阿姆斯特丹银行、荷兰银行和荷兰东印度公司的建立。正是在荷兰犹太银行家 200 万荷兰盾的资助下，英国威廉三世于 1688 年带领 1.5 万人，从荷兰登陆英国，开始了"光荣革命"。沙逊家族则一路向东，搬迁至中东波斯湾地区的商贸中心巴格达。在那里，沙逊家族凭借犹太人独有的金融触觉和经验，利用伊斯兰教义中禁止高利贷的教规，以犹太人不受伊斯兰法规约束的便利条件，为中东地区商贸提供金融放贷，很快就成为波斯湾地区首屈一指的金融家族，长期担任巴格达的首席财政官，并成为巴格达地区整个犹太社区的族长，被人称为"纳西"，即犹太人之王。

但是好景不长，到了 18 世纪末 19 世纪初，巴格达地区的反犹情绪高涨，奥斯曼土耳其帝国派驻巴格达的地方官，开始大规模驱赶犹太人，作为"犹太人之王"的沙逊家族首当其冲，不得不于 1832 年举家迁往印度孟买。沙逊帝国的创始人大卫·沙逊在印度开始了一段新的传奇。[15]

由于沙逊家族到达印度的时间太晚，鸦片贸易的巨大蛋糕早已所剩无几。东印度公司虽然解体了，但三大洋行巨头却在巴林家族的支持下，仍继续垄断着中国鸦片进口和印度的鸦片供应链。在整个鸦片贸易链条中，生产、运输、保险、销售、融资、汇兑，几乎全部掌握在怡和手中，针插不进，水泼不进。在巴林家族严密控制的鸦片帝国里，新来的犹太人沙逊要想插足，势比登天。

此时的伦敦金融城，新兴的罗斯柴尔德家族已然压倒了巴林，罗斯柴尔德家族也想从鸦片生意中切出自己的一块蛋糕，苦于巴林对东印度公司散商的高度控制力，不得其门而入。沙逊的出现正好完美地符合罗斯柴尔德家族的战略发展规划，同是塞法迪犹太人，祖上说不定还是通家之好，所以双方一拍即合。有了罗斯柴尔德家族的强大金融后盾，沙逊准备甩开膀子大干一场。

经过周密研究，沙逊发现怡和对印度的鸦片控制，存在着一个明显的漏洞，那就是怡和没能控制印度腹地的罂粟种植园。沙逊抓住机会，利用强大的资本实力，向内陆的印度鸦片商人提供高达 75% 的贷款。各地采购商闻风而至，沙逊以迅雷不及掩耳之势控制了鸦片种植的源头，实现了对货源的垄断。其实，胡雪岩的思路与沙逊几乎完全一致，差别在于，沙逊的背后是国际金融霸主罗斯柴尔德家族的支持。

到了 1871 年，局势已经很明朗了，怡和在与沙逊争夺鸦片源头的拼杀中败下阵来，沙逊被公认为印度和中国全部鸦片库存的主要持有者，控制着各类鸦片总量的 70%！ 1840—1914 年，沙逊家族在垄断鸦片的生意中获利高达 1.4 亿两白银！这就是垄断的力量！

有这样的实力做后盾，罗斯柴尔德的女儿嫁到了沙逊家，从此商业联盟关系得到犹太人传统的宗法力量的巩固和维护。沙逊帝国威震远东。

从此，远东的洋行进入了沙逊时代。

犹太人对金钱的超级敏感性在沙逊家族身上也不例外。当沙逊家族完成了鸦片垄断大业之后，资本实力超级雄厚，于是开始琢磨也搞一家中央银行，享受一把控制货币发行的超级快感。此时的远东并没有中央银行，这个机会再次被沙逊抓住了。

汇丰银行：你的地盘我做主

> 在所有政治经济的要素中，货币最为关键；在货币的全部制度里，创造货币的权力最为核心。但是，在这一国家的神圣权力问题上，几乎找不到任何经济学家的只言片语。
>
> ——美国货币史学家德玛尔

1864年年初，两份在中国成立银行的商业计划书摆在了老沙逊的办公桌上。一份是孟买本地的英国商人开始筹建面向中国金融市场的“中国皇家银行”，另一份是一位年轻的苏格兰航运商人的“香港和上海银行”计划书。最终打动老沙逊的恰恰是那位毫无银行业经验的年轻人的计划。这个苏格兰小伙子名叫托马斯·苏石兰，年仅三十，却已经是著名的大英轮船公司驻香港的业务总监和香港黄埔船坞公司主席了。

老沙逊一下子就喜欢上了这个主意。作为一家总部设在香港和上海的银行，与那些仅仅在香港和上海设立分行的外国银行相比，在信息联系方面会更加便利，这一点在交通与通信还不发达的19世纪显得尤为重要。市场时机转瞬即逝，那些需要向远隔重洋的总行请示的银行，在未来与汇丰银行的竞争中只能居于下风。

老沙逊立刻批准了这个项目。

在汇丰银行的主要股东中，除了沙逊，还有宝顺和旗昌洋行。然而，宝顺洋行在1866年席卷全球的棉花泡沫危机中破产，旗昌洋行也在危机的打击下，于19世纪70年代初淡出中国市场。于是，已经成为鸦片新霸主的沙逊洋行，就成为汇丰银行的主要支柱。汇丰银行实际上是罗斯柴尔德—沙逊同盟在远东金融布局中的一枚关键棋子。

这样一家银行必然引起巴林系的怡和洋行的坚决抵制，这既是基于伦敦金融城巴林与罗斯柴尔德势力的争霸，也是源于实实在在的利益之争。

汇丰银行刚一诞生，就赶上了美国南北战争结束带来的金融危机。

当时，世界工业体系的核心战略产业是纺织业，纺织业需要的主要原料是原棉。世界主要棉花产区在印度和美国南方各州。美国南北战争爆发后，掌握制海权的北方即对南方实施海上封锁，南方对世界市场的原棉供应立刻中断。英国棉纺织业转向印度的棉花，印棉价格随即暴涨。孟买和加尔各答的棉花市场，立刻成为大小投机商人的赌场。棉花泡沫催生了更大的金融泡沫。在英国本土，大量资本金严重不足的各类金融机构纷纷成立，英国殖民地银行数量也急速膨胀。1862—1865 年，先后诞生了 19 家银行。单是 1864 年登记的殖民地银行就多达 7 家。在香港和上海，新成立的英资银行数量也大幅增加，这些空壳银行的金库里远没有它们在招股书上所声称的金额。

就在这时，“噩耗”传来，美国内战结束了！震撼全球金融业的棉花危机开始了。伦敦金融城首当其冲，仅 1866 年一年，就接连倒闭了 17 家银行。

金融海啸的冲击波迅速波及远东。1866 年，香港、上海出现开埠 20 多年来的首次金融大恐慌，一系列外资银行和本土钱庄倒闭。当金融海啸的巨浪退去，沙滩上还屹立不倒的就只剩下老牌的丽如银行、有利银行、渣打银行、法兰西银行和汇丰银行。

然而，一波未平一波又起，正是在金融海啸的第二年，汇丰银行的一根台柱——老牌的宝顺洋行竟然被“淹死”了。这时的巴林家族在金融危机和罗斯柴尔德家族的双重打击下已经自身难保，无力顾及远东的小兄弟，只能眼睁睁地看着宝顺洋行被棉花危机拖下水。宝顺的垮台严重打击了羽翼未丰的汇丰银行。

这时站出来力撑危局的，正是沙逊洋行。从 1866 年起，沙逊家族将所有在华鸦片贸易所得利润，全部通过汇丰银行进行汇兑。在世界金融海啸的冲击下，唯一还有超额利润的生意就是鸦片贸易了。这个维持伦敦金融城和大英帝国经济生命线的“通货”，再一次用中国老百姓身上的经济血液挽救了大英帝国远东的金融循环系统，并成为国际银行家们完成远东利益格局大洗牌的筹码。

就在各大银行苦撑危局之时，汇丰银行在沙逊巨大的鸦片利润支撑下，抓住大好战机，开始横扫香港和上海的金融同行。

1866 年 6 月，远东银行业的大哥大丽如银行召集渣打银行、有利银行和法兰西银行等外资银行，商量“后危机时代”的金融风险问题，最后决定将通常使用的 6 个月到期的商业承兑汇票，缩短为 4 个月。一是减少银行自身的风险，二是适应新的商业贸易环境。从 1867 年 1 月起，在中国的分支机构，不再买卖超过 4 个月到期的汇票。

商业承兑汇票的历史可追溯到公元 13 世纪前后。随着宗教和航海贸易的发展，在地中海的意大利地区，迅速形成贸易和货物航运的巨大市场，意大利基于航海贸易的需求，首创了商业承兑汇票。大宗航海贸易最重要的特点就是远距离和长时间，同时还伴有一定的风险，所以买卖双方在付款和发货两方面都很犹豫。买家马上付现金会担心万一远方的卖家不发货，或者货物在航海中出事了怎么办；而卖方则想如果先发货，最后收不到款麻烦就大了。要打破这个僵局只有两种办法：一是买家信誉卓著，从不拖欠货款；二是有个信誉很好的担保人对成功交易进行担保。由于大家都在意大利做生意，所以有家有业的本地人自然成为担保方的最佳人选。于是，意大利的商人银行家大量涌现出来，对买家付款进行担保，买家只需开出一张欠条，写明未来什么时间，支付多少金额，并由意大利人签字画押即可。如果买方逾期不付款，意大利人将代为支付全款，回头意大利人再找买家理论。卖方拿到这张欠条后，便兴高采烈地发货了。这张欠条就是早期的商业承兑汇票。意大利人坐收一笔担保费用。

当卖家急需现金而汇票期限未到时，卖家可以把汇票拿到商人银行家那里去打折出售，这就是汇票贴现。商人银行家以折扣价吃进汇票，然后坐等汇票到期收取全款，从而获利。这个折扣价其实就是隐性的利息，折扣越低，利息就越高。当时的天主教严禁放高利贷，所以汇票贴现成了放高利贷的变通办法。当票据交易非常活跃时，汇票基本上可以随时变现，其功能几乎等同于现金。在18~19世纪的英国，在银行券、支票和信用额度等新工具开始大规模流通之前，汇票实际上成了货币供应的重要组成部分。

商业汇票的期限往往和货物运输的时间相匹配，如果货到了很久而汇票期限仍未到，就相当于买家赊账时间过长，占用了卖方资金，同时，承担买家支付担保的银行风险也相应增加。

考虑到由于轮船航速提升，欧洲与中国的海上运输时间大为缩短的情况，另外也不愿过多承担风险，所以丽如银行才提出压缩汇票期限。不过，压缩汇票期限等于收缩了信用规模，提高了买家的资金和信用门槛，其效果相当于拒绝了很多客户。

这个同业间的协议，给汇丰银行创造了一个巨大的扩张客户资源的机会。当其他银行拒绝购买6个月的到期汇票时，在沙逊巨大资金的保障下，汇丰银行逆向操作，大量收进。手持6个月汇票的商人们走投无路，只有到汇丰才能做贴现，自然折扣更多。汇丰只需持有汇票到期就可收到全额资金，收益当然更为可观。同时，汇丰将自己承兑的4个月的汇票高价抛给那些抢着收货的竞争对手，从而获得低买高卖的套利空间。半年下来，汇丰的汇兑业务便由920万两白银迅速上升到1 300万两白银。不到10个月，其他几家银行便不得不向汇丰“投降”，重新走上6个月到期汇票的老路。

在这场汇票大战中，汇丰银行旗开得胜，表明了“中国的英格兰银行”这一头衔已经易主。汇丰自此成为远东外国银行界的新领袖。

汇丰的另一项独门暗器，是大量吸收中国储户存款，特别是中国达官贵人阶级的巨额存款。在清末长篇小说《官场现形记》中曾经描写了这样一个故事：清政府的一个藩台，奉命到上海查办一个被参官僚把赃款存在汇丰银行的案件。他一到上海，就身穿官服，坐着八抬大轿，带着一些随从直奔汇丰银行。但当他来到银行门口时，却被挡了驾。守门的说必须从后门进去。藩台大人只得徒步走到银行后门，站了半天，结果还是没有人理睬他。后来，他才知道，汇丰对中国储户在那里的存款严格保密，拒绝中国官方进行任何调查。没有办法，他只得以“外国人不准查账”回复他的上司，事情就这样不了了之了。

汇丰银行依靠大英帝国的势力，拒绝清政府就其客户的任何款项进行调查。因为有了这个特权，当时许多军阀、官僚、地主就将汇丰看作最安全的财富保险库，把历年搜刮来的赃款统统送了进去。

由于汇丰银行被港英当局视为“我们的银行”，因此备受优待和庇护，享有权力极大的发钞权。1872 年，港英政府准许汇丰发行票面 1 元的小额钞票。随后，汇丰的小额钞票大量出笼，并迅速流通于华南各地。1874 年 3 月，上海《字林西报》刊登文章称，1874 年 2 月四大英资发钞银行——丽如、渣打、有利和汇丰的钞票发行额，在实发的 350 万元钞票中，汇丰的钞票占到了 51% 以上。

位于上海外滩的汇丰银行旧址

此时的汇丰银行已经成为香港最大的发钞银行、港英政府的出纳银行、所有在华同行的结算银行，成为名副其实的“中国的英格兰银行”。

被沙逊驱逐出鸦片贸易的怡和洋行此时变得更为现实，面对汇丰的强势，怡和新的领导人凯斯威克家族，不得不更积极地考虑与汇丰的关系。在后来联手剿灭胡雪岩的战役中，双方达成了更多的默契。

然而罗斯柴尔德—沙逊集团对于汇丰银行的期许，并不仅是让其充当管理在华外国银行的银行，而是要让其成为管理整个中国金融体系的银行，成为真正的“中央银行”。

要行使中央银行的职能，就必须能够管理与控制中国本土的金融机构，这就是中国的钱庄与票号体系。而这时的清政府恰恰还能够依赖自己的钱庄和票号体系维持运转。钱庄与票号同时还为中国的对外贸易进行大量融资，控制着中国广大民间经济的财富之源。国际银行家也只有控制了中国的钱庄与票号体系，才能真正实现对中国的金融殖民。

票号钱庄：为什么没能发展为国际金融帝国

在中国本土成长起来的金融机构中，最具特色的就是山西帮的票号和宁绍帮的钱庄。通俗地说，票号玩的是票，而钱庄玩的是钱。

无论是早期的威尼斯、热那亚，还是后来的荷兰、英国，金融与贸易几乎都是孪生兄弟，相伴而生，相互促进，相互借力。欧洲最早的金融机构几乎都源于商号。在商业活动中，对金融服务需求的日益扩大，最终导致了专业金融服务与商业贸易活动的分离。中国的票号发展也不例外。

票号源于山西，而不是经济发达和航运便利的沿海地区，确实令人觉得奇怪，但仔细想来却也合乎情理。晋商号称中国十大商帮之一，他们走南闯北的魄力和吃苦坚韧的精神，使其很早就在中国商业版图中脱颖而出。晋商足迹遍天下，早在清朝初年就形成了南北两大贸易体系——粮船帮和骆驼帮。前者奔波于各省江河口岸，后者远涉万里，足迹直达蒙古、莫斯科，成为中国茶、丝、布、粮、铁等商品最大的贸易商，建立起中国最早也最为庞大的贸易网络。

与犹太金融家族崛起道路不同的是，晋商的票号汇兑网络脱胎于纵横上万公里、从业数十万人的庞大的国内国际贸易网络，而犹太金融网络则发轫于金钱兑换、存款放贷、票据交易等纯货币业务。两者的共同之处在于，强大的网络辐射能力所形成的规模效应和快速便捷优势。网络优势一旦确立，后来的竞争对手则难以插足。这也是后来南方的钱庄始终无法在远程汇兑业务领域超越山西票号的根本原因。缺乏足够庞大的网络致使钱庄规模普遍偏小，最终难以形成类似犹太金融业的庞大国际金融帝国。

在货币本位、中央银行之后，金融网络构成了金融高边疆的第三

大支柱。

由于晋商贸易网络覆盖面庞大，在交通极不发达的时代，资金往往一年才能周转一次，严重制约了生意的扩大。同时，远程运送现银时间过长，路途也不安全，因此客观上需要一种便捷的远程资金调动方式，这就是票号起家的核心业务——远程汇兑。

最初的汇兑业务只是为了方便。例如，山西平遥的“西玉成颜料庄”在四川、北京、山西等处设立了分庄，北京的亲友要将一笔白银汇到四川，只需将白银交与北京分庄，然后北京分庄写信通知四川分庄，而在四川的亲友可到当地分号取到白银。没想到这一汇兑模式一出现，立刻引来了大量业务，而且人们愿意为这样的服务缴纳 1% 的手续费。颜料庄掌柜雷履泰敏锐地发现了这一潜在能量巨大的商业模式，立刻放弃了传统的颜料庄生意，于 1823 年前后，成立了中国第一家票号“日升昌”。

日升昌票号门楼

鸦片战争前，中国贸易总额就已高达每年 3 亿两白银，如果其中 1 亿两白银需要远程汇兑，其利润将高达 100 万两白银。经过几年的经营，日升昌票号在专营汇兑、存放款业务中获得了巨额利润。据说，从道光到同治 50 余年的时间内，财东李氏从日升昌票号获得的分红竟超过 200 万两白银。受日升昌票号成功的鼓舞，山西商人纷纷设立或改营票号，极大地促进了当时商业贸易的发展。在此后的近一个世纪里，山西票号基本垄断了当时清朝的汇兑业务，获得了“汇通天下”的美誉。

票号的主要业务是远程汇兑。其发展呈现出由北向南扩张，由山西向四方辐射的基本态势。前期因华北、华中与蒙俄贸易逐年俱增，票号依据经济形势，在内陆 30 多个城镇设号 200 多个，重心在北方，分号以京师为中心。中期则海陆并重，在边疆和沿海大设分号，京、津、沪、汉成为票号集中的四大中心。光绪前期，票号的总号、分号已达 400 多家，构成了一张巨大的金融网络。无论是商业，还是政府，或者私人的资金，最终由于票号快速、安全和便捷的特点，无不纷纷涌入这个辐射全国的金融高速公路系统。到 20 世纪初，全国 22 家主要票号的汇兑总金额大约为 8.2 亿两白银[16]，利润总额约 820 万两白银，大约相当于清政府一年财政总收入的 1/10。

票号的汇兑网络形成了巨大的金融网络优势，在此基础之上，原本有希望发展成为类似于犹太金融家在西方所奠定的“金融高速公路体系”，从而垄断信用与资本流通的大动脉。其衰落的根本原因有两个：一是由于缺乏地利，没有在国际国内贸易的中心——上海，建立自己的总部，从而使决策远离了最具增长潜力的贸易金融服务中心，丧失了主导新兴的商业汇票交易和其他金融市场的机会；二是没有能够创造出类似欧洲战争债券和国家债券的融资系统，仅仅将业务局限在汇兑领域，故步自封，最终被外国银行和官办银行逐步侵蚀了作为生存根本的汇兑业务。

金融市场，尤其是形成国家融资的核心力量——国债和各类票据的交易市场，构成了金融高边疆的第四块基石。中国本土的金融机构——票号与钱庄，都没能完成这一重大历史使命。

钱庄的起源与同时代犹太金融家族的主营业务——货币兑换非常类似。

世界犹太金融家族的核心力量几乎都能从德国找到它们的源头。德国作为现代金融家族的发源地是有原因的。从地理位置上看，德国是欧洲东部和西部之间的连接点，特别是柏林，更是处于欧洲地理中心和交通枢纽的位置，南来北往，东行西去的客商都云集于柏林。因此形成了欧洲的各种货币都在柏林集散的局面。从罗马帝国开始，柏林就是货币兑换的中心。拿破仑占据这一地区之后，货币兑换的需求变得更加旺盛。两千年深厚的金钱买卖经验的积累，与现实货币兑换迫切的市场需求，使德国成为犹太金融家族繁衍壮大的天然沃土。[17]

清末庄票实图

中国钱庄的兴起也不例外。自明代确立银本位后，一直实行银两与铜钱并行的流通局面，银两与铜钱之间的比价随行就市。由于银两价值过高，对于普通老百姓来说，在市面上直接使用银两购买商品价值太大，所以在日常生活中，铜钱是真正流通的货币，而银两则主要用于大额交易、官员俸禄、兵饷和财政税收等。同时，银两本身也非常复杂，各地银两重量不等、形状各异、成色不均，再加上各种外国银元的大量涌入，形成了巨大的银钱兑换和银两成色评估等业务需求。

特别是在鸦片战争五口通商后，上海作为国际贸易和国内贸易的交汇之处，其货币兑换的需求更为迫切，以宁波—绍兴—上海为中心的宁绍帮钱庄应运而生。为解决国内商人银两的折算和外国商人带来的银元计价问题，从 1856 年起，上海钱庄业开始采用一种虚拟的银两记账单位，名叫“规元”。这一发明，极大地便利了各地商人的商业记账业务。

除了货币兑换的基本业务外，宁绍帮的钱庄业充分利用上海国际国内贸易中心的优势，创造性地发展出中国特色的商业汇票体系，在内外贸易之间，将外国金融资本和中国的贸易市场，整合成一个灵活而有效的平台。

五口通商之初，洋行进入上海采购中国土特产并销售外国工业制成品。它们遇到的第一个大难题，就是对中国的供货商和采购商缺乏商业信任，采购中国商品时，担心付款后收不到货；销售外国产品时，害怕发货后收不到款。这种情形与 13 世纪意大利商人所遇到的问题完全一样。宁绍帮的钱庄抓住了这一巨大的商业机会，创造出了“庄票”这一汇票工具，从而大大促进了国内国际贸易的迅猛扩张。

庄票在 19 世纪前期就已经在上海出现了，但当时的庄票从本质上看就是银票，“庄票者，钱庄因放款或商家之请求，而发出之无记名式，付款与持票人之票据也”[18]。它的主要特点是即时性，而不是商业汇票中以真实贸易为基础的延期支付。

真正的商业汇票在时间轴上拉长了支付期限，同时可以贴现，所以当商业汇票被作为支付手段时，在其期限之内，相当于扩大了信用的规模。最重要的是，它是以真实贸易为基础的信用扩张。

商业汇票的本质，就是以贸易为抵押发行的短期贸易货币，这有别于以债务为抵押发行的债务货币。商业汇票构成了商业资本主义时代最重要的信用扩张手段。而后陆续出现了以国家债务为抵押的殖民资本主义的信用扩张、以工业债务为抵押的工业资本主义信用扩张和以个人债务抵押为主的后工业化时代的信用扩张。[19]

宁绍帮发明的庄票是由华商向钱庄申请“以贸易为基础”的5~20天兑现的汇票，在采购洋行货物时，即以庄票支付。洋行一般不信任华商，但对于钱庄，特别是有实力的钱庄，还是相当认可的。其原因在于洋行普遍采用的洋买办制度。洋买办不仅对当地钱庄的实力非常熟悉，而且一旦出现意外必须承担无限责任。如果到期华商不能支付货款，则由钱庄负责向洋行垫支，然后钱庄再去找华商算账，也可以由钱庄向洋行直接支付，再向华商收款。这样一来，洋行的货好卖了，钱庄签发的庄票是要收利息的，于是扩大了钱庄的利润并增加了新的业务。华商则获得了短期融资，扩大了业务量。这是一个三全其美的金融创新。而且，这些庄票的持有人可以在很多钱庄或外国银行进行打折贴现，随时得到现金。

当汇丰银行进入上海时，它面临的是一个外国银行与当地钱庄并存的格局。外国银行的优势在于资本雄厚，完全控制了国际汇兑业务。而钱庄的优势在于了解市场，占据着对内贸易签发商业汇票的信用中介地位，特别是基于国内货币制度的银钱兑换基础业务，利润丰厚，无可替代，因此也能占有一席之地。

既然汇丰银行有一统金融江湖的雄心壮志，就必然会以其实力将当地各路金融诸侯降伏。当横扫其他外国银行的汇票大战以汇丰完胜结束后，它将关注的重点转向了本土钱庄。由于汇丰能够以很低的成本拉来中国富人们的存款，加上鸦片贸易融资所获得的高额利润，到19世纪末，其资产总额已高达2.11亿港元，建立了远东首屈一指的金融霸权。汇丰充分利用自身资金雄厚的优势，开始大规模使用拆票的办法来控制钱庄的资金。[20]

由于钱庄自有资本有限，对于吃下更多的商业汇票蛋糕，心有余而力不足。汇丰银行正是看准了这一弱点，才将廉价的多余资金拆借给上海的钱庄，钱庄只需将庄票作为抵押交给汇丰，就可以得到信用贷款。因此，上海钱庄纷纷向汇丰银行大量拆借资金。汇丰也可以直接收购市场上已经被打过折的庄票，进行再贴现，利用存款与再贴现之间的息差获得收益。各钱庄在打折收购其他钱庄的庄票后，本可持有到期获得收益，但为了加快资金周转获得更多利润，只要汇丰出价合适，它们就会毫不犹豫地把这些庄票转卖给汇丰，将利润落袋为安后再去做新的贴现买卖。

如此一来，虽然上海的钱庄可以获得汇丰的资金将生意做大，但同时也由于资金来源受到汇丰的控制，而不得不变为汇丰的附庸。汇丰银行可以通过拒绝拆票或提高拆息来紧缩银根，也可以调高再贴现率，即对钱庄想转卖给汇丰的庄票进行深度打折，使得钱庄无法获得两次打折之间的利差而无利可图，从而迫使它们减缓或停止第一次贴现行为。这将导致全体钱庄由于商业汇票周转放慢，而不得不减少对贸易的融资。最终的后果就是，资金匮乏导致华商无法收购茶、丝等土特产品，农民和手工业者被迫降价出售自己的劳动成果。而此时，汇丰背后的洋行股东们“正好”能够廉价吃进，然后在国际市场上高价抛出，获得丰厚利润。

胡雪岩所代表的中国金融势力在与外国金融势力进行殊死抗争时，汇丰银行可以通过拧紧货币供应的水龙头，制造银根紧缩，轻易打垮一切贸易抵抗联盟的反抗。

在汇丰银行把持着清帝国中央银行大位的情况下，任何本土的金融机构都不可能发展成足以挑战国际银行家核心战略的竞争对手。

洋买办：中国的特殊现象

“买办”一词源于葡萄牙语，本意为中国南方地区为欧洲商人在市场上负责采购的仆人，后来演变为专指帮助外国洋行在中国扩大生意范围的本地商人。早期的洋买办并非外国洋行的雇员，而是身份独立的商人，他们与洋行之间是代理关系，为了取得买办资格，他们往往需要缴纳一定的保证金，如果生意规模没能达到预期目标或出现亏损，他们的保证金将被洋行扣罚。同样，如果他们的业绩不错，也将享受洋行的利润分成。

就纯粹的商业角度而言，买办属于正常的商业代理行为，无可厚非。但是，如果洋行进行的不是公平贸易，而是压榨式贸易，外国银行开展的不是普通的金融服务，而是控制货币供应的操纵性行为，那么问题的性质就发生了改变。洋行与外国银行的势力越强，生意规模越大，对中国经济的危害也就越深重。在这一过程中，帮助外国金融资本扩张势力范围的洋买办，就变成了伤害本国利益的重要帮凶。

从胡雪岩被“猎杀”的事例中，人们可以清楚地发现洋买办阶级对中国经济、金融、贸易与民生的重大杀伤力。没有洋买办的尽心竭力，外国洋行和银行都不可能在中国获得那么大的控制力。

是平等的商业交往，还是控制与操纵？正确判断外国金融资本的意图和行为，是一切历史功过与是非评判的核心。

纵观世界各国，洋买办现象几乎是中国特色。无论是在亚洲的印度、日本、韩国，还是在美洲大陆，都不曾出现这样一个特殊的阶级。这是中国半殖民状态所独有的现象。在西方扩张的过程中，美洲、非洲最先被殖民化，印度和东南亚稍后被征服。在这些被西方彻底殖民化的地区，西方的统治势力可以直接实施垂直统治，而无须借助本地中间人代行控制，所以无须买办阶级费事。中国的情况比较独特，西方殖民者来到中国的时间太晚，而中国相对强大，殖民者无法在短时间内彻底垂直统治中国，所以必须依赖一个中间阶级来代行控制，这个阶级就是官僚与买办阶级。

从更深层次看，但凡统治殖民地，就必须要彻底消灭当地的文字，因为文字携带着文明的基因，维持着复杂的民族自我认同和精神归属，征服一个国家却消灭不了它的文字，则意味着统治者要么被同化，要么被驱逐。被统治者从精神和情感两方面认同统治者，是统治成功的唯一选择，古往今来概莫能外，世界任何一处殖民地都是如此。葡萄牙、西班牙、荷兰、英国、法国、德国、美国、日本等殖民帝国，无不首先灭掉殖民地的文字，使得被统治民族完全和彻底地集体失忆，重新接受殖民帝国的精神与情感灌输，以实现其“长治久安”。在当今世界，前殖民地地区的普遍贫穷落后，在很大程度上是殖民时代留下的后遗症。可怕的并不是这些地区的物质财富被掠夺，而是因殖民地国家的文字被摧毁而导致的精神世界极度错乱和信仰体系彻底碎裂。重建对自身文明的信心，远不像经济发展和物质繁荣那样在短期内就能见效。

中国的幸运就在于顽强的汉字生命力和在此基础之上建立起来的巨大文明体系。无论是英国的狡诈、俄国的贪婪，还是日本的嚣张，都不可能彻底征服中华文明。正是在这种现实的无奈中，西方殖民帝国不得不借重与依靠洋买办来实现对中国财富的掠夺和控制。

在金融高边疆全面沦陷的情况下，洋务运动也好，戊戌变法也罢，甚至推翻清王朝，都不能从根本上改变中国半殖民地化的状态。

日本当时也同样面对着西方列强的殖民野心，也同样被砸开了通商的大门，可是命运却与中国截然相反。明治维新的成功与洋务运动的失败，其根本差别就在于日本守住了自己的金融高边疆，外国金融势力未能有效地控制日本的货币体系。尤为重要的是，日本没有形成一个强大的洋买办阶级。因此，外国银行在日本难以开展业务，更别说控制日本的金融命脉了。

1863 年以来，在日本开业的六大外国银行，携带着高达两亿两白银的资本金，其实力比日本当年的银行实力不知强大多少倍，即便是明治维新成功后，直到 1900 年，日本的全部银行资本金还不到这个数字的一半。可是，除了汇丰银行尚能运转之外，其他外国银行已纷纷倒闭，而日本本国银行的数量则从零暴涨到1901年的1 867家。在此之前的明治维新，几乎完全是在本国银行体系的信贷支持下，完成了工业的近代化，使日本一跃成为与西方列强平起平坐、亚洲唯一摆脱西方列强殖民的成功典范。

日本正是牢牢控制住了金融高边疆，源源不断地为本国的工业、国防和贸易提供大量信用，才催生了一个迅速崛起的工业强国。

注 释

[1]《英国领事报告》，1883年，第230页。

[2]《英国国会文件》，1884年。

[3]《英国领事报告》，1883年，第230页。

[4] 马学强，《江南席家》，商务印书馆，2007年，第78页。

[5]《字林西报》，1879年5月23日。

[6] 马学强，《江南席家》，商务印书馆，2007年，第80页。

[7] 张国辉，《中国金融通史》第二卷，中国金融出版社，2003年。

[8] 光绪十一年十一月十二日户部奏，《光绪政要》（抄本），财政篇，第2卷，户部陕西司奏稿，光绪十一年版，第8卷，第44~48页。

[9] Commerce and Diplomacy, Sargent，p.49.

[10] John Locke，*Remarks Upon a Late Ingenious Pamphlet by an Impartial Hand*，p.19.

[11] G.Edward Griffin，*The Creature from Jekyll Island*，p.218.

[12]〔德〕弗兰克，《白银资本》，中央编译出版社，2001年，第393页。

[13] 宋鸿兵，《货币战争2：金权天下》，中华工商联合出版社，2009年，第47页。

[14]〔德〕马克思，《鸦片贸易》。

[15] 张仲礼、陈曾年，《沙逊集团在旧中国》，上海社会科学院出版社，1985 年，第 3~5 页。

[16] 黄鉴晖，《山西票号史》，山西经济出版社，2002 年，第 341 页。

[17] 宋鸿兵，《货币战争 2：金权天下》，中华工商联合出版社，2009 年。

[18] 杨荫溥，《上海金融组织概要》，商务印书馆，1930 年，第 46 页。

[19] *The Lost Science of Money*，p.271.

[20] 陈曾年，《近代上海金融中心的形成和发展》，上海社会科学院出版社，2006 年，第 17 页。

第二章

明治维新与洋务运动

CURRENCY
WARS

本章导读

为什么明治维新能成功，而洋务运动会失败？

为什么日本没有洋买办阶级？

为什么外国银行携强大资本登陆日本，最后几乎全军覆没？

为什么日本能够守住自己的金融高边疆？

历史给中国留下了太多的痛苦回忆，也为后来的中国人提出了许多非常尖锐的问题。日本明治维新的成功和中国洋务运动的失败，以及甲午战争的结果，给中国带来的刺激和纠结，远比败于大英帝国更令国人抓狂。

日本金融的历史，远比大多数中国人想象的更久远、更先进。三井家族的金融从业经历，比英格兰银行还早10年，比山西票号早了100多年；日本现代银行体系的建立，比中国领先了30多年；日本中央银行的成形，比中国早28年；日本的统一货币——日元，遥遥领先于中国的法币70多年；日本在亚洲最早确立了金本位的货币基石；日本的金融网络，完全控制了本国的经济体系；日本横滨正金银行，帮助本国贸易商一举夺回了定价权。

日本成功地守住了金融高边疆，击退了外国金融势力的染指，这正是日本明治维新得以成功的关键前提。

日本最终发现了银行信用的秘密，在金银货币有限的情况下，以金融的高倍杠杆，充分调动起全国的资源，撬开了近代工业化的大门，而工业和贸易创造的惊人财富，驱动着日本经济的车轮驶入世界强权的快车道。

反观中国，以汉冶萍钢铁联合公司为典型代表的洋务运动，却在极端恶劣的金融生态环境中艰难生存，尽管具备关键的先发优势和良好的资源条件，却最终断送在日本人手中。

历史的经验表明，金融是现代经济的制高点，金融高边疆是现代国家的第二国防！

王政复古与金钱崛起

1867年12月26日深夜，寒风瑟瑟。在日本京都三井家族的庄园里，家族掌门人三井三郎助正襟危坐，在他的旁边是一个装满金银的木箱。仆人们屏住呼吸，倾听着院外的动静。巨大的客厅在黑夜里显得更加空旷，蜡烛嗞嗞的燃烧声在静谧的房间中清晰可闻。空气仿佛凝固了。此时，三井正在等待一个决定家族命运的重要时刻。

三井三郎助

他已经得到准确情报，德川幕府正在调集三万大军准备杀向京都。倒幕派的长州藩和萨摩藩也已经招募了大批武士，在王政复古的大旗下，誓言要废掉统治日本长达200年的德川幕府，将大权归还天皇。一时间，京都城下战云密布，决定日本命运的决战即将拉开大幕。

三井家族作为德川幕府的金融代理人，曾为幕府统治立下汗马功劳，也获得了巨大的利益。但是，日本已不再是锁国时代的日本，西方列强已经敲开了日本的大门，整个国家正处在被彻底殖民的巨大危机之中。德川幕府的腐败统治和严酷剥削，早已使民众的暴力反抗形成燎原之势，而幕府对西方列强的软弱妥协，更激起各藩贵族与武士压抑已久的反叛之心。三井对时局洞若观火，早已开始向倒幕派秘密提供大笔资金。不过，他还不愿也不敢公开表示自己的倾向。

今夜，三井将做出事关家族300年基业的重大抉择，将赌注全部压向倒幕派，公开与德川幕府决裂！

清脆的敲门声骤然响起，天皇的特使到了。

此刻，就在三井家附近的皇宫里，一位踌躇满志的少年正在激情中来回踱步，憧憬着日本光明的未来。他就是几个月前刚刚即位的明治天皇。几天前，他发布诏书，宣布接受德川幕府交出的行政权力，收回旁落长达700余年的天皇统治权。在这位年方十五的天皇身边，云集着来自各藩的诸侯，其中势力最大的就是西南部的长州和萨摩两藩。这些人早已不堪忍受德川幕府的统治，几次三番起兵造反，其属下武士，彪悍勇猛，能征惯战，后来日本帝国陆军和海军的名将中，大部分都出自这两大藩镇。

明治天皇

明治天皇年纪虽小，但雄心勃勃，谋略过人。他对眼下的局势也有自己的判断，德川幕府将历代天皇置于汉献帝的位置上固然可恨，但谁能保证身边的这些倒幕派，不会再度成为新的德川家族呢？就在三年前，胆大妄为的长州藩，甚至准备武装绑架孝明天皇，以“挟天子以令诸侯”的方式，推翻德川家族的统治。明治天皇的处境，与清帝国康熙皇帝亲政前，被鳌拜胁迫时非常相似。

不过，眼下最紧迫的，就是如何打败不甘心失去大权的德川家族。它的三万大军很快就会打到京都城下，而最要命的就是，明治天皇的新政权囊中空空如也，没有钱是打不了仗的，他不得不求助于当时的日本首富三井家族。

在特使的引导下，三井带着装满金银的箱子来到皇宫，等待他的是帝国财政大臣。寒暄之后，大臣直言相告，政府没钱，战端将启。三井立刻献上宝箱，随即就被任命为帝国新的财政代理人，全权负责筹措财政经费。[1]

三井家族何德何能，令明治天皇在危难之时，敢以政权存亡的重任相托？

这个三井的来历的确非同凡响。三井家族开始建立金融帝国的时间，竟比英格兰银行还早10年。其祖三井高利以服装业起家，于1683年在江户（今天的东京）开设“三井两替店”，从事钱币兑换、典当和放款等金融业务，其商业模式与中国的钱庄非常类似。当时，江户是日本的政治中心，京都是天皇居住之地，大阪是繁荣的商业都市。随着日本战国时代的结束，各种产业开始兴盛起来，三大都市之间的贸易越来越紧密。三井高利敏锐地发现了这一机会，在京都、大阪陆续开设了“三井两替店”的分店，开始建立起一个小型金融网络。有贸易就有金融服务，商业汇票和票据贴现被创造出来，汇票很快就进入了三井家族在几个都市之间的金融网络，资本与信用开始远程流动，三井家族的利润节节攀升。

当时，商人要在商业中心大阪购买商品，而白银却存在政治中心江户，白银和货物反向运动既浪费时间和金钱，又不安全。幕府也有类似的麻烦，在大阪收来的商业税金，需要长途运送到江户的幕府金库，很不方便。三井看准了这一机会，向幕府提出解决方案，由三井在大阪收取政府税金，然后通过三井的金融网络将钱汇到江户，一张汇票就可解决政府的难题，不必搬动沉重的白银。德川幕府当然很高兴看到这样的简单操作，并且很大方地提出了60天的汇票期限。一段时间后，三井的服务令幕府相当满意，将期限进一步延长到150天。[2]

这下可乐坏了三井。政府将如此巨大的一笔钱，近乎免费地交给三井使用如此长的时间，而三井可以用幕府在大阪的税金，采购自家和为其他商人代购的商品，然后在江户的分店支付白银给幕府金库。

其实，从大阪到江户，三井只需要15~20天的时间就可以处理好所有商品的采购和运输事宜，等于得到了130天的政府巨额零利息贷款，这些钱正可用于短期放贷，获取暴利。

三井的远程汇兑业务与山西票号的模式几乎一模一样，虽然金融汇兑网络规模比山西票号小很多，但在时间上早了100多年。在西方列强进入亚洲之前，日本人的金融意识可能比中国人更先进。

更为重要的是，德川幕府对三井的信任达到了空前的程度。西方列强打开日本国门后，幕府规定，外国银行的所有本地业务，必须通过三井家族，这样就使得外国银行无法直接与日本商人接触。三井家族扮演了清朝广州十三行的角色，而且三井一家独揽了日本对外国的一切贸易金融接口，从而形成三井家族在日本金融与商业网络中一家独大的格局。

经过180多年的发展，到明治天皇时，三井庞大的金融帝国，早已成为各方势力争相拉拢的关键力量。

就在明治新政府面临德川幕府的反扑和各地骚乱不断的危难之时，三井临危受命，为政府紧急筹集300万两白银的国债，这是日本有史以来发行的第一次国债，其规模之大、筹集时间之急迫，在日本历史上闻所未闻。三井金融帝国立刻紧急动员起来，所有金融网络一起高速运转。它们放出大量国债推销员，每个推销员都必须熟练掌握标准化的4分钟演讲推销技能。他们在日本各地的商人、银行家和家庭主妇之间奔走，以天皇危难、国家兴亡的激情震撼了社会各界。销售最后取得惊人成功，300万两白银的天量国债数额，被380万两超额认购。[3]

三井拯救了明治新政权！从三井金融帝国奔涌而出的海量金钱，源源不断地流向最渴求粮饷的前线军营。

非常巧合的是，三井向明治天皇表忠心的一箱箱军饷，正被一位年轻的官员护送到前线。此人就是井上馨。

井上馨：日本开国金融元勋

井上馨

井上馨从小心怀大志，在西方列强危于外、幕府藩镇乱于内，国家存亡面临重大危机之时，暗暗立下决心，一定要到国外去看看西方的海军为什么如此强大，西方国家的经济到底是怎样繁荣起来的。不过，当时日本采取的是严厉的锁国政策，私自离开日本到国外留学是犯死罪的。但井上馨的决心十分坚定，死亡的危险不足以令其却步。他秘密联系同是长州藩的老乡伊藤博文，两人志同道合，决心一起偷渡去英国留学考察。

两人商量得热火朝天，就在准备动身之时，突然意识到身上都没有钱，也不知道在英国待上几年到底要花多少白银。于是，他们跑到英国的领事馆打听。领事还从未碰上过这等稀奇事，一番打听之后告诉他们，每人每年需要 1 000 两白银。对于武士家庭来说，这可不是个小数目。两人顿时傻了眼。不过，办法总比困难多，他们开始到处找钱拉赞助。最后，还是长州藩的大名毛利，被二人的激情打动，把其在美国购买武器的余款汇到了英国领事手中。1863 年 5 月的一个夜晚，二人和另外三位好友在英国领事的安排下，秘密前往上海。

到了上海港口，井上馨一眼望去，几百艘外国蒸汽轮船进进出出，一派繁忙景象。井上馨深感日本再不开放，必被世界潮流所抛弃。不过，他并没有深想，如果外国轮船卸下的是整船的鸦片，装上的是满满的丝茶金银，那中国的经济究竟会怎样？

在上海接待他们的正是怡和洋行的凯斯威克。他问井上馨等人去英国打算学什么，结果井上馨突然发现另外一个大问题，就是他们都不会英语。井上馨只会一个英文单词，那就是航海（Navigation），糟糕的是，他的发音还是错的。凯斯威克听得丈二和尚摸不着头脑，最后连猜带蒙地以为他们要当水手学习航海，结果派人把井上馨等人安排去和水手们一起烧锅炉、做杂活儿。井上馨等人不明白买了船票的客人为什么还需要干杂活儿，顿感无比郁闷。既然英国人就是这样的传统，井上馨等人也只好入乡随俗了。海上的狂风巨浪，害得井上馨和伊藤博文严重晕船，这两位一边呕吐，一边还在激烈地争论日本的未来。[4]

船终于到了英国，他们开始了全新的生活。井上馨目睹了洋人的富裕和强大，拼命地学习英语和专业航海知识。他恨不得立刻就能将西方的所有先进文明，全部塞进自己的大脑。有一天，他突然在英国的报纸上看到，日本长州藩肆意封锁海峡，炮击外国轮船，西方列强已准备组建联合舰队去惩罚当地的“野蛮人”。井上馨大惊，因为他知道西方的强大武力绝非日本武士所能抵挡，所以立刻决定和伊藤博文起程回国，争取赶在列强军舰打到长州藩之前，劝说当地大名罢兵休战。

两人冒着被幕府抓住判死刑的危险，赶回日本面见英国总领事。此时，战争即将爆发。井上馨已经可以用英文表达他的建议——他愿意劝说长州藩停止战争，英国领事同意给他们几天时间去和谈。在见到长州藩的大名后，井上馨力陈西方列强的船坚炮利，长州藩开战必败。无奈此时当地的武士阶级对于西方列强的仇恨，已到了无法压制的程度，虽败亦战。井上馨和伊藤博文二人只好回去向英国方面报告结果。当英国总领事问井上馨是否仍然愿意回到英国继续学习时，井上馨回答得非常干脆：“不，先生！如果开战，我们将是第一批手持武士刀、倒在你们炮火之下的武士！”其刚烈决绝，令英国总领事耸然动容。[5]

伊藤博文

这种武士道精神在当时的日本可谓极其普遍，所以并没有洋买办滋生的土壤。后来掌管日本帝国财政金融大权的，正是井上馨等一大批日本金融武士！外国金融资本哪里收买得动这些人！

战争的惨烈使得西方列强认识到直接征服日本代价太高，而且远东的兵力远远不敷使用。而井上馨与伊藤博文却因与列强谈判，被当地武士误认为奸细，二人都被刺杀多次，几乎丧命。日本强烈的武士道精神和民族情绪，确实是西方殖民者第一次面对这个重大难题。这些"野蛮人"，既无法直接用武力征服，又难以找到一批能成气候的洋买办来间接实施殖民统治。

后来，井上馨成为日本最懂金融的政治家，帝国九元老之一，号称"三井的大掌柜"。伊藤博文就是历史上著名的日本铁血首相，日本宪法的缔造者，中日甲午战争就是在他的任内发动的。

王政复古后，长州藩由于倒幕功劳最大，在新政府中自然分到了最大的势力范围。在长州藩中，又属井上馨和伊藤博文最具远见卓识，因此井上馨被破格提拔为大藏大辅（相当于财政部副部长），执掌日本财政金融实权，而伊藤博文则去了外国事务局，后来从外交领域脱颖而出，成为日本著名的政治家。

三井家的大掌柜

井上馨走马上任的第一要务就是确立货币本位，这正是金融高边疆最重要的基石。可见，井上馨的眼光相当了得，一眼就看出了财政金融问题的要害。

他面临的现实困境就是货币混乱。自德川幕府以来，日本的货币就在不断贬值，货币本位极不稳定。到1869年，日本市场上共有11种金币流通，占金属货币流通量的54%，7种银币占42%，另外还有6种铜钱，各自藩镇还发行了五

三井住友银行总部

花八门的纸币，简直就是一个货币的春秋战国时代。[6]

当时，主管日本财政的大久保利通，乃至整个新政府的主要头头脑脑，基本都没有现代国家的财政金融知识。一开始，大伙儿都认为应该实行银本位，本来白银在日本就是主要流通货币。因此，日本政府在 1868 年 2 月，宣布白银为主要流通货币，在通商口岸接受墨西哥银元为支付手段。但此时远在美国考察银行制度的伊藤博文发来信件，认为应该采用金本位："奥地利、荷兰和其他一些仍在实行银本位的国家，可能是由于转换旧货币体制的难度太大，如果它们能够重新选择货币本位的话，毫无疑问，它们都会选择金本位。所以对于日本来说，明智的选择是跟随西方的主流倾向。如果日本建立金本位，白银仍然可以作为辅币进行补充。"[7]

大家本来对这个问题就稀里糊涂，既然伊藤博文正在美国考察银行业，势必代表着西方最新的思想，因此大伙儿很容易就统一了金本位的思想，同时决定进行"废两改元"，以后的日本货币被称为日元。这比中国早了 70 多年。

明治新政府成立当年，就立刻派伊藤博文到美国考察银行体系，可见日本对金融问题的高度敏感，远非大清帝国所能比拟。其实，伊藤博文也并不精通金融事务，他只是在美国实地了解了一些当地银行业的基本框架，根本来不及消化和吸收。他力主模仿美国的国家银行体系，并在日本进行复制，结果是轰轰烈烈的国家银行运动所创造出的 153 家银行，到 19 世纪末全部改制为普通商业银行或私人银行。

但就金本位而言，伊藤博文的确判断力不俗。日本在不经意之间，站到了大英帝国的一边，属于站对了立场。不过，由于日本当时黄金稀缺，白银仍是主要流通货币，真正实现金本位被推迟到 1897 年。清政府甲午战败的 2.3 亿两白银赔款，从英格兰银行以英镑的形式，付给了日本横滨正金银行（简称正金银行）的伦敦分行，在扣除 53% 的英国战争借款和军火购买之后，剩余的钱被用于购买英国国债和黄金，并分批运回日本，成为金本位建立的家底。

井上馨要推行财政金融新政，手上又没钱，自然要和日本最大的金主三井家族打交道，双方关系很快打得火热。由于三井为新政府的建立立下了汗马功劳，论功行赏必不可少，更何况以后要求三井的地方多了，于是井上馨将经理国库的肥差交给了三井。不过为了以示公平，三井还要与另外两家老钱庄分享这块大蛋糕。

1871年，在日本国家造币厂开始铸新币时，三井又马上得到了政府特许代理人的美差，负责将在日本流通的所有旧币回收，然后推广新货币。

井上馨毕竟留过洋见过世面，他强烈建议三井家族将传统落伍的钱庄、票号，转变为欧美现代银行。当三井反应过来，银行可以发行自己的钞票时，立刻明白了中间的巨大利益。以75%的储备金来发行钞票，多发的部分不就是空手套白狼吗？三井终于悟出了银行信用货币可以放大的秘密。这样的好事岂能放过，三井立刻向日本政府申请150万~200万日元钞票的发行权，而且要具备国家法币的效力。三井梦想着成为“日本的英格兰银行”！

1871年7月，三井递上开办银行的牌照申请。这是日本有史以来第一个银行牌照申请。8月，日本大藏省的批文就下来了，其中还包括井上馨提交内阁批准的时间，效率奇高。更妙的是，政府在美国已经印好的钞票将立刻转交三井，由三井直接发行，连印刷都省了。

三井正在狂喜之中，不好的消息却传来了。由于伊藤博文的建议，日本政府突然改变了主意，要学美国建立国家银行体系。所谓国家银行并非官办银行，而是具有发钞权的股份制银行。但是，三井偏好能被家族完全控制的私人银行体制，对和别人合作没有太大兴趣。井上馨为了补偿三井，将680万日元的财政券和250万日元殖民券的发行生意，交由三井来做。这两种政府券都是号称可兑换金币的钞票，但由于日本根本没有这么多的黄金而无法兑现。三井虽然也从中赚了不少，但仍然对成为能够发钞票的银行这一巨大的诱惑朝思暮想。[8]

经过井上馨反复做工作，三井不情愿地同意与两家老钱庄合资，建立了日本第一国立银行，主要负责管理国库。这可是笔巨大的买卖，所有国家财政收入都要经过它的手，相当于得到了一笔天文数字的资金沉淀，放贷也好，投资也罢，三井的资金实力变得超级雄厚。美中不足的是，这么大的好处居然要和别人分享。

消灭对手的机会终于来到了。

日本大藏省“突然”意识到，国家的钱都存放在股份制的日本第一国立银行不一定靠谱，于是准备搞一次突击检查，看看这三家主要股东是不是有足够的资本。由于井上馨的通风报信，三井提前做好了资金准备，而另外两家则立刻露出了马脚。由于无法拿出足够的现金，被政府强制关了门。

在井上馨的帮助下，三井终于独霸了日本第一国立银行的国库经理大权。

难怪在日本政坛上，井上馨的外号就是“三井的大掌柜”。

日本控制了金融高边疆

以长州、萨摩、肥前、土佐四藩为核心的“明治寡头”势力集团，把持了明治政府的大权。虽然明治天皇的待遇比德川幕府时有了明显提高，但仍然是有名无实的“周天子”。明治寡头们把天皇捧成了神，高高地供在那里，但实权却牢牢抓在自己手上。这些寡头虽然推翻了德川幕府，但日本仍然存在着300多个小诸侯，如果不加以彻底铲除，保不准哪天又会冒出个德川家族。同时，要想和西方列强平起平坐，封建割据无疑严重阻碍了日本近代化的进程。

但是，如何削藩呢？历史上由此引发的战乱数不胜数。

明治寡头们最终商量出“废藩置县”的办法，这有点儿像宋太祖当年“杯酒释兵权”的思路。由中央政府出钱，把藩王诸侯们和他们的属下，以及庞大的武士阶级全部养起来。诸侯们一算账，非常合算。以前，他们每年的名义收入为10万石大米，约合6.4万英镑，废藩置县之后，政府每年给他们5万石的俸禄。这是相当优厚的待遇了，要知道诸侯们的收入并不稳定，粮食收成听天由命，再发生战争暴动，还要出钱出人镇压，说不定还得赔钱呢。同时，他们还不用再负担那些失去土地的武士阶级的生计，由国家将这些人供养起来，自己乐得一身轻。所以，工作推进得十分顺利。一位英国记者不由感叹，欧洲花了几百年才废除的封建领主制度，日本只用了3个月就完成了。

其实，情况远非这么乐观。藩镇是废除了，德川幕府式的隐患也彻底消灭了，但代价是国家背上了一个养活200万类似“八旗子弟”的藩主阶级的巨大财政负担。诸侯和武士们的俸禄支出几乎占了中央财政的近1/3，而高达7 800万两的巨大藩债，大大加剧了明治新政府的财政危机。

明治寡头们刚上台时，内乱外患都需要钱来搞定，新政府又没钱，财政税收也不是一时半刻就能奏效的，所以只有通过印钞票来应急。这一点与美国各殖民地反叛大英帝国时，狂印殖民地纸币如出一辙。

从1868年开始，在新政府执政的头两年里，明治政府共发行了4 800万日元的纸币，其中一半以上是维持政府运转，1 270万日元借给了支持新政府的诸侯们，剩下的近1 000万日元用于发展工业和商业，也包括银行业。从第三年起，又增加了三种纸币：一种是日本内务部发行的价值750万日元的辅币，用以支持政府券；第二种是日本大藏省发行的680万日元的大藏省券，用以填补财政赤字；第三种是用于安置下岗武士阶级并帮助其去北海道再就业的250万日元“下岗安置券”。[9] 如此规模地狂印货币，加上假币泛滥，日本社会进入了恶性通货膨胀状态，政府纸币信用急剧下降，政权岌岌可危。

新政府缺钱，狂印货币只是应急之道，长远之计是必须增加财政收入。于是新政府开始了地租货币化的改革。当时日本的各类税务都是实物缴纳，农民还要承担徭役。这正是中国300年前，明朝内阁首辅张居正的“一条鞭法”早已解决的问题。地租改革的成功大大增加了政府的稳定收入。

当经济逐步稳定下来后，诸侯武士们的俸禄又成了明治寡头们非常闹心的事。大佬们反复磋商，最后想出一招名叫“金禄公债”的法子。政府与其每年拿出巨额现金给诸侯武士们发俸禄，不如一次性将他们未来的俸禄买断，如同“买断工龄”一样，但并不是付现金，而是支付金禄公债。俸禄高的，一次性支付 6~7 年的总收入，利息为 5%；俸禄低的，一次性支付 10~12 年的总收入，利息更高些。未来政府每年只是支付利息，财政负担大幅减轻。公债的本金自发售后第 6 年开始抽签偿还，30 年内偿清。这一手，远比清朝雍正帝搞财政改革时，逼着八旗子弟去京郊耕地要高明得多，日本明治时代的财政金融管理水平着实让人吃惊。

这样，大笔资金就可以腾出来去发展实业，用实业的投资回报来支付金禄公债的本息。从此，这 200 万人就被政府彻底推向了市场。

1876 年 8 月，明治政府开始发行金禄公债，其总额高达 1.74 亿日元。要知道，当时日本货币的流通总量才 1.12 亿日元！同时，明治政府修改了国家银行法，允许金禄公债作为银行资本金入股。一夜暴富起来的诸侯们，立刻将手中一次性得到的几百万债券拿去入股银行。可见，当年日本诸侯们的金融智商也相当了得，他们早已了解入股商业银行会获取什么样的利益。著名的日本第十五国立银行的股东几乎全是这些暴发户，他们成功地将俸禄收入转化为金融资本，又将这些资本投入最兴旺的工业项目，从而获得了巨大回报，成为未来的新贵族。金禄公债发行后的三年内，日本国立银行数量暴涨到 153 家。而中下层武士除了打架别无所长，他们在商场上根本斗不过商人，结果金禄公债被大量骗走。“下海”的武士中，只有少数人取得了成功，绝大部分只得沦入贫苦阶级。

随着这些重大政策的推进，金融业务量越来越大，三井加速了申请银行牌照的进度。尽管先前被政府拒绝，但三井并未放弃。当井上馨 1876 年再次回到日本大藏省时，三井的银行牌照申请立刻被批准了，但加上了一条，必须承担无限责任。1876 年 7 月 1 日，三井银行正式成立，这是日本历史上第一家私人银行。三井发行钞票的梦想终于实现了。

三井银行脱胎于传统的钱庄、票号生意模式，其下属 31 家分支机构原属于三井的服装连锁店，现在正式脱离原来的生意，专门从事金融业务，三井银行立刻拥有了一张遍布日本的最大金融网络。老主顾们纷纷成为三井银行的客户。开业当年的存款总量就高达 1 137 万日元，还有 228 万美元存款。废藩置县、地租货币化和金禄公债大大增加了明治政府的财政收入，而日本当时中央财政收入的一半也存进了三井银行。[10]

如此一来，三井银行相当于获得了明治政府巨大的无利息、无抵押的资金沉淀。以这样雄厚的财力，三井开始大举投资实业，在铁路、纺织、制纸、海运、煤矿等行业，形成了一个以金融为核心，以各类实业为骨干，相互依存、相互借力的超级财阀。

1882 年，在松方正义、井上馨等人的策划下，日本历史上第一个中央银行——日本银行正式成立。这是一家股份制公司，政府与私人金融家各自持有相应的股权，三井家族作为主要发起股东，派出代表进入中央银行董事会参与决策。[11] 尽管代表各方利益的财阀稀释了一些三井的权力，但在日本金融业，尚无人能与三井处于同等级别。

随后，日本银行作为日本唯一的法定发钞银行，逐渐收回了 153 家国立银行的发钞权，完全控制了日本金融的战略制高点。

日本银行的另外一个重大功能，就是直接向本国优先发展的工业大量融资。日本银行开设特殊的贴现窗口，对重点企业的股票和债券进行抵押融资，这是其他国家所不能想象的，这相当于直接将企业的债务和股票货币化，由全社会共同分摊重点企业的发展费用。这一点也为日本工业的腾飞创造了极其重要的条件。

在日本银行的调动下，日本全国的金融资源被有效地整合起来，整个银行系统全力扩张信贷，大规模的资金源源不断地注入工业体系。需要特别注意的是，从明治维新开始，直到中日甲午战争之前，日本没有进行大规

日本银行

模外债融资的原因是，日本目睹了中国和其他国家在外债的压迫下，日益殖民地化的危险趋势。日本明治维新的主要资金源于本国的金融资源整合与调动，更重要的是，银行系统的信用创造。

在日本银行的监护下，日本的金融体系获得了空前发展。至1901年，日本各类金融机构的数量已高达数千家，仅商业银行就有1 867家，金融网络遍及日本城市与乡村。在之后的10年中，银行体系对工商业的信贷规模翻了3倍，总存款规模翻了4倍，日本的铁路、航运、矿山、纺织、军工、机械制造、农业、贸易等行业，在巨额资金的刺激下，如火箭一般迅猛蹿升。

明治维新为什么没有向外国“招商引资”

日本在明治维新的初期，居然能想出将金禄公债作为银行的核心资本金，说明日本对现代金融本质的深刻理解，在那个时代已经远远超过了大清帝国。请注意，日本明治时期的工业化，并未大量引入外国资本和外债，因为日本已经彻底发现了银行信用的秘密。在现代银行与信用货币机制下，法定货币永远不会稀缺，货币能够被自己的银行系统创造出来。如果是这样，根本就不需要外国资本进入日本的银行体系。日本需要国际硬通货的唯一目的，就是引进外国的技术设备和日本没有的资源！

所以日本的明治维新，从来不搞“招商引资”。日本只需要外国的技术、机器设备和原材料，管理的活儿，日本自己练得比外国更高明。硬通货可以由日本的生丝、茶叶和瓷器出口而获得。外国资金？对不起，不需要！因为日本自己可以创造货币！外国洋行可以参与国际贸易，帮助日本产品打开世界市场和购买日本需要的东西。国内贸易则由日本自己的商号共同分享。

对西方的技术消化乃是日本的绝活儿。把各种东西精雕细琢，做到极致，在螺蛳壳里做道场是日本的绝技。当俄国舰队到达日本时，好奇的日本人上船参观，俄国人给日本人展示了一个蒸汽火车的玩具模型。当日本人第一次看到冒着烟的小火车在轨道上跑起来时，所有人都感到很震撼。一伙儿人从此茶饭不思，仔细研究火车能动起来的原因。很快，日本人也搞出了小火车模型，而且不久后就比俄国人做得更加精致。

现代银行的部分准备金制，乃是一个高倍杠杆的金融制度。一元钱的准备金能够创造10元钱的放大效应。日本在1882年之前，整个银行体系甚至用了近20倍的杠杆来大规模创造货币。如此规模的货币创造极大地刺激了日本工商业的跃进，不过这也埋下了通货膨胀的隐患。

日本大规模举借外债的行为，发生在甲午战争与日俄战争时期。当时日本国内金融早已完成大一统，工业近代化也基本成形，外债不会破坏日本政治与经济的自主性。而战争外债相当于风险投资，日本在甲午战争和日俄战争两次大战中，都获得了巨大利益，外债不过是与列强分利润罢了。

在日本本国金融实力迅速扩张时，原来居于支配地位的外国银行的影响力却在大幅减弱。1863—1868年，最早登陆日本的六大外国银行共有资本金两亿两白银，实力远远超过当时日本银行体系的总和。直到1897年，日本银行体系的全部资本金才1.33亿日元，可见外国银行实力之强大。

明治维新之后，尽管外国银行的实力超级雄厚，但在日本开拓市场始终举步维艰。到20世纪初，最早在日本开业的六大外国银行，除了汇丰之外，已经全部倒闭或退出了日本。汇丰在中国进行鸦片贸易所获的巨大利润，在日本尚有一席之地，但也已经被挤压到了外贸和国际汇兑等狭小的领域，非但无力染指日本的货币发行大权，连进入日本市场的普通业务都寸步难行。

除了三井、三菱和住友三大竞争对手的凶悍竞争和围堵之外，日本缺少洋买办阶级生存和发展的基本土壤也是重要原因。缺少本地人的大力配合，外国银行的业务，想在日本市场上开拓是不可能的。三菱家族就曾公开向所有员工发誓，必将外国轮船公司从日本的航运市场中赶尽杀绝。在政府和金融两大势力集团的帮助下，三菱实现了自己的誓言。

以长州藩、萨摩藩武士贵族为核心所组建的日本明治政府，与清政府政客和文人控制的政权，在对待西方列强上的心态是完全不同的，在金融领域更是如此。日本大藏省是明治政府的核心权力之所在，众多财政金融官员都是长州藩和萨摩藩的武士世家出身，这些人将金融视作武士搏杀的角斗场。外国银行要想控制日本的金融，首先要过的难关就是这帮金融武士。

当日本完全控制了本国的金融体系，也就牢牢地掌握住了国家的命运。尽管在剧烈的工业化过程中，金融的混乱曾造成严重的通货膨胀和紧缩，但就整体而言，日本仅用了一代人的时间，就从一个濒临殖民地险境的落后国家，一跃成为一个现代工业强国，为金融高边疆的稳固立下了头功！

紧接着，日本开始对汇丰银行仍占优势的国际贸易和汇兑业务展开猛烈进攻。

日元信用保卫战

日本大藏卿大隈重信建立横滨正金银行是为了挽救快速贬值的纸币信用。在他的“货币量化宽松”政策之下，信贷扩张迅猛，经济发展过热，结果导致纸币对银币的大幅贬值。货币信用严重受损，通货膨胀难以控制，经济一片混乱。万般无奈之下，大隈重信提出向外国举债 5 000 万日元，用外国的银币回收过多发行的纸币。结果，他的提案被暴风骤雨般的骂声所淹没。

很多明治寡头都去过国外，也包括中国、印度和其他殖民地国家，目睹了外国债务是如何将这些国家逐步控制，最终使其沦落为殖民地或半殖民地的。寡头们指出，搞明治维新，不就是为了避免成为西方列强的殖民地吗？在工业化基础尚未完成，还债能力不足的情况下，向外国举债只能抵押关税和政府其他收入，从而丧失财政税收主权，这不就重蹈中国的覆辙了吗？

大隈重信

无奈之下，大隈重信提出建立一家纯粹的“金银金属银行”，地方定在横滨这个日本的商业中心。因为是纯粹真金白银的业务，故而叫横滨正金银行。它不能发行钞票，其主要目的是将被“劣币”（纸币）驱除的“良币”（金银）从被储藏的状态下激活，重新回到社会上流通。可是，纸币贬值仍在加速，到1880年，纸币贬值到银币的45%，日本的金银币仿佛一夜之间从各个角落一起消失了。“正金”银行因为找不到“正经”的金银币而陷入瘫痪。纸币贬值断送了大隈重信的财政牛人地位。[12]

接下这个烂摊子的就是力主通缩的松方正义，他早就对大隈重信的“货币量化宽松”政策极其不满。松方正义上任的头等大事就是重建日元纸币信用。这意味着政府必须用真金白银去换回老百姓手中过量发行的纸币，有多少换多少，直到老百姓完全相信政府库存的金银充足，而不再要求兑换为止。当时日本全国的货币流通总量是1.53亿日元，而金银准备金只有870万日元，仅占货币流动总量的5.7%。这可是一场信心的大血拼，仅有信心还不行，首先要有真金白银。

松方正义

松方正义早已成竹在胸，他与横滨正金银行反复讨论出一个方案，既可以解银行经营上的困局，也能一举扭转纸币贬值的困境，更能在对外贸易领域重新夺回被外国洋行把持的定价权。

松方正义下令日本大藏省，立刻为横滨正金银行准备300万日元的资金用

日本横滨正金银行

于外汇交易。这笔钱将用来支持日本的出口贸易，用出口创汇来解决日本国内金银不足的问题。松方正义的思路与大隈重信截然相反：既然日本国内金银不足而纸币严重超发，只从国内找金银不能解决问题，应该到全世界去找金银，用外面流入的金银来稳定纸币。

此时日本的对外贸易结构与中国比较类似，主要出口商品是生丝和茶叶。其中，生丝业一直是日本最为重要的传统产业和出口行业，在日本出口中的比重高达 30% 左右。由于外国洋行在外国银行的扶持下，完全垄断了商品定价权，日本生丝和茶叶经常以跳楼大甩卖的价格，被迫卖给洋行。日本大藏省对此早就怒火中烧，但一直没有什么有效的解决办法。

横滨正金银行在松方正义的授意下开始悄悄行动的时候，正好是胡雪岩在上海开始囤积生丝，准备和洋行叫板的当口儿。但最终的命运却截然相反。

日本的生丝和茶叶商人也缺钱，外国洋行支付的是商业汇票，要等 6 个月才能到期，然后才能到外国银行取款。如果急需资金周转，就必须拿到外国银行进行贴现，但贴现率可能高达 20%，等于损失了 20% 的贸易利润！如果不愿损失，就只有等待。但是，丝和茶都是不能等的商品，时间长了会变质。因此，资金短缺导致收购丝和茶的速度缓慢，而丝农、茶农等不起，就只有贱价出售，洋行则大获暴利。

横滨正金银行的出现立刻打破了洋行对贸易的定价权。当洋行和商人们谈好合约，开出商业汇票时，正金银行立刻介入，马上向商人们支付日元现钞买入汇票，折扣十分优惠。而这些日元现钞，正是松方正义授权日本大藏省以极低的利息借给正金银行的专项资金。这样，商人们无须再等待商业汇票漫长的到期时间，也不用拿汇票去外国银行做十分吃亏的贴现。现在，由正金银行持有汇票，到期承担全部风险。汇票到期后，外国商人的付款都将以金银币的形式直接流入大藏省在正金银行的账户。

这样就形成了一个良性循环，正金银行从大藏省廉价借出日元纸币，再用纸币打折收购日本出口商手中的外国汇票，持有汇票到期后，外国金银币付款到正金银行，再由正金银行流入大藏省，正金银行从政府借钱与给外国汇票打折的息差中获取利润。此时，日本大藏省获得了大量金银币以回收日元纸币，重建日元信用。日本出口商立刻将获得的资金拿去收购丝茶，加快了资金周转的速度，收购量大增，丝农、茶农获益。商人在与洋行谈判时赢得了更多议价权。同时，横滨正金银行的业务空前扩张，开始将分支机构开设到海外各大金融中心。[13]

横滨正金银行的金融创新获得了空前的成功。正是正金银行的横空出世和巨大成功，一举扭转了日本濒临崩溃的货币体系，巩固了明治维新前期的主要经济成果，使日本夯实了货币扩张所形成的金融泡沫。

当日本银行建立后，正金银行与日本银行展开密切合作。日本银行向正金银行提供 2% 的超低息贷款，为正金银行杀向全球市场提供了强力支持。反过来，正金银行为日本银行源源不断地提供着金银币储备，帮助日本银行建立牢不可破的货币信用。1881—1885 年，日元纸币背后的金银储备，从可怜的 870 万日元暴涨到 4 230 万日元，占货币流通总量的 37%。[14] 到 1890 年前后，日本的纸币终于恢复到与银币相同的价格水平，日元的信用保卫战胜利结束。

西方列强大吃一惊，如此猛烈的通货膨胀竟然能够被彻底制伏，如此过量发行的纸币居然能完全不贬值地恢复信用。这表明日本对金融的驾驭能力，在短短 20 年的时间里，获得了飞跃式提高，从一个对现代银行全然不知的国家，变成了一个准备向全球进行金融网络布局的世界级玩家。

从胡雪岩挑战洋行生丝定价权的失败和日本丝茶商人大幅提高定价能力的过程中可以看到：日本官员如松方正义，千方百计地帮助出口商夺回定价权，而大清官僚似李鸿章，则处心积虑、落井下石，想要整垮胡雪岩；日本有三井、三菱这样具有强烈民族意识的金融巨头，而大清则盛产像洞庭席家这样挟洋自重的金融洋买办；横滨正金银行是日本进军世界的金融尖刀，而上海金融市场则是汇丰控制中国的殖民利器。

在丧失金融高边疆的中国，洋务运动也好，戊戌变法也罢，甚至推翻清朝统治，都不可能真正实现中国的工业化和富国强兵之梦。

明治维新对战洋务运动

> 有些买办凭借外国侵略势力与洋务派官僚建立了联系，参加洋务派的政治活动和经济活动。买办阶级在政治上越来越有影响力，经济上有雄厚的实力，形成一种重要的反动社会力量。以李鸿章为首的洋务派大官僚集团，日益明显地成为买办势力在政治上的代表。
>
> ——郭沫若

在狂飙突进的明治维新横扫日本全国的同时，中国也在轰轰烈烈地推进洋务运动。中国与日本出于几乎同样的动机、处于几乎一样的地位、面临类似的问题，而最终结果却有天壤之别，明治维新完全成功，而洋务运动则彻底失败。

是日本的初始条件优于中国吗？中国虽然在两次鸦片战争中败给了英法，割地赔款，但总体损失并未严重动摇国本。1851—1864 年的太平天国运动，虽然使大清帝国元气大伤，但明治 1868 年的王政复古伊始，更是王权不稳，三百多藩镇割据未除，中央财政收入几乎为零，货币体系混乱，两者并无根本性差距。

是日本的制度更先进吗？日本明治维新最终形成的是以长州、萨摩、肥前与土佐四藩为核心的明治寡头政治，及其与三井、三菱、住友三大财阀利益相互锁定的官僚财阀资产阶级专政形态，其政治代表人物就是“明治三杰”与“九元老”。而大清帝国则是以李鸿章为核心的官僚与以盛宣怀、席正甫为代表的洋买办势力集团所形成的官僚买办阶级。二者最大的差别是：财阀与洋买办的利益取向不同，财阀以国家为自家，维护国家利益就是维护自身利益；买办则是以自己的利益为核心，挟洋自重，以外国势力作为在中国进行利益博弈的主要筹码，必要时，不惜牺牲国家利益。

李鸿章

这样的比较可以无限制地进行下去，但问题的关键是在金融！

鸦片贸易摧毁了大清帝国本位货币的稳定；中央银行缺位造成了货币的长期不统一；汇丰控制了中国的银根；外国银行渗透进中国的金融网络之中；洋买办垄断着金融市场；信用创造的秘密未被中国深刻领悟，导致现代银行业开办过晚；巨额赔款和大借洋债，致使中国海关关税、盐税、厘税三大中央财政的主要收入被抵押给外国银行，中国财政税收主权丧失殆尽，政府财源枯竭，加深了对洋债的依赖。

中国金融高边疆的彻底沦丧，使得中国政治丧失独立，经济发展资金匮乏，军事国防积贫积弱，科技、教育、文化无米下炊，沦落为任人宰割的半殖民地。

这一切，正是中国洋务运动与日本明治维新最本质的差别。

汉冶萍公司的命运就是这一差别的典型体现。

金融毒奶喝残了汉冶萍公司

汉冶萍公司总事务处大楼

1894年，在湖北汉阳，一座集炼钢、冶铁、煤矿为一体的大型钢铁联合企业拔地而起。其高炉容积达到470立方米，是当时整个东半球最强大、最先进的钢铁联合公司。它的出现在国际上造成了巨大的轰动效应，国际舆论称之为“中国之雄厂”，视其为中国睡狮初醒、与欧美争雄的标志。1894年5月，汉阳铁厂试产成功，比日本八幡制铁所（后来日本最大的钢铁公司——新日铁的前身）早了两年。到辛亥革命前夕，该公司员工达7 000多人，年产钢近7万吨、冶铁50万吨、产煤60万吨，占大清帝国全年钢产量的90%以上，成为洋务运动的样板工程。

汉冶萍公司全称“汉冶萍煤铁厂矿公司”，由汉阳铁厂、大冶铁矿和江西萍乡煤矿三部分组成，是中国第一代新式钢铁联合企业，完全具备问鼎世界钢铁托拉斯的潜力。如果汉冶萍公司能够成功，那么其带动的上下游产业链，将极大地拉动中国经济结构的巨大飞跃，在铁路、轮船、军工、机械制造、冶金、矿山等一系列重工业领域，带来一场真正的工业革命，由此将彻底改变中国20世纪前期的悲惨命运，甚至改变世界历史的进程！

张之洞

钢铁工业是一切工业的脊梁，缺乏钢铁工业的国家在现代国家中是直不起腰来的。大清帝国的洋务派也明白这个道理，湖广总督张之洞就是力主开办汉冶萍公司的主要人物之一。

可惜的是，在缺乏金融高边疆有效保护的情况下，汉冶萍公司难逃悲惨的命运。

汉冶萍的降生从一开始就存在隐患。1889 年，湖广总督张之洞向朝廷上折子准备筹办炼铁厂，其实他在半年前就派人前往英国订购炼铁设备，英国人询问矿石和焦炭的性质以便决定采用哪一种炼钢炉，张之洞拒绝回答，说道："中国之大，什么类型的矿石、焦炭没有，何必多此一问？"英国人只好按照英国酸性炼钢的标准供应相应的钢炉，结果湖北大冶矿含磷较高，导致汉冶萍钢炉炼出的钢含磷过高，不符合路轨钢材的要求，造成产品大量积压。"中体西用"理论的提出者张之洞，既没守住"体"，也没做到"用"。

什么是西用？就是向西方学习如何在经济领域实现崛起的具体办法。这种学习必须要有踏踏实实和认认真真的态度，来不得半点儿虚假。而日本是如何做的呢？1895 年，在第九次帝国议会决议设立八幡制铁所后，日本政府就责成商务大臣组织专人对铁矿、生铁、钢材、焦炭、耐火材料以及生产费用和厂址的选定等问题展开调研，经过 11 次反复试验和调查，最后才确定预算与计划。

第二个隐患是工厂的选址有问题。汉阳铁厂应该设在近煤矿或近铁矿的地点，以减少运输成本。但张之洞力排众议，一定要把厂址设在汉阳大别山下，以便就近监督。汉阳距铁矿基地大冶约 120 公里，距萍乡煤矿约 500 公里。每吨生铁为此要多耗用不菲的运费。汉阳又是一个低洼地，为了防洪，在建厂前填土 9 万余方，耗银 30 万两，因此导致产品价格过高。

第三是燃料隐患。炼钢需要耗用大量焦炭，筹建铁厂时，张之洞心中有一个"中国之大，何患无煤"的朦胧概念。建厂以后，张之洞先后花了几年时间派人沿长江中下游探测煤矿，结果一无所得。由于燃料缺乏，汉阳铁厂无法正常生产。1894 年 6 月，汉阳铁厂第一次开炉炼钢，由于焦炭供应不上，同年10月就闭炉停产了。不得已，只能用高价购买开平煤，甚至日本、德国的焦炭。当时生铁市价每吨20两，而开平煤的汉阳到岸价格每吨已达18两，洋煤则更贵。汉阳铁厂的焦炭成本几乎为当时外国钢厂的3倍，炼出来的生铁和钢，在市场上没有竞争能力。开炉炼钢要亏本，闭炉不炼，每月固定开支也要8万两，同样要亏本。真是进退维谷，走投无路。[15]

到1896年，汉冶萍共消耗白银568万两，张之洞再也撑不住了。他不得不求盛宣怀来收拾残局。

当时，中国能够有实力吃下汉冶萍的，恐怕就只有掌控着大清帝国轮船、电报、矿务和纺织四大洋务企业部门的盛宣怀了。作为洋买办的代表人物，盛宣怀的能力是不容置疑的，办企业也很有一套。对汉阳铁厂觊觎已久的盛宣怀，在接到张之洞的力邀之后，提出了反报价，要接收汉阳铁厂就必须兼办铁路，因为掌握了铁路就掌握了钢材的销售市场。张之洞被迫同意。而铁路融资必然要通过外国银行借债，盛宣怀在其中将大有好处。

1896年5月24日，盛宣怀到任。

汉阳铁厂面临最急迫的困难是焦炭，没有燃料就无法生产。为此，必须对萍乡煤矿实行新法开采，同时还要修筑铁路把煤运出来，这需要白银500万两，改造适应大冶铁矿的高炉，建立轧钢、钢轨、钢板厂等，又用了白银300万两。直到1909年，汉冶萍才真正拿出了合格的钢材，这是中国人真正意义上"炼出的第一炉钢"。此时正赶上中国大规模兴建铁路的宝贵时机，大量的钢轨和铁路器材订单如雪片一般飞来。粤汉、京汉等铁路的钢轨都用上了"汉阳造"。当年汉冶萍就实现了盈利。到1912年，汉冶萍的资产为940万两白银，但负债高达2 400万两。

显然，汉冶萍需要再融资。就在此时，致命的问题出现了。

盛宣怀在国内局势已经稳定下来的1913年，由三井洋行牵头，向日本横滨正金银行大举借债1 500万日元。与先前的日元借款一样，条件非常苛刻，而且变本加厉。对方提出了延长贷款时间、只准以原料偿还贷款、以矿山为抵押品、以极低的价格向日本提供矿石和生铁并长期锁定，以及未来贷款只能由日本提供等无理条件。

日本是一个铁矿资源非常贫乏的国家，随着本国钢铁工业的发展，对矿石和生铁的需求日益增加。八幡制铁所创立初期的全部矿石、生铁供应几乎都取自汉阳铁厂和大冶铁矿。日本的战略目标非常清晰，将汉冶萍作为日本钢铁的原材料供应基地，以保证八幡制铁所生产高附加值的钢材。于是，直到20世纪30年代，汉冶萍矿石产量的56.40%、生铁产量的54.87%都输往日本。汉冶萍生铁与矿石的供应对日本的军事钢铁工业起了巨大的作用。在日俄战争时，日本的军舰和武器所需的炼钢原料，大多来自汉冶萍。[16]同样，在日本发动的侵华战争中，又有多少屠杀中国人的枪炮弹药，是出自中国自己的铁矿和生铁呢？

1914年，第一次世界大战爆发，国际钢铁价格暴涨数倍。由于对日借款将生铁和矿石价格锁定，导致汉冶萍无法根据市场价格调整，战争期间，售给日本的生铁和矿石相当于给日本无偿贡献了1.15亿银元！足够偿还几遍日本贷款了！尽管如此，战争期间，汉冶萍仍然赢利2 400万两白银。然而第一次世界大战之后，钢铁价格暴跌，汉冶萍重现亏损。

1915年，日本在“二十一条”中，专门提出汉冶萍问题：“俟将来机会相当，将汉冶萍公司作为两国合办事业，未经日本政府之同意，所有该公司一切权力产业，中国政府不得自行处分，亦不得使该公司任意处分。所有属于汉冶萍公司各矿之附近矿山，如未经该公司同意，一概不准该公司以外之人开采。”

既然日本贷款的目的如此险恶，精明的盛宣怀难道会不明白吗？他当然明白，却仍然在帮日本方面积极想办法、出主意。他的出发点是如何保护自己庞大的家业不被革命党人查抄，为此不惜引狼入室，挟洋自重。

1913年，袁世凯曾想过将汉冶萍收归国有，盛宣怀坚决反对，并迫不及待地密电日方，希望尽快将汉冶萍交到日方手中，“能否出于迅速，以免夜长梦多”，“鄙见总以秘密速办为第一要义”。[17]日本很“关心”盛宣怀的健康情况，估计他“肺病咯血，今后只能活五年”，恐怕五年以后，“别以取代，关系突然变化，购买铁矿石的事就要落空”。所以力争在盛宣怀还有一口气的时候，把贷款一笔一笔敲定。出于私利的盛宣怀也就一步一步地投进日本人的圈套，使汉冶萍陷于日债而不能自拔，最后完全被日本人所控制，直到抗日战争结束才被国民政府收回。

事实表明，一个由官僚买办阶级主导的洋务运动，要取得成功是难以想象的。正如毛泽东所论述的："在经济落后的半殖民地的中国，地主阶级和买办阶级完全是国际资产阶级的附庸，其生存和发展，是附属于帝国主义的。"

钢铁企业需要大规模融资，在丧失金融主权的情况下，只能大举外债，最后落入别人的掌中。如果汉冶萍在日本的话，它的债券和股票可以直接向中央银行的特别贴现窗口进行融资，也可以由财阀银行提供贷款，政府还会用关税的办法，挡住外国钢铁的竞争，如此重要的核心企业，政府无论如何都会全力支持。而在中国呢？大清帝国的中央银行，即1905年成立的大清银行，没有意愿，更没有能力帮助汉冶萍。当时中国的货币尚未统一，大清银行发行的纸币不可能有公信力。商业银行体系处于初创期，资本积累远非雄厚。上海的股票市场更是投机者的天下，没人会对如此规模的超级重盘股感兴趣。钱庄规模太小难以成事，票号不思进取故步自封。在恶劣的金融生态环境中，汉冶萍是难以存活的。

工业是创造社会财富最重要的核心部门，大规模的银行信用扩张，如果不与最能产生巨大效益的工业结合，迟早会爆发通货膨胀。日本的经验与中国的教训再次说明，金融是国家的核心命脉，失去金融主权，就不可能保住国家主权和经济命脉的控制权！

明治维新的成功使得日本国力猛增，更重要的是，极大地刺激了日本扩张的冲动。而中国的洋务运动貌似热热闹闹，却完全经不起战争的考验。当中国和日本迎头相撞时，洋务运动的"西洋镜"立时碎成了历史的沉渣。

甲午战争给中国和日本都留下了永远不可磨灭的历史印迹。中国不再是从前心气高傲的天朝上国，而是迅速沦为列强的待宰羔羊；日本也不再是过去安心孤岛的藩镇小国，胜利的狂欢与征服的欲望使日本滋生了掌控世界霸权的野心。

命运的裂变

甲午战争，中国的失败对世界而言是个意外，对中国而言则实属必然。问题并非出在国力悬殊，而是因为洋务买办派的消极战略。

当时，中国的经济和军事实力与日本相比还占有优势。从经济上看，日本明治维新虽然见效很大，但重工业还比较薄弱，轻工业中也只有纺织业比较发达，钢铁、煤、铜、煤油、机器制造的产量都比中国低得多。当时日本共有工业资本 7 000 万日元，银行资本 9 000 万日元，进出口额 2.6 亿日元，财政收入 8 000 万日元。这些指标除了进口量与中国相当外，其他都不如中国。从军事上看，日本从明治维新起，出于一个岛国的本能，竭尽全国之力提升军事实力，到战前，拥有军舰 55 艘，排水量 6.1 万吨，与中国北洋舰队相当。日本常备陆军 22 万人，总兵力不到中国的一半，武器装备也相差不大。很显然，中日军事力量对比，中国还略占优势。

俗话说，“兵熊熊一个，将熊熊一窝”。洋务派北洋大臣李鸿章领导下的“劲旅”如果能打胜仗反而倒是个奇迹了。

被李鸿章号称为“世界第八舰队”的北洋水师，排名在美国、日本之前，在甲午战争中，却连一艘日舰都未击沉，自己还落得个全军覆没的下场。陆军就更可笑了，几十次战役无一胜利，其余可用“望风而逃”四字概括。牙山之役，叶志超不但仓皇逃窜，还谎报战功，后来在朝鲜平壤再度上演胜利大逃亡的绝技，狂奔 500 里逃回鸭绿江，如果叶志超参加世界马拉松比赛，定是金牌的不二人选。鸭绿江防线，李鸿章安排了 4 万“劲旅”，兵力多于日军，但不到 3 天就全线溃败。日军进攻义州，只放了一排枪，“劲旅”便弃城逃跑。日军攻大连，主帅赵怀业高举降旗绝尘而去，恐怕也破了吉尼斯世界纪录。此人倒是有心人，家里的金银细软早已提前装船运走，但大炮130多门，炮弹、子弹240万发，全部被日军缴获。日军又攻旅顺，“劲旅”以7万以逸待劳之军，对付2万劳师远征的日军，主帅龚照玛连日军的影子都未见到，就连夜乘船潜逃威海，结果群龙无首，军心瓦解，大清帝国花费数千万两白银打造的旅顺要塞转瞬就被攻克。其状之惨，用李鸿章幕僚的话说就是：“倭人常谓中国如死猪卧地，任人宰割，实是现在景象。”

李鸿章打仗不行，谈判却是强项。结果就是，朝鲜进入日本势力范围，割让台湾、澎湖列岛和辽东半岛，外带两亿两白银赔款的《马关条约》。其后，经过各怀鬼胎的列强的调解，日本同意归还辽东半岛，但赔款增加了3 000万两白银。

当时战败的大清帝国哪有白银还债？国际银行家等的就是这笔外债大单。各国金融秃鹫蜂拥而上，大清帝国立刻被啄得奄奄一息。

清政府借款两亿两白银，举借这样大数目的外债是前所未有的。甲午战争前，清政府也曾借过外债，但数目都不算大，支付本息并不十分困难，战前基本都已还清。《马关条约》巨额赔款所需举借的外债，将清政府的财政收入几乎全部抵押出去，外国垄断资本开始控制清政府的财政。清政府入不敷出的情况越来越严重。为了给这些贷款做抵押，清政府被迫将胶州湾租给了德国，俄国拿走了旅顺大连港，英国霸占了威海卫，法国借了广州湾。贷款条件是，不得提前还款，也不得加速还款，贷款担保是清政府几乎全部的关税、盐税和厘税。简单地说，这笔外债就是拿整个大清帝国的税收作为抵押。甲午战败，使得大清帝国彻底破产。

日本突然获得了如此惊人的财富，侵略欲望大涨，开始盯上了俄国。

用大英帝国的眼光看日俄战争中日本的胜利，其实是符合英国在全球的战略布局的，“我们杰出的、精神抖擞的、东方小小的被保护者日本人，决心为我们打败俄国人”。而日本血拼出的是15亿日元的外国债务和庞大的战争消耗，近4倍于甲午战争所得！此时的日本已经疯狂了，不出去掠夺，就无法偿还如此之高的债务。无论是甲午战争，还是日俄战争，除了流血的输赢双方之外，更有狂吃外债承销大蛋糕的国际银行家在幕后偷笑。

李鸿章还为国际银行家准备了另外一块更大的蛋糕，这就是中国的铁路网融资。大清帝国可能没有想到，正是铁路风潮葬送了自己的统治。

铁路当然是个好东西，关键是谁来控制。

用明治寡头们的话说就是，他们在印度亲眼看到，大英帝国的铁路修到哪里，哪里就沦为悲惨的殖民地。大清帝国早已奄奄一息，根本不可能拿出白银来修建全国的铁路网，而国际银行家已经急不可耐了。

第一笔铁路贷款归于汇丰银行和怡和洋行，这是天津到奉天和牛庄的线路，担保就是北京到山海关一线的全部铁路资产。换句话说，如果贷款还不上，英国可就要租用北京了。所有铁轨、车皮、火车头等业务都归了怡和。做鸦片勾当起家的怡和，终于进行了产业升级，居然做起了体面的买卖。

第二笔铁路生意是上海到南京的沪宁线。长江流域本是英国人的势力范围，但是俄国人不满英国山海关的铁路威胁到他们的码头，跳出来搅场子。结果是俄国扫兴而去。如此一来，汇丰和怡和便在沪宁线这一中国最富庶的地区垄断了铁路运输，它们可以任意制定费率而不必担心竞争，因为贷款条件中禁止在同一地区再修铁路。

日俄战争之后，日本接管了南满铁路系统，但无钱维护修理，日本实在欠了太多的钱。横滨正金银行只能求助于汇丰，正金银行可以独步日本，但在国际金融市场上还是小弟。

一条条铁路被抵押给了外国银行，仿佛一根根锁链牢牢地绑在大清帝国的身上。

终于，这个曾经辉煌的巨人，腐朽堕落的躯体上面满是西方的金融秃鹫，它们有时相互厮打，更多的时候却是在猛啄已经枯干的尸肉，它们满足后那冷峻警惕的目光，四处查看潜在的威胁。

注　释

[1] Oland Russell，*The House of Mitsui*，Brown and Company，1939，p.142.

[2] 同上书，第 87 页。

[3] 同上书，第 148 页。

[4] 同上书，第 155~156 页。

[5] 同上书，第 160 页。

[6] Norio Tamaki，*Japanese Banking*，Cambridge University Press，p.23.

[7] 同上书，第 24 页。

[8] Oland Russell，*The House of Mitsui*，Brown and Company，1939，p.168~169.

[9] Norio Tamaki，*Japanese Banking*，Cambridge University Press，p.24.

[10] Oland Russell，*The House of Mitsui*，Brown and Company，1939，p.183.

[11] John G. Roberts，*Mitsui: Three Centuries of Japanese Business*，Art Media Resources，1989，p.126.

[12] Norio Tamaki，*Japanese Banking*，Cambridge University Press，p.46~48.

[13] 同上书，第 58~60 页。

[14] 同上书，第 61 页。

[15] 汪熙，《从汉冶萍公司看旧中国引进外资的经验教训》。

[16] 同上。

[17] 同上。

日本明治时代的人脉关系图

	姓名	控制	财阀后台
长州藩	伊藤博文	陆军	三井
	山县有朋	政友会	
	井上馨		三井
	桂太郎		
萨摩藩	大山岩	海军	三菱
	松方正义	民政党	
	黑田隆清		
肥前藩	大隈重信	立宪改进党	三菱
土佐藩	板垣退助	自由党	三菱
宫廷贵族	西园寺公望	“最后的元老”	住友

第三章

“四一二”政变：蒋介石的“投名状”

CURRENCY WARS

本章导读

为什么苏联会花3 000万金卢布支持北伐战争?

为什么蒋介石会反共?

为什么会有“四一二”政变?

蒋介石抱上了谁的大腿?

为什么“宁汉”会“合流”?

为什么大权在握的蒋介石会下野?

为什么蒋介石能够复出?

革命与战争都是有组织的暴力，而大规模的暴力都需要大规模的融资。金钱在1927年的中国历史中，究竟起到了什么样的作用，又是哪些人发挥着主导性的影响力?这些人又代表着谁的意志?

当我们沿着金钱的意志、金钱的流向和金钱的效果，去观察国共合作、风起云涌的北伐战争，以及风云突变的“四一二”政变时，一条金钱的脉络逐渐清晰起来。

民族主义情绪强烈的蒋介石，正是在权力与金钱的诱惑下，一步步地投向了他曾厌恶和敌视的西方列强与买办阶级的怀抱。

为此，他必须心甘情愿地呈上他归顺的“投名状”——“四一二”政变。

“宁汉合流”也好，蒋介石下野也罢，乃至他的复出，都在诠释一股被忽视的巨大力量，这就是金钱的意志!

进军沪宁，蒋介石的犹豫

北伐时期的蒋介石

1926年11月，一个枫叶飘零的晚秋，蒋介石仍在南昌北伐军总司令部的办公室里来回踱步。此时，他的心情焦虑而纠结。北伐大军越是逼近上海和南京，他的心情就越是忐忑不安。

在军事上，蒋介石打得顺风顺水。1926年7月广州誓师北伐以来，大军一路高歌猛进。“打倒列强除军阀”的革命旋律响彻中华大地，轰轰烈烈的国民革命浪潮迅速席卷大江南北，貌似强大的北洋军阀兵败如山倒，北伐军只用了三个月的时间就打到了武汉，摧毁了军阀吴佩孚的武装力量。随后，国民党中央和国民政府也从广州迁到武汉。紧接着，在11月，北伐军总司令蒋介石率部从两湖地区攻入江西，打败了另一个军阀孙传芳，连克九江、南昌，兵锋直指南京、上海。

在政治上，局面对蒋介石却非常不利。他最主要的政治对手汪精卫到了武汉。自1925年孙中山去世以来，汪精卫以总理继承人自居，

汪精卫

在党内政治势力雄厚，再加上有苏联政治、军事和金钱在背后撑腰，俨然成为国民党的主要领袖。汪精卫在武汉与地方实力派唐生智建立同盟，再加上对蒋介石深怀敌意的苏联顾问鲍罗廷，武汉已成为国民党内部反蒋的核心。此时，大部分的国民党中央委员都已到达武汉，政治权力已被汪精卫主导。汪精卫三番五次催促蒋介石速来武汉，蒋介石陷入深深的困境。去武汉，则自己很可能被架空，不去，就有自绝于党国的危险。更何况，他的北伐大军每天都要耗用大量粮饷，而财权并不在他手上。战场上打得再顺利，如果武汉切断他的财源，他的北伐大军将会立刻丧失战斗力。

蒋介石的理想就是借北伐统一全国，继而成为中国的恺撒。要命的是，他不得不依赖苏联的金钱来实现自己的理想，而卡住他金融命脉的正是斯大林在中国的眼睛和左右手——鲍罗廷。“中山舰事件”之后，他虽然在一定程度上削弱了共产党在广州的势力，但为了苏联的武器装备和金钱，为了他统一中国的大业，他不得不暂时隐忍。

当五四运动爆发时，蒋介石受到强烈震撼，他在日记中写道：“此乃中国国民第一次之示威运动，可谓破天荒之壮举……民气未馁，民心未死，中华民国当有复兴之一日也。”1925 年 6 月 23 日，当广州群众支持香港工人大罢工的示威游行队伍经过英国租界附近的沙基时，英军悍然屠杀游行群众 50 余人，伤 170 余人，酿成“沙基惨案”。蒋介石闻讯在日记中写道：“国势至此，不以华人之性命为事，任其英贼帝国主义所惨杀，闻之心肠为断，几不知如何为人矣！自生以来，哀戚未有如今日之甚也。”愤怒的蒋介石每日都要在日记中写下一条仇英德的“愤青”口号，多达百余条：

“英虏皆可杀！英仇可忍耶！英夷不灭非男儿！汝忘英虏之仇乎？英番不灭革命不成！……”[1]

蒋介石不仅反英，而且对美、法等国也抱有警惕的态度，“英番可灭，美、法亦不可玩忽”。1926年，他曾严厉批评美国的外交政策，“痛诋美国外交政策之错误及其基督教之虚伪”。

蒋介石不仅对列强充满愤怒，对洋买办阶级也十分憎恶，痛恨其帮助洋人控制中国经济命脉的行为。“洋奴之可恶，不止于此。凡在租界、公署及洋立公司之洋奴，皆可杀也。”

历史充满怪异之处就在于，谁能想到中国最大的官僚买办阶级的总头目蒋介石，居然骨子里痛恨他所依赖的那些势力！荒诞但顺理成章的是，作为一个把个人权力放在首位的政治家，理想是从属于现实的，他非常清醒地认识到谁能给他带来权力。当苏联可以利用时，他就利用苏联的金钱和武器来实现北伐和统一，巩固和强化自己的权力。当苏联试图控制和命令他时，他就会毫不犹豫地将其一脚踢开。在后来的日子里，对他所仇恨的列强，如英国、美国、日本等，皆如此；对他所厌恶的洋买办，亦如此。他将自己定位成革命的化身和真理的终极解释者，反对他就是反对革命，反对真理！不管是谁，只要阻挡了他的权力之路，“皆可杀”！

在蒋介石看来，天下群雄皆鼠辈。奉系军阀张作霖，毫无理想信念，背靠日本，坐拥东北之地，势力虽大，但少谋寡略，不过一土匪耳；直系吴佩孚、孙传芳之辈，尔虞我诈，内部矛盾重重，占地虽广，只需各个击破，灭之何难？最令他头痛的还是共产党。

蒋介石曾访问过苏联，目睹了一个有无产阶级专政学说和信仰体系的政党，组织严密并深植于军队。苏联红军号令统一，行动一致，其战斗力迥异于中国军阀的部队。大受启发的蒋介石，回到中国就大力推广“一个主义、一个政党”，“中国要革命，也要一切势力集中，学俄国革命的办法，革命非由一党来专政和专制是不行的”。

正因如此，蒋介石对孙中山的“联俄、联共、扶助农工”这一大政方针，从骨子里就认为只是权宜之计，为的是获得苏联的援助，增加国民党的实力。所以，对共产党加入国民党这种“党中有党”的局面非常反感。特别是共产党的群众动员能力和组织能力远超国民党，更与国民党中的左派打得火热，极大地增加了蒋介石在国民党中实行集权的难度。在国民党“一大”期间，大批共产党员担任了国民政府的要职。

在北伐的问题上，蒋介石力主从速，而鲍罗廷似乎看穿了他的个人图谋，建议从缓，先巩固广东革命政权，发动群众，以待时机成熟。蒋介石很明白，鲍罗廷的“时机成熟”之日，就是他被赶走之时。所以他必须抓住时机，做大做强自己。在他的力争之下，鲍罗廷最终还是做出了让步，蒋介石的北伐开始了。

蒋介石的北伐进展神速，这在很大程度上要归功于苏联源源不断的军火供应和金钱支持。那么，苏联为什么要支持国民党呢？这需要从苏联当时的国际环境说起。

3 000 万金卢布打造的北伐战争

1920 年 2 月的海参崴，一个月黑风高的寒夜，一辆辆由士兵押送的马车满载木箱，驶进汇丰银行海参崴分行的大院。银行工作人员立刻将卸下来的木箱吃力地搬进银行的金库，分行经理伍德随即带着两名助手打开了第一个箱子清点货物。伍德打开箱盖一看，里面全是码放整齐的金砖，在黑暗中依然闪烁着幽幽的光芒。于是，他们伸手进去，借着蜡烛一点儿昏暗的亮光，仔细摸索着金块，清点数量。“地板上堆满了箱子。我们踩着箱子走动，一手拿着蜡烛，一手拿着火漆，打开每只箱子，检查内容，再用火漆封上，然后送去装船。”[2]

这批金子原本是属于沙皇的，两年前还静静地躺在沙皇俄国中央银行的国库里，现在却作为战利品进了汇丰的金库。这是怎么回事？

原来，俄国十月革命后，盘踞在西伯利亚的沙皇军队，在海军上将高尔察克的率领下向莫斯科进军，旋风般地攻占了沙皇政府中央银行国库所在地喀山，夺取了价值 8 000 万英镑的黄金储备。不过，沙皇军队之后却兵败莫斯科城下，随即裹挟着这批黄金沿着西伯利亚大铁路向东逃窜。时值冬季，西伯利亚的严寒彻底摧毁了这支败军的士气，刚跑到伊尔库茨克就哗变了。为了活命，哗变士兵跟苏维埃政府达成协议，他们将高尔察克和那批黄金交给苏维埃政府，苏维埃政府保证他们的人身安全，让他们回家。这些哗变的士兵主要是一些欧洲雇佣兵，他们因为要从海参崴坐船回欧洲，所以暗自扣下一部分黄金卖给了汇丰银行海参崴分行。

本来穷得叮当响的苏俄政府，拿到了这笔沙俄留下的黄金储备，腰杆一下子就硬了起来。当时的 1 英镑约合 10 两白银，沙俄国库压箱底的那批黄金被欧洲雇佣兵倒卖了一部分给汇丰银行，剩下还有大约价值 5 000 万英镑的黄金落到了苏俄政府手里，这可是一笔价值 5 亿两白银的巨款！当年日本人通过甲午战争，从中国勒索了 2.3 亿两白银，在英国换成黄金后，成功地建立了金本位的日元体系。布尔什维克政治局里也不乏金融货币的高手，就用这笔黄金作为储备进行卢布的币制改革，实行了金本位。于是，本来已经被战争摧毁的俄国经济逐渐稳定下来，重新步入正轨。[3]

站稳脚跟的苏俄政府，刚刚缓过气来，心有余悸地四下张望，发现处境实在不妙。西方是资本主义列强的天下，东方和南方又都是帝国主义控制下的殖民地和半殖民地，列强随时可以沿着漫长边境线上的任何一点发动突击，颠覆苏维埃政权。

在这种局面下，韬光养晦是没用的，只有以攻为守，沿着边境建立一条防御帝国主义侵略的缓冲地带。而中国与苏俄有着漫长的边境线，如何不让帝国主义利用中国为跳板攻击苏俄柔软的下腹部，就成了苏俄人关注的战略问题。具体而言，就是要在中国实现两个基本战略目标：第一，促使蒙古国独立或者自治，建立亲苏政权，作为中苏之间的缓冲地带；第二，维持其在中国东北的中东铁路（满洲里经哈尔滨到绥芬河）的独占权益。

要实现这两个目标，没有中国政府的背书是难以实现的。于是，苏俄政府派遣老资格的外交家越飞出使中国，对各派势力进行摸底。

越飞一到任，马上与坐镇北京的吴佩孚谈合作，但是有英美撑腰的吴佩孚根本不予理睬，更谈不上出让蒙古国和中东铁路了。在北京活动了大半年，除了搭上吴佩孚手下大将冯玉祥这条线之外，别无成绩。就在越飞一筹莫展的时候，南方广州政府的孙中山主动找上门来。

要生存，要革命，要统一全国，就要有钱，就要"拉风投"。英国人并不看好孙中山，辛亥革命刚胜利时就把宝押到了袁世凯身上。美国的摩根财团派人与孙中山谈过一次，摩根的代表拉蒙特问，如何才能在中国"南北之间实现和平"。孙中山激动地说道："南北之间实现和平？可以，拉蒙特先生，你只要给我 2 500 万美元，我就可以装备几个军团，那样我们很快就天下太平了。"[4] 拉蒙特暗暗摇头，连一块稳固的地盘都没有，没有任何有价值的东西做抵押，一张嘴就是 2 500 万美元，可能吗？

这时候，苏联代表越飞出使中国。一个急需资金，一个急找"项目"，于是两家一拍即合。1923 年年初，越飞以养病为名赶赴上海，在沪 10 天，几乎每天都同孙中山促膝长谈。1 月 26 日，《孙文越飞宣言》公开发表，要点如下：

- 中国东北铁路暂时只能由中苏两国共管，进驻蒙古国的苏联红军不必立时撤退。
- 双方一致认为中国的当务之急是进行国民革命，完成国家统一和民族独立，而不是急于搞共产主义。
- 孙中山搞国民革命"可以俄国援助为依赖也"[5]。

1923 年 3 月，苏共政治局开会投票决定援助孙中山，首批提供 200 万金卢布的财政援助。[6] 当然，由于苏联的经济刚刚稳定，一下子也拿不出这么多钱来，这 200 万金卢布纯属空手套白狼。原来，越飞跟孙中山签好合同后，立刻就去了日本，并同日本人签了渔业合作协议，日本渔民可以去苏联滨海地区捕鱼，条件是要给苏联人交纳一大笔保护费，苏联人就是用这笔钱完成了中国项目的一期融资 [7]。不久，苏联恢复经济效果初现，就又进行二期融资，拨出 300 万金卢布

孙中山与蒋介石在黄埔军校开学典礼上致辞

和 8 000 支步枪、15 挺机枪、4 门火炮、2 辆装甲车，援助中国创办黄埔军校。[8]

据黄埔军校教授部主任王柏龄追述，军校开办前，孙中山批了 300 支广东造毛瑟枪给军校。但是当时的兵工厂一心巴结军阀，不以军校为重，结果开学时仅仅发下 30 支，勉强够卫兵用。廖仲恺反复交涉也无济于事。正在此时，苏联援助枪械的船只到岸，一下运来 8 000 支步枪，全带刺刀，每支枪配有 500 发子弹，还有 10 支手枪，全体学员欢呼雀跃。王柏龄回忆说，这是“天大的喜事，全校自长官至学生，无不兴高采烈”，“今后我们不愁了，革命有本钱了”。

不只是黄埔军校，从 1923—1926 年北伐战争开始之前，广州国民政府累计接受苏联价值约 300 万金卢布的军火，包括步枪 26 000 支、子弹 1 600 万发、机枪 90 挺、炮 24 门。除此之外，苏联政府从 1924 年 11 月起，每月还为国民党提供 10 万金卢布的党务经费，甚至还给了国民党 1 000 万金卢布用于创建国民政府中央银行。[9]

在北方，苏联顾问还训练和装备了冯玉祥的国民军。根据冯玉祥签名的收据，1925 年 4 月至 1926 年 3 月期间，苏联给他提供了价值

600多万金卢布的武器和弹药。1926年3月，冯玉祥下野后访问苏联，又签订了约1 100万金卢布的军火贷款协议。[10]

这样，苏联三年间为国民党提供的军火和财政援助累计超过3 000万金卢布。正是在苏联的强力输血下，国民党的北伐军才迅速成长为中国政治版图中的一支决定性的力量。“宁汉合流”后逃亡回国的苏联顾问鲍罗廷途经郑州时，曾对冯玉祥感叹道：“苏联用了3 000余万巨款，我个人费了多少心血精神，国民革命才有今日之成功。”

1926年11月的蒋介石，确实面临一个重大选择，背弃苏联，就会失去庞大的资金支持和军事装备补给；但如果听命于鲍罗廷，前去武汉，又将葬送自己的权力和政治生命。

去，还是不去，这是个问题！

蒋介石没有办法，只有拖延时间，耐心与各路风投接洽。经过多方活动，中国银行上海分行给他提供了100万银元，英美烟草公司则给他贷款200万银元，然而这些钱却是杯水车薪，于大局无补。要想做成大项目，只有拉到金额庞大而且稳定的风险投资。于是，蒋介石通过外国记者诺曼和曾为他服务的外国人柯亨向英国驻广州总领事透露了即将同共产党决裂的信息，并探询“列强能否给蒋以某种支持的保证”。[11]

然而，就在此时，一个人从上海赶到蒋介石的南昌北伐军总司令部，要求面见。当副官通报了此人的姓名后，蒋介石顿时大喜，一扫脸上多日的愁云，亲自赶到辕门迎接。

来人正是虞洽卿。

蒋介石抱上了更粗的大腿

上海滩金融大亨虞洽卿，可是中国金融圈里响当当的一号人物，当年蒋介石落魄上海滩的时候，就在这位虞老爷子创办的上海证券物品交易所里炒过股票、期货。被打爆仓后，又是虞老爷子出面摆平，还将蒋介石介绍给了杜月笙和黄金荣两位上海黑社会大佬。蒋介石和他的交情很是不浅。

虞洽卿

虞洽卿也没拿自己当外人，一进会客厅，简单寒暄两句，就直截了当地向蒋介石抛出两个关键问题："你说联俄、联共、扶助农工，就真要帮助穷人吗？那我们怎么办？"

蒋介石一笑："穷赤佬怎么靠得住？"

虞洽卿又问："那北伐军要打倒列强，我在洋人那儿干过，我还跟洋人做过生意呢。"

蒋介石叹道："洋人怎么打得过？"

虞老爷子一听，点点头，心里有了底，进一步试探："那我回去，怎么帮你？"

蒋介石猛地一挥手："我不日就会攻克上海，抵近南京，你跟杜先生（杜月笙）、黄先生（黄金荣）说一下，帮我维护好上海治安。"

虞洽卿点点头："这个没问题。我能干什么？"

蒋介石一听，心中一动，俯身上前，盯着虞洽卿，一字一句地说

20 世纪 20 年代的上海外滩

道：“钱，帮我筹钱，越多越好，到了上海是要花钱的。”

这显然是一笔交易。北伐的宗旨就是要打倒列强、扶助农工，可蒋介石现在管不了这么多原则了，在权力与原则之间，他毫不犹豫地选择了前者。

事实上，早在1926年年初，英国外交部就曾针对中国北伐战争的对策问题组织过讨论，驻华使领馆官员、海陆军指挥官、港英当局纷纷献计献策，提供了使用武力、国际封锁、援助北方军阀、向苏联施加压力、怀柔等5种可供选择的方案。论证结果认为：前两种方案后患无穷，适得其反，也难以取得其他列强的支持；第三种方案的困难在于找不到英国中意的铁腕人物；第四种方案不会有什么成效；只有最后一招怀柔似乎可行，并富有“建设性”。[12]

不怀柔的办法以前也用过。1925年，港英方面就公开用军火和现款供给国民党内部军阀陈炯明，起兵反叛国民政府。结果，陈炯明叛乱被镇压，用金卢布武装起来的北伐军，又基本打垮了原本由国际银行家扶植的北洋各系军阀。这些北洋军阀势力垮得速度之快，让它们的后台老板瞠目结舌、手忙脚乱。摆在帝国主义面前最大的问题就是，新的代理人在哪里？

这时，北伐军总司令蒋介石就成为可以培养的上佳人选。然而，中国政局实在太过扑朔迷离，一向对投资方向判断准确的伦敦金融城和美国华尔街，这时也是一个头两个大，这个蒋介石到底靠不靠谱呢？万一这位仁兄拿了钱不办事或者办事不力怎么办？为了摸蒋介石的底，美国政府甚至派专人查阅了上海公共租界工部局档案中关于蒋介石的犯罪记录。[13]

侧面调查显然远远不够，必须当面锣对面鼓地谈清楚心里才有底。于是，才有了大买办虞洽卿跑到南昌亲自“面试”蒋介石的后文。在初步摸到蒋介石的底牌之后，虞洽卿又于1927年2月到南昌“复试”蒋介石。这一次达成了秘密协议：蒋介石到上海、南京后，即可获得贷款6 000万大洋，条件是蒋介石要拿出“投名状”——动刀子反共。[14]

6 000万大洋的诱惑！

当时，北京一套四合院也就200大洋！苏联人在1924—1927年的三年间给国民党投了3 000万金卢布，约合2 700万大洋，就几乎打赢了北伐战争。

这可是6 000万大洋啊。没说的，干！蒋介石要对共产党动刀子了。

苏联三年的心血，3 000万金卢布的投资，在虞洽卿与蒋介石的两次会面后，烟消云散。当然，这不是因为虞洽卿个人的能量多么了不得，更不是因为虞洽卿与蒋介石的私交多么深厚，而是因为虞洽卿背后所代表的势力，比苏联更有钱，比蒋介石更怕共产党。

蒋介石终于抱上了一条更粗的大腿！

虞洽卿与蒋介石：不得不说的故事

虞洽卿是上海滩的风云人物，是名副其实的金融大佬。此公乃荷兰银行的买办，同时还经营着钱庄、投资银行，兴办航运公司，结交三教九流，连黄金荣、杜月笙都要尊他一声前辈，就连租界里的洋人都得让他三分。

荷兰银行在国际银行家版图中的地位非常特殊，其创办人是老牌犹太银行家族孟德辉家族。孟德辉、沙逊和罗斯柴尔德同属于塞法迪犹太人。15世纪90年代，西班牙兴起反犹浪潮，罗斯柴尔德家族（简称罗家）流亡德意志从事老本行，后来成为德意志王室的宫廷银行家；沙逊则去了中东地区，成为巴格达的首席财政官；孟德辉家族（简称孟家）则逃往荷兰，发起创建了荷兰银行和荷兰东印度公司。1640年，英国资产阶级革命后，孟德辉又进军伦敦金融城，参与创建了英格兰银行和英国东印度公司。到维多利亚时代，被称为“女王最喜欢的犹太人”，成为英国王室最信赖的宫廷银行家。1812年，孟德辉与罗斯柴尔德家族联姻，并为罗斯柴尔德家族操盘股票投资，两家结成血浓于水的同盟关系。第二次世界大战期间，罗家在欧洲大陆的全部投资，都由孟家的荷兰银行代为打理。直到今天，罗家在中国香港的办事处仍以“荷兰银行—罗斯柴尔德”命名。

19世纪孟德辉家族掌门人
摩西·孟德辉爵士

虞洽卿就是为这样一个银行家族整整效力了30年，勤勤恳恳，尽职尽责，以至对中国风俗一无所知的荷兰女王为了表彰其功绩，特地御赐王室座钟一架。

最早由虞洽卿发起创办的上海总商会，拥有着自己的武装力量，在辛亥革命光复上海的战役中，发挥了主力军的作用。当时，这支商团武装一鼓作气攻下上海道县公署，接着又攻占了江南制造局。虞洽卿控制下的上海总商会，还为随后成立的同盟会沪军都督府垫银180万两，筹措款项共计300万两之巨。

1916年年底，颇具经济头脑的孙中山为了筹措革命经费，与虞洽卿等人商议在上海创设证券物品交易所，经营证券、花纱、金银、杂粮、皮毛等，并向北洋政府农商部提出申请。然而北洋军阀对“孙大炮”心有余悸，神经过敏，导致“逢孙必反”，拒绝批准，再加上当时的经济不景气，此事就被搁置了下来。

后来，将此事接着往下推进的就是蒋介石。

蒋介石早年追随上海同盟会领导人陈其美进行反清革命，在同盟会攻打清军固守的江南制造局时，蒋介石跟陈其美一同扛过枪，是战场上共同拼杀出来的过命的交情，后来两人成了磕头的把兄弟。陈其美是孙中山的头号心腹，革命成功之后，陈其美出任上海督军。虞洽卿在陈其美那里担任财政顾问，为维持其运作，筹措过大笔粮饷。蒋介石由于跟陈其美的特殊关系，也跟虞洽卿打得火热。后来陈其美被刺身亡，蒋介石顿时失去了靠山。

孙中山用证券物品交易所来筹集革命经费的思路还是很有见地的。革命与战争都需要用钱，而且需要很多钱。当蒋介石接受组织委任继续推进交易所时，顿时觉得找到了事业的方向。他先与上海督军府的故交戴季陶、陈其美的侄子陈果夫、江浙财阀张静江等人，在上海组织了一个名叫“协进社”的秘密社团，进行具体组织谋划工作，然后拉来虞洽卿发动上海商界，向北京农商部提出申请，创设上海证券物品交易所。

1920 年 7 月 1 日，中国第一家综合性交易所——上海证券物品交易所正式开业，理事长为虞洽卿，交易物品为有价证券、棉花、棉纱、布匹、金银、粮食、油类、皮毛等。当日上海《申报》刊登了一条广告：“上海证券物品交易所 54 号经纪人陈果夫，鄙人代客买卖证券、棉花，如承委托，竭诚欢迎。事务所：四川路 1 号 3 楼 80 室。电话：交易所 54 号。”

这家 54 号经纪人营业所，就是由蒋介石组建的“恒泰号”，具体买卖业务则交由陈果夫操办。“恒泰号”的营业范围是代客买卖各种证券及棉纱，资本总额为银币 3.5 万元，共 35 股。蒋介石在其中占了 4 股。后来蒋介石投机生意失败，被人上门逼债，还是虞洽卿将其介绍给黑社会的头目黄金荣，拜入黄金荣的门下，由黄金荣出面才清理了债务，并出资供其南下广州投奔孙中山。

在大革命浪潮的冲击下，国际银行家们的头等大事，就是动员中国买办阶级绞杀中国革命。1927 年 3 月，上海工人阶级在共产党的领导下，举行了武装起义，解放上海后，英国驻美大使立刻向美国国务卿凯洛格表示：“在那里（上海）撤退是不可能的，而且我们在通商口岸的地位和特权会全部损失，我们政府考虑以一切力量来保卫作为英国利益集中地的上海租界。我们热忱欢迎美国在上海、南京文武各方面的协力合作。”[15]

就在 1927 年 3 月，为了保卫“（国际银行家）利益集中地的上海租界”，聚集在上海的英军有 17 000 多人，日军有 4 000 多人，美军有 3 500 多人，法军有 2 500 多人，连同租界工部局武装“万国商团”和巡捕等，帝国主义武装共达 30 000 多人。

同时，老谋深算的国际银行家也深知，在被大革命激发出爱国热情的中国人民面前，简单粗暴地直接出面干涉，成本实在高昂，得不偿失。要稳定他们在中国的既得利益，还要靠国际银行家在中国的直接代理人——买办阶级。

而此时中国买办阶级最大的利益诉求则在于向国际银行家要权。国际银行家的在华利益集中在上海公共租界，租界的最高权力当局是租界工部局。由于租界的特殊地位，很多大买办、江浙财阀都定居在租界，要向工部局照章纳税。然而，奴才注定是不能与主子坐在一张桌子上吃饭的，这些大买办、财阀在工部局里根本没有一席之地，“朝中无人”则利益难以得到保障。根据“无代表，不纳税”的资产阶级共和原则，这些买办阶级早就心怀不满了。

上海公共租界工部局局徽

1926 年 3 月 18 日，上海公共租界工部局董事会人员与一些中国资产阶级大人物在大华饭店聚餐。按照中国人的传统，在饭桌上解决问题。这件事被称为“上海历史中之又一里程碑……此种会议之召集，在本市历史中尚属创举”[16]。上海公共租界工部局的美国董事，代表他的英日同僚致辞称：“我等乃诸君之东道主，今蒙一班享有如斯盛名之中国缙绅光临此会，实觉庆幸之至……与我们共聚一堂者乃一群代表人物，彼等均足以规范及指导一庞大及惊人之力量，此种力量即世人所知之舆论是也。”[17]

在餐会做主题演讲的上海公共租界工部局董事会主席费信惇直入主题：面对革命力量的燎原之势，“想出对付手段”是必要的。如果要动用武力，可能“很快便招致一个极端严重的国际形势”。“上海工人似乎成了‘第三者’（指中国共产党）的易欺的牺牲品，这些‘第三者’诱使他们破坏工厂的安全。那么，为什么不利用中国工人阶级这种极端的轻信……以谋他们的好处和我们的好处呢？为什么不建立另一种领导，以区别于他们已经熟悉的领导呢？他们对这一新领导至少要像他们对其他任何领导一样乐于服从的……我的意思，需要有一些像今晚我们聚首一样的人士（对他们加以领导）。”

虞洽卿立刻起立致答词：“我们（指在场华商）都十分知道这个非常紧张的局势……我们毫不夸大地说，只需略一撩拨，立即便发生火焰……为了我们彼此共同的利益，我们必须用一切方法防止它（指革命）。”时候不多了，听天由命是危险的。“我们目下最重要的事情，就是将地方的初步工作与全国及国际规模的共同行动打成一片，使我们的重大问题得到最快和最满意之解决。”紧接着，虞洽卿话锋一转，“但坦白说来，我们不想以‘任何代价’得到它。”洋人必须多少承认“种族平等”和“主权”的原则。尤其是此刻，他们应该让中国资产阶级参加上海的行政。

三个星期之后，上海公共租界外国纳税人年会通过华人参加市政一案，上海公共租界董事会破天荒有三位华董参加。此后，虞洽卿本人一直牢牢把持着上海公共租界工部局董事会的一个席位，其他的华董中还包括江浙财阀系的旗舰银行，浙江兴业银行的常务董事兼总经理徐新六。这显然是笔交易，上海的中国大资产阶级、大买办和江浙财阀就用这样的价码把自己的灵魂出卖给了国际银行家。

这样一个八面玲珑、手眼通天的虞洽卿，对于急于镇压中国革命的国际银行家们来说，正是“面试”蒋介石的合适角色。

“四一二”政变背后的金融势力集团

1927 年 3 月 26 日，蒋介石率领的北伐军终于进入了上海。蒋介石一到上海就立刻与虞洽卿等人接洽，落实此前达成的交易。虞洽卿马上牵头组织了包括上海所有重要银行、钱庄、银楼，以及商业、工业团体在内的上海市商业联合会，准备为蒋介石融资。

这个联合会中非常重要的一个组织，就是上海银楼公会，代表人物是席云生。而洞庭山帮的席家，正是江浙财阀体系中的顶梁柱，在上海的外国银行、官办银行、商办银行、钱庄、票号与实业商业界，都拥有举足轻重的影响力，并编织起一张巨大的人脉关系网。

苏州洞庭山帮的席家，自1874年席正甫出任汇丰银行买办以来，祖孙三代把持着汇丰银行买办位置长达半个多世纪，汇丰银行一切对华业务，包括对上海钱庄、票号的拆票业务，对中国政府的政治贷款、铁路贷款以及对鸦片贸易的垫付银款业务，都由席家把持的汇丰银行“买办间”进行操作。清朝洋务派的高官，从左宗棠、李鸿章到盛宣怀，一旦需要融资，就势必要求席家帮忙，无一例外成了席家的铁哥们儿。日常业务中需要经常融资的上海钱庄，更是对席家言听计从。

席正甫同辈兄弟四人中的另外三人也都不简单，老大席嘏卿在英国渣打银行上海分行成立的第二年就进去当了买办，是该行的元老。老三席缙华曾是英国德丰银行、华俄道胜银行买办。老四被过继给席家亲戚、新沙逊洋行第一任买办沈二园，并继任沙逊洋行买办，人称“沙逊老四”。

除了给国际银行家当买办，席家还利用自己对外国银行的业务垄断和与政府官员的人脉关系，凭借自己的雄厚财力，参与创建了中国的官办银行体系，如户部银行、大清银行、中国银行等，并成为主要股东。

可以说，整个上海的金融业，从外资银行，到官办银行，再到民营钱庄、票号，全都在席家的势力范围之内。当年席家只是小试牛刀，就将号称中国首富的胡雪岩斩于马下。

席氏子弟陆续进入家族的买办关系网，成为13家外国银行的买办，更多的姻亲、同乡、同学也逐渐进入这一体系，一个势力强大的金融社会关系网络形成了。例如，席正甫的孙子席德柄是宋子文在美国时的同学，席德柄的大哥席德懋，则把女儿嫁给了宋子文的弟弟宋子良。席德柄后来担任国民政府中央造币厂厂长，席德懋则担任中国银行的总经理。

席家选择支持蒋介石，就等于国际银行家对蒋介石投了信任的一票。在中国，属于蒋介石的时代来临了。

1927 年 3 月 29 日，上海商业联合会的代表团拜访蒋介石，声称只要他和共产党决裂就给予财政援助。据当时《字林西报》报道，代表团强调“上海立即回复和平与秩序”的重要性，蒋介石做出了“迅即调整劳资关系”的保证。3 月 31 日，虞洽卿与上海商业联合会牵头正式成立了“江苏兼上海财政委员会”，参加委员会的有：上海商业储蓄银行总经理陈光甫、“北四行”联合准备库副主任钱永铭等大银行家，以及中国银行、交通银行这两家最大的华资银行的代表，汇集了当时中国金融业几乎所有的头面人物和大机构代表。

上海的银行与钱庄，于当年 4 月 1 日 ~ 4 日，向蒋介石提供了 300 万银元的财政援助。[18] 4 月 8 日，美国驻沪总领事高思得知江浙财阀已给蒋介石提供了 300 万银元，但条件是，“除非从国民党中清除共产党员，否则他们就不再给他支持”[19]。银行家毕竟是商人中的最高境界，虽然给蒋介石画了个 6 000 万大洋的大饼，但事成之前，只能拿到首付，只有把活儿干漂亮了，才会接着给。

蒋介石在拿到这笔钱后仅一周，就发动了震惊世界的“四一二”政变！屠杀了大批共产党员、工人、农民和左翼人士。

蒋介石提出了对共产党人“宁可错杀三千，不可放过一个”的血腥口号，银行家觉得很“给力”，马上又向蒋介石提供了 700 万银元[20]。一时间，大江南北，直杀得人头滚滚，血流成河！蒋介石用一大批共产党人的头颅，为自己投靠国际银行家势力集团缴纳了一张血淋淋的“投名状”！

蒋介石的“再融资”

此时完成“项目考察”和“一期融资”重任的虞洽卿退居幕后，“蒋介石项目”的投委会主任，换成了江浙财阀中生代的代表陈光甫。陈光甫早年毕业于美国宾夕法尼亚大学沃顿商学院，回国后不久便创办了在中国金融史上独树一帜的上海商业储蓄银行。从 1915 年吸收存款1.8万银元起家，到1933年达到存款3 330万银元的惊人规模，堪称金融奇才。

另外，陈光甫与孔祥熙、宋子文家族的关系密切。陈光甫在创办上海商业储蓄银行的时候，一共募集到7万银元股本，其中孔祥熙就有1万银元的股份，宋家以宋老夫人倪桂珍的名义也投了5 000银元。北伐之前，孔祥熙就多次写信给陈光甫，邀其南下。有了这层关系，陈光甫俨然成为蒋介石最倚重的银行家。

陈光甫不辱使命，发动"江苏兼上海财政委员会"专门替蒋介石承销公债，为严重缺钱的蒋介石进行大规模融资，这就是大名鼎鼎的"江海关二五附税国库券"。当时打着"国民革命"旗号的蒋介石政权，为了凸显其"革命性"，继承以前广州、武汉国民政府的政策，在洋人控制的海关关税5%之上，另行加征2.5%的附加税，也就是所谓"二五附税"，以期保护民族工业。当然，在洋人同意之前，这个"二五附税"还只是一句口号，但是这并不妨碍银行家把这笔"莫须有"的未来收入作为抵押，以发行蒋介石政府的公债。

上海金融界、工商界认购"江海关二五附税国库券"，是为了"防范军阀与共产党"。它们在政治上，选择了南京国民政府，并在经济上支持蒋介石。债券的发行明定还本付息，确立政府债务信用。为了监督发行公债所得资金得到合理运用，江浙财阀还专门成立了"江海关二五附税国库券基金保管委员会"，主任由江浙财阀的另一巨头、浙江实业银行上海分行总经理李馥荪担任。这个基金保管委员会加强了蒋介石和上海金融界、工商界的合作关系。

"中国摩根"陈光甫

"江海关二五附税国库券"的发行总额为3 000万银元，月息7厘，从同年7月起，分30个月摊还。这笔公债由上海金融界、工商界及江浙两省共同负担，此外加派两淮盐商300万银元。在所有认购蒋介石政权公债的人士中，江浙财阀占了八成，其中，中国银行承购的数额最多。[21]

中国银行的总经理是另一位金融奇才张嘉璈。张嘉璈早年就读于日本庆应大学，1914年，年仅28岁就当上了中国银行上海分行副经理。在张嘉璈的领导下，中国银行拒绝与北洋政府合作，向江浙财阀主导的各大银行、交易所、大企业募集股本金近600万银元，于1923年买下北洋政府的500万银元官股，将北洋政府的股份挤出了中国银行的体系，使中国银行的商股占到99%以上，完成了中国银行的私有化。

声名大振的张嘉璈与上海金融界的实力派人物李馥荪、陈光甫等人成为莫逆之交。为使上海银行界同行联合对外，他发起成立由各行经理参加的星期五聚餐会，以交流金融信息、联络感情、交换意见。张嘉璈利用这个聚餐会，广交朋友，分析各种信息，传播科学的经营方式，很快打开了局面，使得这个聚餐会逐渐扩大，后来演变成上海银行公会。上海银行公会以三个人为核心，即为蒋介石融资最多的张嘉璈、组织融资的总负责人陈光甫和监督资金去向的李馥荪。三人关系密切，被视为江浙财阀的“三鼎甲”。

1927年4月、5月，仅仅两个月，蒋介石就获得了4 000万银元的融资，大大超过整个国民政府在1924—1927年从苏联获得的3 000万金卢布的资助。蒋介石的“投机生意”，看来大获全胜了。

蒋介石“剥离”了国民党内苏联和共产党的“危险资产”，拉来了规模更大、更有背景的风险投资——江浙财阀及其背后的国际银行家。然而，他还面临着巨大的挑战，那就是依然受共产党和国民党左派控制的武汉国民政府。

“宁汉合流”背后的“资本重组”

1927年4月9日，上海市总工会委员长、工人纠察队总指挥汪寿华收到杜月笙派人送来的一份请帖，邀请汪寿华 4 月 11 日到杜公馆赴宴，有要事相商。汪寿华因为常与青洪帮的人打交道，认为“他们还讲义气”，就决定前去赴约。4 月 11 日晚上 8 时许，汪寿华来到杜公馆后，一阵不祥的预感忽然涌上心头，杜月笙并没有出现。周围逼近的打手，目露杀气。汪寿华暗叫不妙，转身想走，已然来不及了。几个打手一拥而上，手法娴熟地将其打翻在地，干净利索地装进一只麻袋，塞进汽车运到龙华郊区活埋。

紧接着，4 月 12 日凌晨 3 点，杜月笙手下的青帮流氓配备了手枪，组成有特定攻击目标的分队，穿着有“工”字袖章的工人服装，乘车冲出青帮大本营法租界。同时，几百名白崇禧部队的士兵也同样伪装穿过公共租界，分赴闸北、南市、沪西等处，袭击了南市工人纠察队的驻地。二十六军周凤岐的部队在晚上已进驻靠近工人纠察队的集结地和总工会总部的阵地，这时正借维持秩序、调节冲突之名，将工人纠察队强行缴械。

当天中午，上海市总工会发动全市工人总罢工，游行示威抗议暴行。结果蒋介石的“国民革命军”开始向游行“国民”开枪，大屠杀开始了。两天之内，300 名工人被杀，500 人被捕，5 000 人“失踪”。随后，在南京、苏州、无锡、杭州、广东、常州等地发生大规模血腥镇压，大约 25 000 名共产党人和左翼人士被屠杀。全中国的人都知道了，国民革命军总司令蒋介石公然背叛了国民革命。

消息传到武汉国民政府，立刻引发了一场政治大地震。武汉国民政府主席汪精卫以国民党中央的名义，宣布立刻解除蒋介石的一切职务，开除其国民党党籍，并下达通缉令，捉拿蒋介石。这时的武汉国民政府面临着一个重大战略抉择：要么继续北伐，消灭依然盘踞在黄河流域和华北、东北的北洋军阀；要么东征讨蒋，国民革命将面临分裂。

武汉政府下属的实力派军人，比如唐生智、张发奎，大多与蒋介石存在派系矛盾，因而力主东征讨蒋，希望趁机除掉蒋介石，吞并中国最富庶的江浙地区。而苏联的政治顾问鲍罗廷和中共领导人陈独秀、周恩来则主张继续北伐，待打倒北洋军阀后，再掉转枪口收拾蒋介石。

鲍罗廷认为：“我们现有的兵力不可能东进……东进不仅将促使蒋介石与帝国主义乃至北方军阀公开结盟，而且我们将会被打倒和消灭。”[22]

“四一二”政变中惨遭杀害的共产党人

鲍罗廷的顾虑是有道理的。

就军事形势而言，武汉政府处于四面楚歌的不利境地。北面是虽败未垮的直系军阀和实力依旧强劲的奉系军阀，东面最富庶的省份被蒋介石及其同盟桂系李宗仁的军队占领，南面两广则被桂系和亲蒋的李济深把持，上述这些敌人都在磨刀霍霍，随时准备扑上来。而武汉政府统率下的军队，大多是出于一些现实考虑才站在武汉政府一边，它们或是需要武汉政府的粮饷供给，或是因为与蒋存在派系矛盾和野心冲突，但事实上，它们大多认同蒋介石的反共“清党”，只要价钱谈得拢，随时可以像蒋介石一样出卖革命。真正能够与武汉政府同呼吸、共命运的，只有叶挺的一个师。

至于经济形势，那就更加困难了。事实上，武汉方面也在争取上海金融界与工商界的支持。武汉国民政府曾于同年 3 月 27 日特派财政部部长宋子文到上海，全权办理财政事宜，电令江苏、浙江两省所有财政均归其主持，凡一切税务及向中国商界银行筹款事宜，必须由财政部部长统一管理。[23] 宋子文于 3 月 29 日抵达上海，第二天即和蒋介石协商统一江浙财政事宜。然而，蒋介石已先一步和上海金融界与工商界建立了关系。3 月 31 日，国民革命军总司令部建立了“江苏兼上海财政委员会”，由上海金融界大佬负责具体事务。结果，宋子文到上海后，工作竟一时无法展开。

“四一二”政变之后，蒋介石便与共产党人和国民党左派彻底翻脸，宋子文的人身安全都一度受到威胁，更遑论为武汉政府融资了。最后，连宋子文本人也被孔祥熙、宋霭龄夫妇策反，投靠了蒋介石。

随后，蒋介石于 4 月 18 日正式建立南京国民政府，开始公开否认武汉政府，进而于 28 日发出公告，声明将与列强一起对武汉实施经济封锁。把持着中国金融命脉的江浙财阀已经一屁股坐到了蒋介石一边，切断了对武汉国民政府的一切融资渠道，上海的银行、钱庄、票号全部停止向武汉汇款，坐等武汉政府倒台。

此时武汉的物价已经上涨到天文数字，武汉政府所发行的各种币券、信用一落千丈。政府每月收入不过 150 万银元，支出竟达 1 300 万银元！全市失业人口及家属已超过总人口的 1/3，加上各省前来投奔武汉的革命者、避难者，以及几次战役的伤兵，整个武汉政府已经到了四面楚歌、风雨飘摇的危急时刻。

武汉方面，不管是苏联、中共，还是汪精卫，事实上都把宝押在了北方冯玉祥的国民军身上。

冯玉祥是一位典型的燕赵壮士，初时是在外国传教士的怀抱里教养长大的，在成为军阀后，他命全军受洗信教，以基督教赞美歌为所部军歌，以基督教教条为蓝图制定军规，因而被世界舆论称为“基督将军”。然而，这位基督将军却凭借善变和对时机恰到好处的拿捏，获取了西北的地盘。1924 年，他发现苏联人很慷慨地拿东西补助他人，便投奔了苏联的怀抱。

现在，冯玉祥在 1 600 万金卢布和军火的培植下，雄踞潼关，虎视中原，静候在中国政治天平发生倾斜的关键时刻，投注自己的筹码。

这一天很快就到来了。

1927 年 6 月，冯玉祥与汪精卫举行郑州会议。在会上，汪精卫列举了蒋介石的种种恶行，企图说服冯玉祥反蒋，他开出的价码是：以武汉国民政府的名义把河南、陕西和甘肃三省的党政军大权全部交给冯玉祥。冯玉祥当然不傻，上述三地已经在他的国民军的实际控制之下，汪精卫的价码等于只是事后加以背书，冯玉祥并没捞到什么实际好处。看来在汪精卫那里是榨不出什么油水了，那就挤挤蒋介石这块老橘子皮，看能不能拧出些许橘汁来。

冯玉祥将军

于是，郑州会议结束仅仅一周，冯玉祥就于6月20日与蒋介石举行了徐州会议。在会上，蒋介石敦促冯玉祥归顺南京国民政府，并厉行反共“清党”。蒋介石开出的价码是：从1927年7月起，每个月给冯玉祥所部250万银元的津贴。会议结束后，蒋介石立刻返回上海落实这笔款子。英国驻上海总领事巴尔敦爵士在6月30日的报告中说，在6月的最后两个星期，上海曾出现过一次大规模的集资活动。他推测这正是为了执行蒋介石对冯玉祥的资助，以取得冯玉祥的支持，反对武汉国民政府的徐州协定。[24]

获得江浙财阀支持的蒋介石果然出手不凡，每个月250万银元的数额远远超过了武汉能够开出的价码。每个月250万银元！这就像是有人在冯玉祥面前念出了“芝麻开门”的咒语，一个超乎想象的宝藏出现在冯玉祥眼前。冯玉祥不假思索，立刻决定扔掉金卢布，义无反顾地扑向蒋介石刚刚抱上的那条大粗腿。于是，冯玉祥对蒋介石开出的条件照单全收，还同意利用他的影响，迫使武汉政府把苏联人送回苏联，捕杀共产党人，说服武汉国民党人到南京，重新统一全党，组成统一的国民政府。6月21日，冯玉祥就向武汉的汪精卫和谭延闿发了一份最后通牒式的电报。

此时的汪精卫正十分窝火。原来，6月1日，共产国际派来的代表罗易，带着一份共产国际执行委员会《关于中国问题之决议》（“五月指示”）的文件来到武汉。没过几天，罗易就以“钦差大臣”的身份把这份决议向汪精卫做了传达。这份共产国际的决议大意如下：

• 坚决主张自下而上地实行土地改革，但必须同过火行为做斗争，不要触及军官和士兵的土地，要对手工业者、商人和小地主做出让步。

• 动员两万名共产党员和两湖地区五万名革命工农，组建自己的军队。

• 从下层吸收新的工农领导人加入国民党中央，改变国民党目前的构成，有旧思想的一律驱逐。

• 成立以著名国民党人和非共产党人为首的革命军事法庭，惩办反动军官。

这不是国共合作，斯大林这是要汪精卫彻底向共产党投降。汪精卫看罢强压了压火气，居然还是进行了讨价还价。他提出要苏联提供 1 500 万金卢布贷款，而莫斯科同意提供的援助金额只有 200 万金卢布。斯大林做得太过分了，既要人卖身，又不肯给足卖身钱，是谁都会翻脸。这时，汪精卫接到冯玉祥敦促他清党反共的电报，倒真是正中下怀。

紧接着，前几个月留在上海的武汉政府财政部部长宋子文，在 7 月 12 日突然回到汉口，带着蒋介石的信，在汪精卫家中与汪举行了多轮私下会谈。

三天之后，武汉国民政府发动了反革命政变，在“宁可错杀三千，不可放过一个”的口号之下，大批共产党人和左翼人士倒在了屠刀之下。

此时，武汉、南京两个国民政府的原则矛盾已经解决，“宁汉合流”只是时间问题。在宁汉斗争中取得决定性胜利的蒋介石，似乎要顺理成章地成为新政府的领袖。然而，令所有人都大跌眼镜的是，蒋介石却在武汉“分共”之后不到一个月，就下台了。

如此诡异的中国政局，难怪连长于“风险投资”的大英帝国，都摸不着头脑。答案其实很简单，中国有一句古语：“鸟尽弓藏，兔死狗烹。”只不过，这一次的“弓”和“狗”成了蒋介石，要“藏弓烹狗”的人则是江浙财阀。

财阀董事会炒掉了胡闹的首席执行官

对于江浙财阀而言，蒋介石的原罪就是，胃口太大而吃相太难看。

蒋介石在“四一二”政变之后并不轻松，捕杀没有武装的共产党，只是正餐开始前的“开胃甜点”。组成南京国民政府之后，既要维持国家机器的运转，又要对付武汉国民政府，还要提防北面的北洋军阀，方方面面，哪一样少了钱都不行。

然而，江浙财阀作为资本家是要算投资收益的。前期的融资是被共产党的来势凶猛给逼的，不出点儿血，大家都得玩儿完。现在好不容易松了一口气，蒋介石的胃口却越来越大，这就超出了财阀们的预算，大家都开始从挺蒋的位置上往后缩。

江浙财阀这一缩不要紧，蒋介石立刻就翻了白眼，这不是卡我的脖子吗？敬酒不吃吃罚酒，好说不行就得来硬的。于是，蒋介石把对付共产党和工会的那一套拿出来对付资本家。

1927 年 5 月 14 日，住在法租界的一个颜料商的儿子以反革命罪被逮捕，在这个颜料商答应向国家“捐献”20 万银元以后，他的儿子在 5 月 19 日获得释放。棉纱、面粉大王荣宗敬，被以“奸商并曾资助军阀”的罪名逮捕，蒋介石亲自下令没收荣家在无锡的面粉厂，在荣宗敬捐款 25 万银元给蒋政权后，这个罪名就被取消了。先施公司经理欧炳光的 3 岁儿子被绑架，绑匪要求他给党国事业“捐款”50 万银元。蒋介石采用这种“绑票”和“绑票预期”相结合的手段，向资本家勒索钱财，根据美国驻沪领事的说法，这“是有钱阶级中的一种确确实实的恐怖统治……商人和绅士阶级的态度，正在不断地发展成对肆无忌惮的横征暴敛、给他们造成极大苦难的国民党的反对力量”[25]。一位在中国的澳大利亚观察家查普曼报道说：“有钱的中国人可能在他们的家里被逮捕，或者在马路上神秘地失踪……大富翁竟被当作‘共产党员’遭到逮捕！……据估计，蒋介石用这种手段共筹集到50万美元资金，近代上海在任何政权下都不曾经历过这样的恐怖统治。”[26]

蒋介石这套打法跟希特勒后来的套路几乎一模一样。几年后，希特勒也是拿着华尔街的“风投”上了“创业板”。一统德意志江山后，转过头来就发动对英法的战争，狠咬了国际银行家们一口，罗斯柴尔德家族的人，居然还坐过盖世太保的黑牢。对于蒋介石和希特勒来说，巩固权力是最高的行事原则，其他的一切都在其次。不管是银行家还是工人，只要能为己所用，那就不妨替他们打打工，各取所需；一旦形势变化，翻脸比翻书还快。

上海滩的大亨们真的很生气，后果真的很严重。大亨们认为，蒋介石实在是没有摆正自己的位置，我们给你钱，是要你给我们打工的。如今你羽翼未丰，就如此嚣张跋扈，不按规矩出牌，以后真成了气候那还了得！

这种危险分子是一定要做掉的。之所以迟迟不动手，完全是因为上海滩的大门之外还有一个亲共的武汉政府，外部压力还未彻底解除，对蒋介石不得不有所容忍。等到汪精卫在武汉也对共产党动了刀子，那就没什么可顾忌的了。

于是，蒋介石下台进入倒计时。

事实上，这个七拼八凑起来的南京国民政府也不是铁板一块。以李宗仁和白崇禧为首的桂系，与蒋介石的黄埔系之间存在着明显的利益冲突。甚至何应钦对蒋介石的支持也是不可靠的。蒋介石的专横跋扈为他自己树立了过多的政敌，而他本人却全然陶醉在胜利的喜悦之中。

正在这个微妙的时刻，蒋介石的军队在二次北伐中，被奉系军阀的部队打得大败，连华东重镇徐州都丢了。上海、南京一度告急，蒋介石的威信一落千丈。南京政府内部的桂系力量趁机开始逼宫，谈判合并事宜的武汉汪精卫当局，也一再坚持武汉政府迁往南京的前提条件是蒋介石本人必须下台，国民党内的广东元老系和拥护孙中山儿子孙科的“太子派”也联合起来逼蒋下野。而且，尽管蒋介石在上海进行了黑帮式勒索性的筹款，但由于军费开支浩大，南京政府在财政上仍然是入不敷出。蒋介石当了家才知道柴米贵，一时又没了江浙财阀的支持，只能望着烂摊子束手无策。

蒋介石此时方才明白，统治一个国家与推翻一个政权是有区别的，他不能再像以前那样玩流氓手段了。

蒋介石毕竟是个相当聪明的人，与其这样硬扛着，不如急流勇退，把别人架到前台的火炉子上烤，等大家都烤得受不了了，再回来接盘。

于是，1927 年 8 月 12 日，在国民党中央军事委员会的一次会议上，蒋介石提出他要辞去总司令之职，并把南京防务交给其他将领，随后离开南京前往上海。蒋介石的引退声明在 8 月 13 日发表，8 月 14 日正式下野。紧接着，武汉政府于 8 月 19 日宣布迁往南京，汪精卫也在 9 月初抵达南京，宁汉正式复合，是为“宁汉合流”。

蒋介石终于上了“创业板”

看到胜利果实就这么被人窃取，蒋介石品味着苦涩的味道，痛定思痛，做了深刻反思。要想重回中国政治舞台的中心，就一定要争取到控制着中国金融力量的江浙财阀的金钱支持。虽然汪精卫、李宗仁之辈，暂时得逞一时，然而，他确信，只有自己才有问鼎中原的实力和手腕，江浙财阀早晚会认清到底谁才是中国未来真正的“真命天子”。当务之急是要重新获得“资本市场”的认同，想办法重新申请“IPO”（首次公开募股）。

争取江浙财阀支持的关键是要打消他们的疑虑，令他们从内心深处认同蒋介石是“自己人”，而要做到这一点，最好的办法就是联姻，把自己跟江浙财阀用姻亲关系紧紧地拴在一起。他要发动一场攻势，一场赢取美人芳心的攻势，这场攻势的战略价值将不亚于任何一场真正的战争。

他的目标就是宋美龄。

当时，宋家老夫人倪桂珍正在日本疗养，为了追求宋美龄，蒋介石于9月28日前往日本，取得宋老夫人同意，让他同宋美龄结婚。这样，他就与孙中山（宋庆龄）、宋子文和孔祥熙（宋霭龄）都有了姻亲关系。而宋家与江浙财阀和代表国际银行家在华利益的中国大买办阶级有着十分紧密的联系。

上海大买办家族、洞庭山帮席正甫的孙子席德柄是宋子文在美国求学时的同学，他的大哥席德懋则把女儿嫁给了宋子文的弟弟宋子良，而宋家在江浙财阀大银行家陈光甫的上海商业储蓄银行中持有大量的股份。

宋家自己就是靠做美国资本的中国买办发的家。宋氏家族开创人宋嘉树从小在美国长大，受过完整的美国教会教育，是个虔诚的基督徒。宋家的几个兄弟姐妹都毕业于美国大学，宋子文本人从哥伦比亚大学毕业后在华尔街商业银行打过工。宋霭龄的丈夫孔祥熙也在美国受过教育，还曾经是美孚石油公司华北区的总代理。这一家人货真价实地与美国资本有着千丝万缕的联系。至于蒋介石与宋美龄的联姻，当时中国媒体报道这桩政治婚姻的通栏大标题说得准确："蒋宋联姻，'中美'合作"（蒋中正、宋美龄）。

中（正）美（龄）合作，蒋宋联姻

这是中国买办财团与军事独裁者的完美结合。

正当蒋介石忙着注入"新资产"之时，"宁汉合流"后的新国民政府已经快揭不开锅了。

新政府的财政部部长、国民党内"太子派"首领孙科，并没有蒋介石的筹款能力。蒋介石在位的时候，每月的预算为2 000万银元，而孙科完全无法筹集到这个数字。直到 1927 年 10 月，他只筹到 800 万银元，政府运转陷入瘫痪，军队领不到军饷而拒不领命。情急之下，孙科也有样学样，在 10 月 1 日再次发行“江海关二五附税国库券”，金额比蒋介石的 3 000 万银元还多 1 000 万，达到 4 000 万银元之巨！

为了发动江浙财阀认购其公债，孙科还召集虞洽卿等财界头面人物开会，动员大家认购，结果反应平淡。上海钱庄从 1927 年 4 月 1 日~7 月 16 日，曾给蒋介石贷款 560 万银元，但是，当孙科在 10 月 26 日要求上海钱庄认购价值 50 万银元的二五附税国库券时，只募得了 34 万银元[27]。

没有江浙财阀的支持，新政府实际上已经难以为继。

此时的江浙财阀，已经对汪精卫、孙科、李宗仁这批人的执行力相当失望，靠这批人能打得过北方的军阀吗？大佬们开始观望，也许与他们变成了“一家人”的蒋介石更能胜任一统江湖的大任。

很快，新政府内部桂系李宗仁、白崇禧的军队，就跟唐生智的湘系军队，为了权力斗争爆发了内战，虽然桂系军队打败了唐生智，但是双方损失极大，实际上已无力再战。

这时，国民党内的亲蒋人士趁机要求蒋介石重新执政以收拾残局，江浙财阀已将蒋介石视为圈内人，再加上上一次的“资本重组”，其认为蒋介石应该受到了足够的教训，应该会上道的。

于是，1928 年 1 月 4 日，蒋介石从上海抵达南京，主持大局。1 月 9 日，蒋介石正式通电全国就任“国民革命军总司令”一职，接着又担任了军事委员会主席、国民党中央政治会议主席等最高职务。

从下野到重掌大权仅仅过去了 116 天。

汪精卫政府使尽吃奶的力气也卖不动的 4 000 万银元公债，等到蒋介石一上台，在财政部部长兼央行行长宋子文的统筹安排下，很快被江浙财阀认购一空。有了江浙财阀的重新支持，蒋介石这回终于坐稳了江山。作为回报，江浙财阀也指望蒋介石能竭尽全力为他们服务。

然而，他们忘记了一个军事独裁者的本性。这种人是绝不会甘心受制于人的，他一定会想方设法地控制任何想控制他的人或者组织。

克伦威尔是这样，拿破仑是这样，希特勒是这样，蒋介石也不例外。

不过，蒋介石暂时还必须依靠银行家的钱袋子。因为蒋介石正面临着最令他头痛的劲敌的反抗，这些人就是他竭尽全力想要根除的共产党人。

就在“四一二”政变后不久，被蒋介石的屠刀杀得血流成河的共产党人，也开始拿起了武器。

1927 年 8 月 1 日，共产党人在南昌起义了。蒋介石的噩梦拉开了序幕。

注 释

[1] 杨天石，《找寻真实的蒋介石》，山西人民出版社，2008 年，第 20 页。

[2]〔英〕毛里斯、柯立斯，《汇丰银行百年史》，中华书局，1979 年，第 109 页。

[3] 徐向梅，《俄罗斯银行制度转轨研究》，中国金融出版社，2005 年，第 33~37 页。

[4]〔英〕彻诺，《摩根财团》，金立群译，中国财政经济出版社，1996 年，第 248 页。

[5] 杨奎松，《中间地带革命》，山西人民出版社，2010 年，第 50~51 页。

[6]〔俄〕R.A. 米罗维茨卡娅，《米哈伊尔 · 鲍罗廷（1884—1951 年）之杰出的苏联共产党人——中国革命的参加者》，第 22~40 页。

[7]〔日〕伊原泽周，《从“笔谈外交”到“以史为鉴”——中日近代关系史探研》，中华书局，2003 年，第 413~415 页。

[8] 费希尔，《世界事务中的苏联人》。

[9] 杨奎松，《中间地带革命》，山西人民出版社，2010 年，第 67 页。

[10]〔英〕马士，《远东国际关系史》，上海书店出版社，1998 年，第 692 页。

[11]《英国外交文件》，第 252 卷，第 113~115 页、第 311~313 页、第 398~400 页。

[12] *W. R. Louis*, *British Strategy in the Far East*, 1919—1939, Clarendor Press, 1971, p.129~130.

[13]《美国国务院档案》(缩微), 893.00/8005、893.00/8312。

[14] 凌宇,《江浙财阀和蒋介石反动统治的建立》,《党史研究资料》第 7 集, 第 49 页。

[15] 美国国务院,《美国外交文件》(1927 · 第 2 卷), 张玮瑛等译, 中国社会科学出版社, 1998 年, 第 164 页。

[16]《密勒士评论报》, 1926 年 3 月 27 日。

[17]《北华捷报》, 1926 年 3 月 20 日。

[18]《申报》, 第 11 版, 1927 年 3 月 28 日。

[19]《美国国务院档案》, 893.00B/276。

[20] 中国人民银行上海市分行,《上海钱庄史料》, 第 207 页。

[21] 王正华,《1927 年蒋介石与上海金融界及江浙商人的关系》。

[22]《鲍罗廷在中共中央政治局与共产国际代表团会谈时的发言》, 1927 年 4 月 13 日。

[23]《宋部长管理财政电》,《民国日报》, 第 2 张第 1 版, 1927 年 4 月 5 日。

[24]《关于中国的进一步通信》(英国外交部 405/254), 机密, 第 13315 号, 1927 年 7-9 月, 第 43 号, 附件。

[25]《美国驻沪领事克宁翰致马慕瑞》(美国国务院 893/9195), 1927 年 7 月 30 日;《高斯致马慕瑞》(美国国务院 893/9199), 1927 年 6 月 5 日;《克宁翰致迈耶》(美国国务院 893/9660), 1927 年 9 月 3 日。

[26] 查普曼,《中国革命 1926—1927 年》, 1928, 第 232 页。

[27] 中国人民银行上海市分行,《上海钱庄史料》, 第 207 页;《克宁翰致迈耶》(美国国务院 893/9660), 1927 年 11 月 12 日。

第四章

红色中央银行

CURRENCY WARS

本章导读

打完土豪分完田地，往后的日子怎么办？

反“围剿”，要花钱，红军没钱怎么反？

没有金，缺少银，苏区的货币怎么行？

柴米油盐酱醋茶，红色货币能当家？

红色根据地能够生存和发展，除了军事和政治方面的因素外，金融也起到了相当关键的作用。无论是反“围剿”的战争、中央苏区政权的运作，还是当地人民的生活与生产，以及市场贸易的开展，都离不开货币。

苏区政府很早就意识到了货币与银行的重要性，并在1932年创建了世界上最小的中央银行——中华苏维埃共和国国家银行。它在成立之初，仅有5名员工，最多时也不过14人。这些人并没有高学历，也谈不上太多的银行经验，对中央银行的运作更是两眼一抹黑。更糟糕的是，它连启动资金都缺乏。除此之外，要发行货币，没有专用纸，没有设计图，没有油墨，没有防伪，一切都要自己动手解决。不懂金库记账，不懂银行会计，不懂汇票贴现，不懂公债发行，他们是在零起点上、在实践中稳步成长起来的。

统一财政，发展贸易，活跃市场，中华苏维埃共和国国家银行的工作人员在三年中，迅速成熟。红色中央银行为反“围剿”战争的胜利，为苏区政权的巩固，为人民生活的改善，为市场贸易的繁荣，立下了汗马功劳！

毛泽民的金融“空城计”

1933 年的一天，中华苏维埃共和国国家银行（简称国家银行）行长毛泽民，刚从外地回到瑞金的办公室，正准备查看账目，会计科长曹菊如就匆匆闯了进来，焦急地说：“毛行长，最近有不少老乡来用纸币兑换现洋。金库里的现洋少了一半，我看要出问题，你赶紧想个法子吧！”

毛泽民一听，连忙向银行的营业厅赶去。营业厅外面排起了长队，挤进营业厅一看，厅里挤满了等候兑换的人群，大家议论纷纷，情绪激动。有人大声嚷嚷：“现在做生意的只收现洋，不收纸币，我要换现洋！”有人接话说：“是啊，现在纸币快成废纸了，留着有什么用？”

毛泽民皱着眉头一言不发，转身出了大厅。他在瑞金县城的大街小巷转了一圈，果真看见一些日用品商店、布店和盐摊插着“只收现洋”的牌子。毛泽民意识到他最担心的挤兑现象终于发生了！

他急急忙忙赶回财政部，向部长邓子恢汇报，并同时找来刚上任的外贸总局局长钱之光一块儿商量。

毛泽民说：“银行最忌讳的就是挤兑，最近我隐隐约约有预感，但没想到来得这么快。第三次反‘围剿’后，国民党对我们实行严密的经济封锁，苏区物资匮乏，物价飞涨，纸币贬值。另外，敌人制造的大量假币流入苏区，并四处造谣破坏，干扰苏区金融市场。我们必须尽快想个办法，制止这种状况。”

其实，道理很简单，国家银行和苏区货币的信誉一定要保证，保住银行和它所发行的货币的信誉，就保住了苏维埃政府的信誉。

此时此刻，毛泽民正面临着与当年日本松方正义一样的境况，纸币过量发行导致纸币兑银元的剧烈贬值。在松方正义的纸币中，还有相当数量的非兑现日元纸币，因此，尽管纸币贬值，政府还是可以不必被迫兑换现银，情况尚可控制。但毛泽民的问题就麻烦了，老乡要求立刻兑现，一旦银元储备被挤兑一空，苏区货币的信用将马上崩溃，后果不堪设想。

当年松方正义为了重建日元信用，大胆采用了来多少纸币，就兑换多少银元的方法，而且都按一比一的比价，一直换到市场完全相信政府金银储备足够为止。尽管当时松方正义用横滨正金银行外汇汇票创新的办法解决了金银币从海外流入的问题，而毛泽民却不可能按增加金银币的储备思路来解决难题。

无论如何，绝对不能让苏区货币的信用破产。毛泽民坚持，凡是来要求兑换现洋的，银行要保证兑换，严格规定一元纸币换一块现洋，任何人不得抬高现洋比价！

下定决心，国家银行立刻从金库里提出大批现洋，公开兑换纸币。两天过去了，前来兑换现洋的老乡有增无减，银行门口的队伍越来越长。曹菊如对毛泽民说：“毛行长，现洋所剩不多了，是不是停止兑换？”毛泽民回答：“现在老百姓换币热情正高，不能停换。换出光洋是为了提高纸币信誉，只有提高纸币信誉，才能稳定金融！”曹菊如叹道：“是这个道理。但是如果钱局长他们明后天赶不回来，麻烦就大了。”

毛泽民低头沉思了一会儿，突然眼睛一亮，说道：“看来我们要学学孔明先生，唱一出‘空城计’。今晚半夜，你们……”

第二天一早，瑞金县城街道上，出现了由红军警卫开路，曹菊如带队的箩筐运输队。一些箩筐里装满了金砖、金条、金项链、金戒指、金耳环，以及银镯、银项圈、银元、银锭，另外的箩筐里整整齐齐地码着光洋。蜿蜒似蛇阵的运输队经过闹市，经过街面，十分壮观。两边围观的老乡越来越多，把街道堵得水泄不通。

运输队在人群中挤开一条路，把一担担的首饰和光洋挑进银行。每通过一担，就有老乡一边数着，一边兴奋不已，啧啧地夸赞："银行真是财大气粗！"

在国家银行的营业大厅中，金银首饰堆起一座金光灿灿的"金山银山"，前来兑换银元的人们看见后，咂舌道："我一辈子也没有见过这么多金银，苏区银行真阔气！"

兑换的群众散去不少，毛泽民心中的焦虑减轻了一些，终于能够耐下心来等待钱之光的归来。

当天，钱之光终于按计划运回红军在反"围剿"中缴获的银元和棉布、食盐等大批物资，毛泽民称赞他们救了苏区银行，救了苏维埃政府。毛泽民还告诉他，"空城计"已经用上金库里压箱底的全部金银。要是钱之光再不回来，"空城计"就要穿帮了。

有了前线运回来的物资，毛泽民立即下令停止兑换。合作社大量出售日用品，标价牌上写着："只收纸币，不收现洋。"

人们纷纷议论："谁说纸币要过期，谁说纸币不值钱？你看政府还拿出光洋换纸币，现在卖东西又只收纸币呢。"

人们又赶紧捧着光洋到银行兑换纸币，购回所需物品。有的人不买货物，也将现洋换回纸币。

没有几天，收回的现洋比换出去的还多！

面对挤兑危机，毛泽民机智应对，使出金银的"空城计"，打了一场漂亮的心理战，并及时采取措施，保证苏区的物资供应，成功地巩固了国家银行和政府的信誉。国家银行信用的维护，保证了政府的融资能力和物资调配能力，为红军反"围剿"的胜利奠定了经济基础。

毛泽民可能并不知道松方正义的日元信用保卫战，虽然他们面临的问题相同，但解决的手段却大相径庭。松方正义是用增加金银的办法来缓解纸币的信用危机，而毛泽民则发现了货币的另一个重大规律，金银并非货币的唯一信用支撑，商品同样可以成为支持货币的有效手段！老百姓对货币的需求，其实质是通过货币实现对各种生活物资的拥有，既然如此，纸币的信用完全可以绕过金银储备，直接以物资为本位。

毛泽民的货币物价本位实践，影响着后来共产党人的货币思想。在缺乏贵金属的革命时代和解放区被经济封锁的困境中，建立红色金融高边疆，必须要在货币本位的实践中，进行重大的金融创新！

红色政权之所以能在白色恐怖下长期存在，而且组织了五次反“围剿”的大规模军事行动，同时还促进了苏区的经济发展，关键是共产党人从一开始就抓住了两个要害，革命必须一手抓枪杆子，一手抓钱袋子。枪杆子可以保护钱袋子，钱袋子可以有效地支持枪杆子！

斯诺在《西行漫记》中对苏维埃共和国国家银行纸币做过这样的评论：“不论在什么地方，苏维埃通货似乎是在普遍信任政府的基础上，和它在市场上确有真正的购买价值这件事实上，取得它的地位的。”[1]

红色政权对货币极端重要性的认识，还是从巴黎公社血的教训中得来的。

巴黎公社，守着金饭碗挨饿

1871 年 5 月底的巴黎拉雪茨神父墓地，随着几声枪响，巴黎公社最后一批战士倒在了“公社社员墙”下，他们的眼里充满了无畏、愤怒，还有一丝遗憾和困惑。人类历史上第一个无产阶级政权——巴黎公社，在诞生仅仅两个月后，就被残酷地镇压了。到底是什么让革命

巴黎公社社员墙

的火焰熄灭得如此之快呢？

一个关键的要素就是钱，法兰西银行的钱！

任何一个政权，如果想要有组织地运转国家机器，都需要钱。没有钱就无法调动各种资源，也无法进行战争。巴黎公社就是一个血的教训。

“法兰西银行成立于1800年，拥有投票权的200名股东有资格选出12名董事会成员。如果详加分析，可以发现，这200名股东基本上是属于同样一帮人，也就是控制着法兰西银行的44个主要家族。而且这些家族所拥有的席位是可以继承的，在这中间，有三个家族的席位在100年之中一直保持不变，它们就是马利特家族、米腊博家族和罗斯柴尔德家族。前两者属于瑞士银行家族，它们因为1799年秘密资助拿破仑‘雾月政变’而被拿破仑授权成立法兰西银行。罗斯柴尔德是后来兴起的犹太银行家族的代表。通过对法国当权的拿破仑政府、波旁王朝和奥尔良公爵政权进行翻云覆雨的金融运作，罗家开启了在法国势力空前鼎盛的‘七月王朝’，成为法兰西银行的核心成员。”[2]

罗家掌控的法兰西银行是巴黎金融业的核心，当时的巴黎不仅是法国的经济和金融中心，也是整个欧洲大陆的金融中心。它发行的法郎是法国的法定货币，它握有的外汇和黄金是法郎国际购买力的保证，它出售的债券是最高的信用级别，也是法国政府获得资金的主要渠道。

掌握法兰西银行的银行家们认为，巴黎公社所代表的无产阶级政权的目标，是反对资产阶级，并要从根本上打击资产阶级的核心利益。另一方面，无产阶级政权关心的是对普鲁士的战争赔款及融资安排。即使巴黎公社上台后，对法兰西银行毫无触及，但在赔款和融资问题上，无产阶级政府肯定会坚持强硬的态度。到时候，不仅赔款数目可能会减少，融资也不一定能由这些银行家安排，更大的可能是政府直接向国民举债，这样一来，银行家们梦寐以求的战争债券大蛋糕，就会竹篮打水一场空。金钱没有祖国，银行家的眼中只有获利！既然凡尔赛政府更容易驾驭，银行家们的选择也就显而易见了。

掌握巴黎公社经济政策的一派领袖，幼稚地认为巴黎公社的目标是巴黎的地方自治，而不是成为法兰西的中央政府，因此无权也没有必要接管作为中央银行的法兰西银行，任由这个银行掌握在与凡尔赛有密切联系的旧的管理局手中，铸成了致命的大错。

巴黎公社的领导人没有意识到，谁掌握了法兰西银行，谁就掌握了法国的经济命脉。这条命脉既决定了资源由谁调配，也决定了国家机器为谁服务。所以这不但是一个经济上的错误，更是一个政治上的错误。正如恩格斯所说，假若巴黎公社接管法兰西银行，“这会比扣留一万个人质还有更大的意义”。

巴黎公社存在的两个多月时间里，法兰西银行账面上仅现金就有数十亿法郎。而巴黎公社只申请和接受了银行提供的可怜的 1 600 万法郎借款。巴黎公社没有接管法兰西银行，结果就是守着金饭碗挨饿，而且无法迫使以罗斯柴尔德为首的银行家们向凡尔赛政府施压，逼迫他们和巴黎公社和谈，反而让银行家们有机会向凡尔赛汇去两亿多法郎！

有了这笔巨款，凡尔赛政府才能“重赏之下必有勇夫”，在一万多残兵败将的基础上，只用了很短的时间，就集结了 11 万大军向公社反扑。

就在这一关键时刻，为确保银行家的利益，罗斯柴尔德直接介入普法战争后凡尔赛政府和俾斯麦关于赔款的谈判。

“俾斯麦的大军开始休整了，但是国际银行家们更加忙碌了。高达 50 亿法郎的战争赔款业务是一个令所有人都垂涎三尺的巨额生意，如果收取 1% 的管理费用，仅此一项就是一个 5 000 万法郎的天大馅饼！”

在战争赔款数额上，法国梯也尔政府设想的是 50 亿法郎，但俾斯麦拿过一张纸片，飞快地写下了 60 亿法郎！梯也尔像被狗咬了一口，一下子跳了起来。两人开始激烈争吵。

“最后，梯也尔请出罗斯柴尔德出面圜转。当罗斯柴尔德出现时，俾斯麦将全部的怒火发向罗斯柴尔德，在场的人全部惊呆了。罗斯柴尔德无动于衷，仍然坚持 50 亿法郎是个‘可持续的赔偿数额’。发火归发火，罗斯柴尔德在国际金融市场的地位是不可撼动的，不接受他的条件，就休想在欧洲市场上募集足够的战争赔款。权衡利弊之后，俾斯麦只得接受罗斯柴尔德 50 亿法郎的报价。法国梯也尔政府搞不定的事，罗家一出面立刻摆平。”[3]

有了钱，什么都好办！“铁血宰相”俾斯麦慷慨答应遣返数万名法军战俘并保持“中立”，甚至答应让凡尔赛军队穿过普鲁士的防线向巴黎进攻。

令人扼腕长叹的是，当凡尔赛政府、俾斯麦和国际银行家联合起来剿灭共同敌人巴黎公社，试图夺回政权的时候，革命者们却把时间和精力花在了如何提高教师待遇这些琐碎的事情上。于是，悲剧就这么不可避免地发生了。

银行的威力源于它经营的商品——货币，而中央银行的威力则源于它控制着货币的源头。控制一个经济体最有效的途径，就是控制这个经济体的货币；而要控制一个经济体的货币，最重要的就是控制创造货币的银行体系，特别是中央银行。

巴黎公社的教训表明，没有掌握经济命脉的革命政权是何等脆弱和不堪一击。而现代社会中，银行，特别是以中央银行为核心的金融体系，对于一个政权和一个经济体来说是非常重要的。马克思和恩格斯早在 1848 年的《共产党宣言》中就已经明确指出，成为统治阶级的无产阶级，要“通过拥有国家资本和独享垄断权的国家银行，把信贷集中在国家手里”[4]。

在巴黎公社失败半个世纪后，正是列宁把马克思和恩格斯的主张变成了现实。列宁对银行体系的认识与实践都是非常到位的，他指出，银行是“现代经济生活的中心，是整个资本主义国民经济体系的神经中枢”[5]。“现代的银行同商业（粮食以及其他一切商业）和工业如此密不可分地结合在一起，以致不‘插手’到银行，就绝对不能做出任何重大的、任何‘革命民主’的事情来”。

正是因为苏联牢牢控制了银行系统，才使得它奇迹般地渡过了数不清的难关，竟然在短短 15 年的时间里，从一个落后的末流国家，变成了一个世界级的超级大国和共产世界的领袖。

从1905年日俄战争以俄国惨败告终开始，俄国在列强中就沦落成了可怜的乞丐。1917年第一次世界大战后期，俄国十月革命爆发，为建设苏维埃保存实力，苏俄退出第一次世界大战，并与德国签订了丧权辱国的《布列斯特和约》，割让了100万平方公里的土地，丧失了90%的煤炭、73%的铁矿石、54%的工业以及33%的铁路，并向德国赔款60亿马克。紧接着就是苏俄持续多年的内战，局势直到1923年才逐渐稳定下来。苏联成立之后，经济工作逐步进入正轨，在国家控制下的银行系统立刻对经济复苏和重工业崛起发挥了巨大威力。短短15年之后，苏联的工业生产总值就跃居世界第二，成为世界最强大的国家之一。1939年，当日军与苏军在诺门罕迎头相撞时，在7平方公里的战场上，在数百米宽的正面战场，苏军坦克洪流遮天蔽日，炮声隆隆，日本关东军精锐损失殆尽。在卫国战争时，强大的重工业生产能力保证了苏联向前方源源不断地供应军事装备，直到攻克柏林。

没有强大的金融力量，就不可能有强大的工业和国防。

一手抓枪杆子，一手抓钱袋子

革命离不开钱，没有钱，革命寸步难行。后来的中国共产党也在自己的成长过程中，亲身体会到钱对革命，特别是对独立自主的革命的极端重要性。

早期的中国共产党人，大多是青年，一般没有固定的职业和收入来源，而要在短时间内建立一个有全国影响力的政党，缺乏经费是万万不能的。在建党初期，主要经费来源仅仅是靠陈独秀、李大钊等少数知识分子教书和写文章挣来的稿费，以及其他一些人的捐献，这显然绝非长久之计。因此，经费问题成为建党初期的一个大问题，最后是依靠共产国际的援助，才完成了中国共产党建党的各项工作。

最初，陈独秀，一介书生，意气十足，坚持中共要独立自主，不能受制于人，不愿意接受共产国际的援助而听命于人。他多次拒绝共产国际提供经费的表示，以致“一大”以后，中共中央每月两三百元的经费都难以筹措。

1921 年 10 月，陈独秀在上海租界被捕，面临七八年的牢狱之灾。共产国际代表马林花了很多钱，费尽周折，打通了会审公堂的各个关节，并请了著名的法国律师出庭辩护，才顺利地将陈独秀营救出狱。回想连从监狱里自救的钱都拿不出，还怎么独立于人，陈独秀感慨地说：“现在的统治者们既这样无情地压迫我们，我们只有和共产国际建立更密切的关系，不必再有疑虑。”即便如此，陈独秀也不完全同意中共成为共产国际的附庸，他仅仅同意党的各部门可以以自己的名义向共产国际申请经费。这样，党的工作才得以迅速开展。

陈独秀之后，另一个想独立自主、大干一番的是李立三。

1930 年，蒋、冯、阎大战，李立三认为国民党的统治正在崩溃，中国革命必将发展为全世界最后的阶级决战，于是要求“苏联必须积极准备战争”。在这一暴动蓝图中，中国革命是世界革命的中心，苏联全力配合中国革命，共产国际只是执行这一计划的配角。

共产国际指导中国革命，出发点和归宿从来是以“世界革命的中心”苏联的利益为核心，它要在中国寻找到能够与苏联结盟的力量，以分散帝国主义压力，保护世界上第一个社会主义国家的安全。1920 年 4 月，维经斯基来华帮助建立中国共产党，共产国际和联共中央政治局给他指示的第一条，即“我们在远东的总政策是立足于日、美、中三国利益发生冲突，要采取一切手段来加剧这种冲突”；其次才是支持中国革命，即给中国国民党和中国共产党提供巨大帮助，推动北伐革命的有力发展。这同样也是出自苏联国家利益的需求。现在，突然间跳出个李立三，一口一个“暴动”，“指手画脚”地要求“苏联必须积极准备战争”，“从蒙古出来，援助中国，向敌人进攻”，要求苏联置自身安全于不顾，全力配合中国革命，真是令共产国际和苏共惊讶得目瞪口呆。

“国际以最快的速度和最根本的手段进行了干预：停发中共中央的活动经费。这是中共自建党以来所受到的最严厉制裁。被停发了经费的李立三，便只剩下台一途。”[6]

最后，深刻理解当时中国社会情况的毛泽东，找到独立自主解决财源的方法，才从根本上奠定了中国共产党独立自主的经济基础。

毛泽东的思路就是建立“红色割据”。1928年，他提出了“中国的红色政权为什么能够存在”的问题。他指出：“一国之内，在四围白色政权的包围中，有一小块或若干小块红色政权的区域长期地存在，这是世界各国从来没有的事。这种奇事的发生，有其独特的原因。而其存在和发展，亦必有相当的条件。它的发生不能在任何帝国主义的国家，也不能在任何帝国主义直接统治的殖民地，必然是在帝国主义间接统治的经济落后的半殖民地的中国。因为这种奇怪现象必定伴着另外一件奇怪现象，那就是白色政权之间的战争……因为有了白色政权间的长期的分裂和战争，便给出了一种条件，使一小块或若干小块的共产党领导的红色区域，能够在四围白色政权包围的中间发生和坚持下来。”[7]

后来，中国革命的实践正是沿着这一思路才获得了成功。

依靠红色根据地，共产党实行“打土豪，分田地”的政策，赢得了广大农民对红色政权的支持和拥护，农业生产蓬勃发展，为根据地的经济独立奠定了基础。

巴黎公社的教训和俄国苏维埃的成功经验，使毛泽东和其他根据地创始人清醒地认识到，革命要想成功，必须一手抓枪杆子，一手抓钱袋子。中华苏维埃共和国诞生伊始，新生的红色政权就决定创立自己独立的金融体系，创建苏维埃共和国自己的中央银行——中华苏维埃共和国国家银行。

国家银行最重要的工作有三项：第一，统一货币；第二，统一财政和税收；第三，支持苏区的生产与贸易。

没有统一的货币，就不可能建立可靠的财政税收；没有财政税收，苏区政权就不可能稳定，也不可能取得长期战争的胜利。同样，统一的货币将有力地促进生产与贸易，提高人民的生活水平，活跃苏区经济，增加政府的财政税收，巩固新生的苏区政权。

世界上最小的中央银行——中华苏维埃共和国国家银行

1931 年 11 月，在中华苏维埃第一次全国代表大会上，毛泽民受命筹建中华苏维埃共和国国家银行。以下是国家银行的 5 位创始人。

毛泽民，国家银行行长。出身农民，4 年私塾。工作经历：小学庶务（管理日常经费和伙食）、安源煤矿工人俱乐部经济股长、安源路矿工人消费合作社总经理、中共中央（上海）出版发行部经理、《汉口民国日报》总经理、闽粤赣军区经济部长。

曹菊如，国家银行会计科科长。出身店员家庭，小学文化。工作经历：在南洋当店员、闽西工农银行会计科科长。

赖永烈，国家银行业务科科长。工作经历：店员、红军战士、永定县农民银行创始人。

莫钧涛，国家银行总务科科长。出身店员，12 岁辍学做童工。工作经历：汉口铸造厂翻砂工、英资银行信件传递员、红军战士。

钱希均，国家银行会计。出身农民，上海平民女校学习。工作经历：中共中央出版部发行科科长、交通员。

这些人就是苏区千挑万选出来的跟银行"沾过边"的人，其中曹菊如和银行的来往，仅仅是替老板存款取款，而莫均涛在汉口的银行当过蓝领工人，甚至从来没有点过钱。如果这 5 份简历摆在罗斯柴尔德或摩根面前，告诉他们这些人能管理好中央银行，他们最好的反应也只能是嗤之以鼻。这 5 个人既没有"常春藤"大学的学历，也没有华尔街的工作经历，甚至连当时上海外滩银行的保安都不一定当得上。

如果说他们能办好农村合作社，有人或许相信。办中央银行，跟罗斯柴尔德或摩根平起平坐，那是天大的笑话！无论是人力、物力还是财力，和一般人想象的中央银行都相差十万八千里！

而当时摆在这 5 位面前的任务，是要建立一套独立的中央银行体系，这简直比登天还难！

想想摆在他们面前的难题有多少吧：

银行的启动资本如何获得？

货币以什么为本位？

纸币发行的准备金是多少？

如何建立货币信用？

如何在苏区统一货币？

银行的金库建在哪里，如何保密？

金库账目如何记录？

纸币如何发行？谁来设计图案？印刷纸张和油墨从哪里来？纸币如何防伪？

银元如何发行？是独立设计还是仿制？

如何开展贷款、汇票贴现等业务？

无穷无尽的问题铺天盖地而来，想想都发愁！

但正是这“五虎上将”，在瑞金城外6里处的叶坪村一幢普通的农家小屋里，几张桌子、几把算盘一摆，开始了国家银行从无到有的艰难创业，奠定了今天中国银行系统的基础！

建行之初，国家银行面临的最大问题是没有启动资金，其财政来源主要是战争中缴获的物资。每逢红军有重大作战行动，国家银行都会组织没收征集委员会，随部队到前方筹粮筹款。

国家银行叶坪村旧址

1932年，毛泽东指挥的漳州战役大捷后，毛泽民也随军来到漳州。他走街串铺，找商人们谈话，宣传红军的政策，希望商人们与红军保持经常的贸易联系，互通有无。同时，国家银行在漳州城颁布了有关没收和征集的布告，红军不没收商店，但可以接受商店老板捐款。这一政策受到漳州大小商户的拥护，纷纷捐款。这次出征，红军不仅得到大批军用物资，还筹得105万大洋，国家银行的资金有着落了！

为了将在漳州筹集来的部分资金储存起来，国家银行决定建立一个秘密金库。国家银行的工作人员在临近瑞金的石城县烂泥垄村找到了一个靠山的房子，紧靠房后的山坡上开有一个地窖，这个地窖空间不太大，但是十分干燥。而且在地窖前的这座房子，既可以掩护，又可以派人看守。国家银行将秘密金库选在了此处。

为了保密，存库那天没有使用国家银行的工作人员。要放入秘密金库的黄金（金条、金器、金饰等）由部队的战士提前用麻布包裹好，放在5个挑担里。另有20担的银元和银元宝也提前包裹好。还有3个担子的珠宝和2个担子的纸币（外币和国民党的法币）。这30担“宝贝”由一个排的战士轮流挑到离那间房子还有一里路的山下停住，然后放出警戒。到了晚上，再由另一个排的战士将这30个担子趁着夜色挑进房子内，再存到房后的地窖里。为了防火，这30个担子都用事前准备好的石板盖起来。当这些“宝贝”清点打包时，毛泽民都亲自过目。放置到地窖后，毛泽民也亲自视察。他们将30个担子的东西造好清册，一共两份，一份由毛泽民亲自保管。为了保密，清册上写的是黄酒若干，白酒若干。黄酒代表黄金，白酒代表白银。那些担子放好后，由战士们用石块将地窖口堵死，外面做好伪装。第二天，参与贮存的红军战士全部撤离，另换一批战士在地窖前的房内守卫。[8]

在保密工作中，毛泽民首先不让国家银行的人沾边，然后又组织了4批战士来运送，每一批人只掌握一部分信息。包裹金银的不知道储藏何处，负责运输的不知道终点在哪里，储藏包裹的不知道里面是什么，最后负责警卫的更是毫无线索。不仅如此，毛泽民在清册上还以黄酒白酒来掩饰，真可谓思虑周详。“后来的实践证明，这一决策十分高明。在后来红军被迫撤离中央苏区进行长征时，当初储备的这部分资金发挥了极大的作用。”[9]

在启动银行代理金库业务时，大家不知如何着手记账。一次，前线部队送来一批缴获的现洋，经手人员发现，现洋的包封纸竟然是国民党税务机关的四联单。仔细查阅后，毛泽民和曹菊如欣喜若狂，如获至宝。他们对四联单认真分析、研究，从中得到启发，对金库的制度和流程进行改进，终于制定出了银行金库管理方法。这样，金库资金的收款方、管理方（国家金库）、使用方和支配方都有了相应的记录，保证了财务制度的严谨，有效地杜绝了各级政府和军队中的贪污浪费。

从四联单得到启发，国家银行立刻发出通知，要求红军各级政治部、供给部，注意收集有关财政、银行、企业等管理知识方面的书籍，以及文件、账簿、单据、报表等实物，以做参考，哪怕是片纸只字，都不要轻易丢掉。

随着各种制度的建立和完善，国家银行逐步运转起来。

红色货币的诞生

接下来是筹备国家银行的特权业务，发行中央苏区统一的货币。

中央革命根据地处于经济落后的农村，尚无工业，只有分散的个体农业和少数的小手工业。频繁的战争，加上国民党日益强化的经济封锁，要保证财政收支平衡极其困难。根据地建立之初，各式各样的杂钞劣币充斥市场。劣币驱逐良币，使得银元甚少流通。

国家银行成立之前，根据地流通的货币有：江西工农银行的铜元券、闽西工农银行的银元，以及光洋和国民党的纸币，甚至还有清朝时期的铜板。人们购买物品，抓一把各式各样的票子出来，有时连账也算不清。不仅老百姓头疼，商家也是不胜其烦。

有些红军战士思想单纯，认为革命战士不用国民党的钞票，有时在战场上缴获了国民党现钞，就放火焚烧，甚至不知道这些钞票在国民党统治区可以买到许多苏区奇缺的物资，比如食盐、大米等。当时，国民党的法币、军阀和土豪劣绅发行的杂币，同时在苏区流通，无疑给国民党提供了破坏苏区金融市场的机会。

国家银行成立后，统一苏区的货币就成了头等大事。

要发行货币，第一个难题就是，找谁来设计和绘制纸币的图案呢？

有人推荐了黄亚光。他曾留学日本，不仅写得一手好字，还会画画。一番打听后喜忧参半，喜的是黄亚光确实有绘画才能，忧的是他在席卷闽西的“肃社党”的运动中，被定为社会民主党分子关进了监狱。毛泽民向毛泽东汇报，毛泽东考虑再三，决定冒着犯错误的风险刀下救人，亲自批准让黄亚光戴罪立功。

当时苏区正受到国民党严厉的经济封锁，工作条件很差，黄亚光连绘图用的笔和圆规都没有，加上自己又无设计货币的经验，可谓困难重重。毛泽民从上海秘密买来绘图笔、圆规、油墨和铜板等，黄亚光仅凭着对所用过的一些钞票的记忆，开始了货币图案的设计工作。

在设计货币图案过程中，毛泽东要求苏维埃政府货币的设计一定要体现工农政权的特征。因此黄亚光在设计货币时，都绘有镰刀、锤子、地图、五角星等图案，并把这些图案有机地组合起来，给人以既美观大方，又突出共产党领导下的根据地货币的特点。他原想在纸币上绘制毛泽东头像，被毛泽东拒绝，后来改为列宁头像。黄亚光临摹红色书刊上的列宁头像，代表苏区人民在马克思列宁思想指导下改天换地的新气象。

纸币的发行，还要解决纸张和油墨的问题。由于国民党对苏区的封锁，印制原料稀缺。在去上海、香港影制钞版、购置印制材料未果之后，国家银行只能暂时一边用白布印刷，一边自己动手造纸。没有造纸原料，大家捡些烂麻袋、破棉絮，上山砍毛竹、剥树皮，收

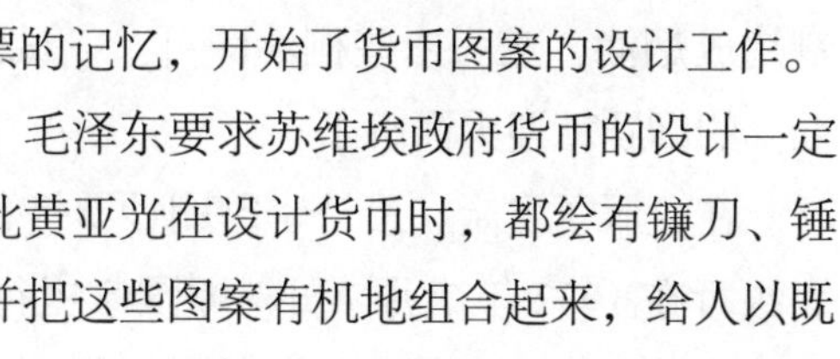

苏区一元纸币（左下角是毛泽民的俄文签名）

苏区银元

集鞋底、绳头。于是，人们常常在村头街口看到这支国家银行的“捡破烂”队伍。捡回来的东西全部砸碎后，在石灰池中浸泡，然后捣成纸浆用于造纸。

后来听老乡说，用附近山上的一种老树皮造出来的茶叶包装纸，既耐磨又坚韧，国家银行的人马立刻上山采集。最初造出来的纸不甚理想，韧性不好，又厚又黄，后来加入胶水和细棉花来增加韧性和洁白度，才终于造出了适合印刷钞票的纸。

从白区购买油墨也是历尽艰辛。从赣州购买的油墨在回来的路上被国民党没收。一位钱庄老板建议用传统的松烟法造墨，把松树的松膏烧成烟油，然后掺些桐油即可。一试之下，果然效果不错，这样，油墨的问题就迎刃而解了。

在克服了资金、设计、印刷钞票等种种问题后，苏维埃共和国国家银行在 1932 年 7 月 7 日，即国家银行成立仅 5 个月后，印制出第一批苏区纸币。货币是以银元为本位，纸币为银币券，一元银币券兑换一银元，银币券为国币。有了统一的货币，国家银行会同苏区财政部门宣布，一切交易和纳税均按国币计算，国民党的纸币禁止流通，原苏区银行发行的货币按比例限期收回，不再使用。

国家银行除了发行纸币外，还发行了银币和铜币。当时国家银行中央造币厂还铸造了可在中央革命根据地内外流通的“袁大头”“孙小头”及墨西哥“鹰洋”等 3 种银币。国家银行货币的发行与流通，逐步回收了各种杂币，使中央苏区的货币实现了统一。

为了控制纸币的发行量，苏维埃共和国国家银行《暂行章程》第十条规定：“发行纸币，至少须有十分之三之现金，或贵重金属，或外国货币为现金准备，其余应以易于变售之货物或短期汇票，或他种证券为保证准备。”[10] 这样既保证了货币有足够的现金作为抵押，又能充分实现货币的有效扩张。

国家银行发行第一套纸币时，由于条件限制，在制造技术与防伪技术上都是空白，为了能够做到最大限度的防伪，毛泽民采用在纸币上加签他同财政部部长邓子恢的俄文签名的办法。但这个方法非常容易被模仿。随着货币的流通，国民党与军阀开始进行各种破坏活动，输入了大量的假币，对苏区金融秩序进行破坏。

苏区“袁大头”

为了解决防伪问题，毛泽民苦思冥想，始终找不到解决的好办法。一天晚上，他闻到妻子织毛衣时，用火烧毛线头所发出的臭味，于是突发奇想，在造纸时将一定量的毛线放到纸张中，这样既可以透视纸币鉴别，又可以撕开或火烧纸币，通过嗅一种羊毛的臭味，来辨别出真正的苏区货币，这样就解决了防伪问题，保证了苏区货币的正常流通。

到 1932 年年底，苏维埃共和国国家银行印制、发行银币券 65 万元，而准备金达到 39 万元，准备金占发行总额的 60%，是章程所规定比率的 2 倍。

纸币在苏区顺利流通，一举肃清了昔日货币市场的混乱。

就这样，国家银行的创建者经过了无数的风风雨雨，凭着坚定的信念和顽强的意志，充分发挥了聪明才智，牢牢地抓住了钱袋子。

人民的货币，为人民服务

中国 60% 的土地海拔高度在 2 000 米以上，不适合农作物耕种，同时，大部分土地的降雨量稀少。更糟糕的是，不规律的季风所造成的洪水常常造成农作物的严重歉收，从而导致大规模的饥荒。

如果同美国做比较，1945 年的美国，650 万农户养活 1.4 亿人口，可耕种面积高达 3.65 亿英亩[①]。而中国当时 6 500 万农户养活着 4 亿人

① 1 英亩 ≈0.004 平方公里。——编者注

口，可耕种面积折合仅为2.17亿英亩。

这样的土地压力和越来越重的税赋，使得旧中国的农民在正常的年份都难以保持温饱水平。农民不得不充分利用一切可以利用的资源来维持日益枯竭的土地。他们拾捡每一片落叶，每一棵枯草，每一根遗落的麦穗，来充当燃料。动物和人类的粪便被小心地收集起来，以恢复土地的肥力。

在中国，农业的目标与美国、澳大利亚、新西兰等新殖民国家存在着根本的不同。在这些国家，普遍存在的是土地过剩、劳动力紧缺，而中国的情况则正好相反。因此，中国农业所追求的目标，是单位土地的最大产出量，而美国追求的是单位人口的最大产出量。中国农民可以在狭小的土地上以密集的劳动力不厌其烦地精耕细作，美国农民则将农业机械化和化学肥料等节省劳动力的措施放在首位，这些投入被庞大的人均占有农田均摊之后，成本变得相对便宜。但是，在中国人均土地稀少的情况下，这种投入就变得无法承受。

旧中国农业劳动力的大量过剩和土地产出最大化导向的农业经济，必然产生大规模的贫困和半就业状态。在非农忙时期，农业人口不得不从事各种手工业来贴补微薄的农业收入。从旧中国的农业经济系统来看，可以说是处在一个相当脆弱的平衡状态，其抗天灾人祸的财富缓冲层薄如蝉翼，农村手工业收入成为这个弱平衡高危险经济系统的关键减压阀。

此时，西方的经济势力以雷霆万钧的势头压了上来。

工业革命时代，大规模廉价机器所制造的各类商品如潮水般涌进中国，本土手工纺织产品、木材制品、陶瓷产品、服装鞋帽等越来越难以与西方产品在本土市场相抗衡。在丧失了手工业收入之后，农村经济系统濒于崩溃。中国本来可以采用高关税的手段，减缓西方经济力量的破坏性冲击，但西方列强绝对不会允许落后国家采用自我保护政策，必要的时候，它们将毫不犹豫地采用武力。中国被迫接受5%的超低关税，并被西方列强把持了海关事务和金融体系。

1900—1940年，中国农村的经济情况进一步恶化，10%的富人

中华苏维埃共和国临时中央政府旧址

拥有了53%的可耕种土地，土地出现高度垄断。绝大多数农民沦为佃农，每年不得不缴纳1/3~1/2的农产品作为租金，因此造成的收入不足又迫使超过半数的农民不得不以借贷维持生存。当时，中国农作物借贷的年息为85%，货币借贷的年息高达20%~50%！[11]

在这种土地高度垄断、租金极度盘剥、利息高度压榨的情况下，农业经济系统已遭到彻底颠覆，农民丧失了任何苟且生存的希望，革命已经成为必然。

哪里有压迫，哪里就有反抗！奇怪的不是为什么会在中国农村爆发革命，而是为什么这么晚才爆发革命！

毛泽东环视整个中国农村经济版图，发现许多地方的农村经济已处在崩溃的边缘，他看到那是一片“星星之火可以燎原”的革命沃土，具有建立“工农武装割据”的潜力，特别是“在1926—1927年资产阶级民主革命过程中，工农兵士群众曾经大大地起来过的地方，例如湖南、广东、湖北、江西等省。这些省份的许多地方，曾经有过很广大的工会和农民协会组织，有过工农阶级对地主豪绅阶级和资产阶级的许多经济的、政治的斗争”。他提出的红色割据的设想，绝非理论空想，而是基于生活实践，并在农村经济系统最为薄弱的湖南、江西开始了他的苏区实践。

根据地首先进行了“打土豪，分田地”的土地改革运动，地权由集中变成大体平均。原来80%~90%的土地掌握在地主手中，现在，地主除了按人口分得一份田产外，其余的土地都分到了直接从事生产的农民手中。

同时，政府还积极进行废债运动，废除加在农民身上的各种债务。首先是高利贷剥削制度，“工人农民该欠田东债务，一律废止，不要归还”。另外，取消当铺也是废债运动的重要一环。过去，当铺主要以收取农民衣物为抵押来发放利息极高的贷款，而放款金额在抵押品价值的一半以下，农民遭受的剥削非常严重。苏区政府没收了当铺，典当对象不需要农民赎回，尽可能无代价归还农民。

在保证农民有田可种的同时，还免收农业税，让农民充分享受劳动成果。这些措施，推动和保证了土地革命的顺利发展，农民搞农业生产的积极性高涨，对政府也十分拥护。农民听不懂高深的马列主义，但是他们非常明白苏区政府给他们带来了巨大的现实利益。任何一个政府，必须给人民带来切实的利益，才有可能稳定地执政。

另一方面，当时农村的经济局面非常混乱。一是现金外流，农村市场十分缺乏交易筹码。现金的主要持有者富商、豪绅和地主，因为害怕革命而纷纷携带现金外逃，造成市场现金筹码奇缺，大小额交易均难以进行。有些地主怕露富把现金藏起来，不借给农民。这样，农民就无法出售生产的农副产品以换取现金，又借不到钱，有时连日常用品也无现金购买，生产和生活困难重重。二是手工业和商业资金匮乏，使再生产和购销活动难以正常进行。许多大的工商业者抽逃资金，造成家庭手工业停产，工人和商铺店员失业。三是金融市场严重混乱，流通的钱币不下十余种。金属币有各种银元、铜钱，纸币有国民党银行、外国银行和华商银行发行的各种纸币，还有各地商号、铺户发行的市票，以及军阀、土豪们发行的杂币。其中金属币在流通中往往会被减低成色、降低重量，纸币名目繁多，价值不一，钱币间比价行情多变，常常出现纸币贬值形同废纸的现象。再加上奸商在各种钱币兑换时从中渔利，农民往往上当吃亏，劳动所得几经折价剥削后，所剩无几。[12]

农民极度渴望拥有自己的银行和公平的货币！

苏区的国家银行，通过发行统一的货币，彻底改变了钱币混乱的局面，使农民免受钱币兑换商的盘剥，又为农村市场贸易提供了充足的交易筹码，极大地促进了经济的发展。

国家银行为恢复和发展工农业生产，对农民和手工业者提供了有力支持，主要解决各项生产和经营方面的资金需要，发放低息或无息的贷款，如种子贷款、耕牛贷款、肥料贷款等。农民拿到贷款购买肥料和农具，在自己的土地上精耕细作，农业产出得到大幅提高。

为了防止粮食价格波动对农民生产积极性的影响，国家银行配合粮食调剂局积极调控粮食价格。“为了稳定市场，防止粮食价格大涨大落，国家银行还向粮食调剂局发放贷款。秋收时，以合理的价格买进；农民缺粮时，再以合理的价格卖出，既保护了农村经济的发展，也保证了农民群众的利益。”[13]

这些金融方面的措施，解决了农民在土地、债务和粮食销售方面的困难，让农业生产在短时间内得到了恢复，农民的生活得到了极大的改善。

农民谢仁地，全家6口人，革命前没有一点儿田地，只有极少数的农具。谢仁地借了地主100担谷田种，由于剥削重，一年只能得到10担谷，全家不够吃，每年都得向地主借粮，割了禾，交了租，还了债，又没有米下锅了，又要向地主借……革命后，他分到了地主的谷子、衣服，还有犁耙等农具，分田时，全家分得了57担谷田，7丈8尺的菜园地。分田后第一年，他收了72担谷，还有番薯、豆子等，除了口粮40担，交土地税3担外，还余下29担谷子。菜园种的菜，除了自己吃的，还可以出卖，生活有了根本好转。当时，布价虽然很贵，但他每年都要买两匹，另外还要添置一些农具。[14]

在苏区的后期，由于军费和政府的开支提高，“农民的负担（包括农业税、公债和借谷等）虽然不断增加，但在生产发展的基础上，农民的生活仍有了很大改善。1933 年，农民的生活较国民党时代至少改良了一倍。大多数农民过去有许多时候吃不饱饭，困难的时候有些竟然要吃树皮，吃糠麸，现在不但一般没有饥饿的事，而且生活一年比一年丰足了。过去大多数农民衣服穿得很烂，现在一般改良，有些好了一倍，有些竟好了两倍”[15]。

政权的建立和稳固，革命战争的胜利，都离不开根据地。毛泽东曾幽默地比喻说：“革命要有根据地，好像人要有屁股。人假若没有屁股，便不能坐下来。要是老走着、老站着，定然不会持久。腿走酸了、站软了，就会倒下去。革命有了根据地，才能够有地方休整，恢复气力，补充力量，再继续战斗，扩大发展，走向最后胜利。”

而根据地能存在，离不开根据地经济的发展，离不开根据地农民和工人的支持，同时，也离不开货币金融的保障。

正如毛泽东所说：“只有苏维埃用尽它的一切努力解决群众的问题，切切实实改良了群众的生活，取得群众对于苏维埃的信仰，才能动员广大群众加入红军，帮助战争。”[16]“要得到群众的拥护吗？要群众拿出他们的全力放到战线上去吗？那么，就得和群众在一起，就得去发动群众的积极性，就得关心群众的痛痒，就得真心实意地为群众谋利益，解决群众的生产和生活的问题，盐的问题，米的问题，房子的问题，衣的问题，生小孩子的问题，解决群众的一切问题。”[17]

正是有了这样的思想为指导，苏区金融制度的建立，处处为农民着想，从解决农村经济的实际出发，国家银行的措施极大地方便了农民的生活，树立了苏区货币的信用，政府更得到了广大农民的衷心拥护和爱戴。正是因为得了民心，在为了反“围剿”而大规模扩充红军时，苏区到处可以看到父母送子、妻送郎、兄弟争相当红军的动人场面。

贸易“特区”和苏区“央企”

一艘载满布匹的民船溯江而上，驶近赣州下游一处时，船长让船在西岸停了下来等候向导。突然，东岸响起“嗒嗒嗒”的机枪声。“快将船驶向东岸！”船长吩咐道。船工们拔起竹篙刚将船驶近东岸尚未停稳，岸上等候多时的苏区江口贸易分局的工作人员便跳上船来。船长与他们打过招呼，便急忙高声叫着：“红军打劫了”，弃船“逃”回赣州。回去后，船长对布庄老板说：“不好了，一船布被红军给‘抢’走了！”老板不仅不着急，反而赞扬船长干得好。过不了几天，这船布匹的货款便一文不少地送到了布庄。老板一算，整整赚了几千银元。而船长呢，还格外得到贸易局付给的数百块银元的酬谢费。

这种奇特的场面，在当年苏区和国统区毗邻的区域屡见不鲜。实际上，这是苏区与国统区之间的一种特殊贸易方式。

国民党对中央苏区的第三次“围剿”失败后，加紧对中央苏区进行经济封锁，断绝了苏区和国统区之间的贸易。苏区的农副产品和土特产品卖不出去，价格一跌再跌，急需的食盐、布匹、煤油、西药等也运不进来。一时间，苏区一些物品的价格高涨，人心惶惶，直接影响了群众和红军的生活，影响了人民对政府的信心。

政府认识到这是关系到中央苏区生死存亡的大问题，专门成立了中央国民经济部，下设对外贸易总局，负责发展对外贸易。同时出台了一系列符合实际情况的灵活政策：奖励私人商业经营各种苏区必需的商品；对某些日用品和军需品实行减税；国营商业尽量利用私人资本与合作社资本，同它们实行多方面的合作；鼓励国统区的商人到苏区来做生意；从苏区秘密派人到国统区开设商店和采购站等。

“打破敌人的经济封锁，发展苏区的对外贸易，以苏区多余的生产品（谷米、钨砂、木材、烟、纸等）与白区的工业品（食盐、布匹、洋油等）实行交换，是发展国民经济的枢纽。”[18] 在毛泽东的贸易大方针之下，毛泽民也积极参与进来。他认为，苏区的输出物资价格便宜，利润丰厚，国统区商人不会放过这个机会。不仅如此，他还同时利用军阀的贪婪和内部矛盾，和国统区商人进行地下交易。为了支持对外贸易，国家银行从 300 万元经济建设公债中，拨出 100 万元作为外贸资金。

1931年冬季的一天，瑞金县城的老百姓围着政府贴出的一张告示议论纷纷："苏区地域，遍布宝藏。一旦开掘，国富民强。军民报矿，一概有奖。中华苏维埃共和国国家银行行长毛泽民。"

有人说："瑞金县的县名，取自'合生瑞气，挖地得金'，地下宝藏肯定不少。"另一人接过话："举报有奖，谁不想得，快点儿去找吧！"

几天过后，毛泽民收到红军送来的一封信和一块乌黑发亮的石头。信里说有个叫"铁山垅"的地方产钨矿，在红军之前，有广东商人在那里开矿，国外洋人说有多少要多少。毛泽民立即做了调查，一担钨砂能卖8块大洋，而一担稻谷才2块，这简直就是苏区的聚宝盆！毛泽民喜出望外，这下国家银行要成财主了！

赣南号称"钨都"，有大小钨矿上百个。钨钢是制造枪械的关键材料，在国际上很抢手。第一次世界大战时，各个参战国争相扩充军备，钨矿成了重要的战略物资，洋人和地方军阀垄断钨矿的收购，不计其数的钨砂被源源不断地倾销到海外。

红军如果掌握了钨矿这样的战略物资，就有了和国统区讨价还价的本钱，将会在苏区的封锁线上撕开一个裂口，给苏区带来巨大收入。

1932年春，苏区成立了中华钨矿公司，领导与组织苏区的钨矿生产。毛泽民兼任钨矿总经理。中华钨矿公司是苏区组建的第一家"国营企业"，支撑着整个苏区的财政运转。

当时，国民党许多军政要员都有自己的买卖。毛泽民便派人和赣州城内他们经营的贸易百货商场取得了联系。广东军阀陈济棠，既炒黄金，又收钨砂。他听说有新的发财之路，喜出望外，立刻派亲信与苏区代表进行秘密谈判。临行前，陈济棠郑重嘱咐："忍辱负重，只许成功。"

毛泽民也来到赣州城，亲自部署钨砂出口事宜。利用粤军急于发财的想法，经过几轮讨价还价，硬是将钨砂价格从最初的每担8块大洋抬高了将近6倍，谈到52块大洋！很快，双方达成了钨砂交易秘密协定：苏区进口货物由驻防在赣州的军阀部队护送，从广东运入苏区，再从苏区把钨砂运回。双方各得其便。

陈济棠在赣州做上钨砂生意后，其他粤军军官便急红了眼，蒋委员长的训令早被抛在脑后，纷纷同苏区做起买卖来，用食盐和布匹交换苏区的钨砂和农副产品。中华钨矿公司生产的钨砂，被贴上印有"国防物资"的大封条，大摇大摆地由民团护送出境，换回了根据地急需的食盐、布匹、西药、军火等，还有白花花的银元。

就这样，中华钨矿公司在很短的时间内，销售量大增。1932—1934年，中华钨矿公司共生产钨砂4 193吨，财政收入400多万元，成为当时苏区最重要的经济来源，成了名副其实的"第一央企"。钨矿收入对粉碎蒋介石的经济封锁和四次"围剿"，充实国家银行家底，起了巨大作用。

苏区政府除了充分利用战略物资打开贸易渠道外，还在苏区边界、交通运输比较方便的地方建立起苏区的"经济特区"，税收减半，动员和吸引国统区商贩与苏区进行贸易。通过发动和依靠苏区群众，建立坚强可靠的商品采购队伍；通过建立与赣州大商号的秘密贸易关系，冲破了国民党的层层经济封锁。

为了充分调动个体商户搞贸易的积极性，苏维埃政府同样给予保护和鼓励，规定："保证商业自由，不应干涉经常的商品市场关系"，"肩挑小贩及农民直接卖出其剩余生产者，一律免收商业税。商业资本200元以下的一律免税"。因此，中央苏区的一些小商小贩不仅在苏区的城镇摆摊设点，而且经常潜入国统区采购紧缺物资。

同时，共产党和国民党围绕货币与食盐也展开斗法。

国民党对苏区发行的银币非常恼火，于是派遣铸币专家，潜入中央苏区，指挥当地土匪采用红铜镀银的办法铸造劣质假银币。一时间，市场上假币伪钞泛滥成灾，商人们拒绝接受苏区铸造的银币。苏区政府立刻做出反应，组建假币侦破组，重拳出击，彻底端掉了国民党安插在苏区心脏的假币制造窝点。

赣州商人发现苏区政府支付的银元，都是苏区土造，质量不高，在国统区难以流通，所以他们只接受墨西哥的“鹰洋”。国家银行偏偏又生产不出“鹰洋”。毛泽民通过开明商人，从上海购进了一台“鹰洋”铸币机和一批钢模用材，中央造币厂放弃铸造只能在苏区境内流通的一元银币，重点改铸国统区通行的“鹰洋”，于是，对外贸易又开始节节攀升，打破了国民党的经济封锁。

俗话说：“百姓开门七件事，柴米油盐酱醋茶。”其中食盐更是不可或缺的商品，因此被蒋介石用来作为对付共产党的“大规模杀伤武器”。国民党政府在江西南昌设立了食盐火油管理局，对苏区周边各县下设食盐火油公卖委员会，推行所谓的“计口售盐”的办法，对超量购买食盐或知情不报者以“资匪通敌”治罪。

国民党的这一招非常厉害，因为苏区不产盐，而每月食盐需求量至少也要15万斤以上，一时之间，苏区食盐供应空前紧张，盐价暴涨。

为了应对这一困局，苏区政府派遣一批人化装成乞丐到白区要饭，买了盐装在讨米袋里带回来。苏区政府还发动老百姓把粪桶做成双层，利用到国统区挑粪的机会，将盐放在底层挑回来，甚至把棺材改做双层，上层放一些臭猪肠，下层放盐，让一些人装作送葬，过关时，国民党士兵远远闻着臭味，就让运盐的“送葬队伍”通过了。

中央苏区实行对外贸易与发展个体商业并举，使苏区商业出现繁荣景象，对于打破封锁和促进苏区经济建设起到了重要作用。斯诺在《西行漫记》中惊叹道：“1933年，中央苏区对外出口贸易，超过1 200万元，他们闯破国民党的封锁，大获其利。”

国家银行在实践中认识到，苏区政府和国家银行的信用，靠的是物资的供给丰富程度和物价水平，只有保证了物资供应，苏区货币才能得到老百姓的信任和拥护。

钱袋子支持枪杆子

苏区建立初期，经济尚未恢复和发展，红军筹款是军费和财政收入的主要来源。前三次反“围剿”的军费，靠的是军队自己打土豪筹款和截获国民党物资。第三次反“围剿”后，中央苏区政府受“左”倾思想影响，贸然取消红军筹款的任务，断绝了国家银行和政府的主要财源。推行错误冒进的军事路线，采取“阵地战”和“正规战”的战略，并且盲目扩大红军规模。红军军费变成由苏区政府的财政负责提供。

苏区革命战争公债券

为了支持枪杆子，苏区政府制定出“保证革命战争的给养，保证苏维埃一切革命费用的支出”的政策[19]，采取了统一财政、提高储蓄、增加税收，发行公债等措施解决军费和政府开支。

苏区建立初期，各级苏维埃政府各自为政，毫无财政政策可言，乱收乱用，随意浪费，更无计划和预算。财政来源就是打土豪。税收由于经验不足，有些地方不分阶级乱收税，有的政府随收随用不上交。各级政府支出极为不平衡，收入少的苦到没有煤油点灯，收入多的每月可达数千元。

为统一财政，克服各自为政和贪污浪费的现象，中央政府规定，各级政府的一切收入随时送交中央财政部，费用必须按照批准的预算领取，必须向上级机关报送决算表。毛泽东提出“贪污和浪费是极大的犯罪”，以警告政府工作人员。同时，针对会计制度中各级政府收钱、管钱和用钱不分，不能相互制约的现象，作为政府金库代理的国家银行，制定了四联统一的资金管理制度，保证了收款方、管理方（国家金库）、使用方和支配方都有了严密的记录，从制度上杜绝贪污浪费。

统一财政后，中央能有效地、有计划地节省不必要的开支，以便集中财力来支持战争。

苏区农村经济的极大发展，为政府向农民开征土地税和商业税创造了有利条件。税率按阶级分为中农贫农和富农两种，还有减免税的系列规定。税务机关对土地税进行征收时，使用统一的税收收据和免税证。当时，很多农民把苏区税务机关的征税和免税凭证当作拥有土地的凭据。

1933 年 3 月，中央苏区还建立了统一的关税制度。15 个苏区县先后建立近 30 个关税处，由此，苏区有了独立自主的红色“海关”。

这些税收，成为政府收入的重要组成部分。同时，国家银行还倡导储蓄运动，“通知党、政、军各机关和国营企业，必须在银行开设往来存款账户，借款按透支手续办理”。“储蓄运动可以鼓励广大工农群众在日常生活中从事节省，大家将节省下来的零钱存入银行，聚少成多，化零为整。而银行普遍地集中与灵活地运用这些社会余资，投放到各种合作社，尤其是信用合作社，以及工农群众个人所经营的生产事业上，大力发展苏区生产，扩大对外贸易，使盐贵、布贵及现金减少的问题从速得到解决。”[20]

发行公债是政府筹集资金的另一个手段，它既可以避免过多发行货币，又给老百姓提供投资机会。苏区政府共发行了三期公债，第一第二期都是战争公债，金额分别是 60 万元和 120 万元，第三期是经济建设公债，金额是 300 万元。第一期公债的购买人可以拿债券缴纳土地税和商业税，结果债券很快又回到了政府手中，实际上造成了财政损失。后来政府意识到不能让债券在赎回期前又回到政府手中，便从此禁止了债券直接交税的做法。

苏区公债的发行，没有像上海滩那样把公债全部销给银行，由银行去做证券投机买卖，而是发动广大群众，走直销的路子。公债的发行，充实了苏区的财政收入，支持了反“围剿”的战争。

这些措施，有效地募集了红军军费，又不会给老百姓带来特别重的负担。

而这一切，都是基于统一的货币！

如果没有统一的货币，收入国库的是形形色色的各种杂币，将给管理和支出带来极大的麻烦，各种钱币之间的换算，以哪种货币拨款，每天数钱、记账恐怕都忙不过来。发行公债用哪种货币购买，又用哪种货币付息和赎回？简直就是噩梦！而正是货币的统一，为这些政策措施提供了统一的载体。

在苏区的后期，国家银行在“左”倾路线影响下，违背了“国家银行发行纸币基本上应该根据国民经济发展的需要，单纯财政的需要只能放在次要的地位”的重要原则[21]，超量发行货币达800万元。

由于红军在“左”倾主义的军事领导下，战争不断失利，根据地不断缩小，而货币发行量却不断扩大，造成严重的通货膨胀，纸币的信用大跌，严重损害了苏区人民对革命政府的信任。

“扁担中央银行”和13天的“红军票”

1934年10月，由于第五次反“围剿”失利，中央红军被迫撤出根据地，国家银行的14个人，连同警卫队伍和近200名运输员挑着装有黄金珠宝、银元和苏区钞票的160多担中央银行资产上路了。

1935年1月，中央红军进驻遵义。遵义是黔北的商业重镇，为各种土产的集散地，是红军长征以来所经过的第一座繁华的中等城市。

长途跋涉三个月的红军指战员，得到了休养生息的好机会，利用遵义这个物资供应丰富的地方补充给养，购买生活、医疗等用品，为以后的行军打仗做准备。红军随身携带的大多是国家银行在中央苏区发行的苏维埃纸币，而饱受战乱和纸币贬值之苦的遵义老百姓并不接受红军手中的苏区纸币。经过苏区几年历练的毛泽民明白，要让“红军票”取得人民的信任，必须具备两个条件：第一是“红军票”必须能买到物资和商品；第二是纸币背后必须有相应的物资准备。

为了让“红军票”在遵义流通起来，毛泽民动员遵义商贩积极开门营业，为红军提供尽可能丰富的商品。同时，他要为“红军票”建立信用。这时，毛泽民手里握有两张王牌：一个是食盐，一个是香烟。

当年，贵州军阀、官僚、豪绅多聚集在遵义，这些人开办了很多

国家银行遵义旧址

布店、盐行、烟馆、钱庄。军阀、地主、官僚、奸商相互勾结，操纵市场，囤积了价值几十万元的食盐和大量烟土，在市场上高价出售，许多老百姓因买不起盐而患上了“大脖子病”。红军进驻遵义后，没收了这些物资。

于是，毛泽民把从军阀和土豪那里缴获的食盐，平价销售。但是要买这些平价的食盐，必须要用“红军票”。

遵义的群众和商家开始乐于出售自己的物品，并接受“红军票”，再用“红军票”去购买珍贵而价廉的食盐。为了方便群众向红军随时兑换“红军票”，国家银行在遵义商业中心和部队驻地设立了25个兑换点。

“红军票”的信用盛极一时，市面也空前繁荣。后来因无法在遵义建立根据地，红军决定撤离。为保证遵义老百姓的利益在红军离开后不受损失，国家银行在遵义广贴告示，设立兑换处，用食盐、米、布匹等物资和光洋换回民众手中的“红军票”。在红军主动撤离遵义城的前一天晚上，他们连夜整理完毕兑换回笼的“红军票”。

国家银行在遵义发行和回笼“红军票”的做法，既活跃了市场，保障了红军的供给，又维护了苏维埃纸币的信誉，维护了民众的利益，更让民众了解到红军是维护大众利益的好军队，因而在当地留下了很好的印象。当地人都说：“红军好，不坑人，‘红军票’值钱。”

就这样，仅有14人的国家银行，在短短的10余天，在人口几十万的遵义，指挥完成了“红军票”的发行、流通、兑换和回笼，这不能不说是一个奇迹。他们不仅通过“红军票”的高效流通，为红军指战员补充了丰富的物资，而且在撤离时为群众着想，组织了货币回笼，充分显示了苏维埃政府和国家银行的信用，在百姓心目中树立了共产党和红军的良好形象。

红色货币的传说

1921年，中国共产党是一个仅有57名党员的微型政党，它既没有钱，也没有枪。然而，28年之后，它却领导着百万大军横扫天下，一举夺取了全国政权！新中国成立伊始，它又在百废待兴之际，在朝鲜战胜了16国联军。1840年以来，中国还从未有过如此完全独立自主的时刻。彭德怀的一句话，当可代表所有中国人的心声："帝国主义在东方架起几门大炮就可以征服一个国家、一个民族的历史一去不复返了！"

中国共产党政治、军事和金融领域的全面胜利，都是源于同样的思想与智慧体系，支撑这一体系的三大支柱就是：为人民服务、独立自主和实践导向。

货币发行权是人类社会最重要的权力之一，如何行使这一权力正是对货币发行者的重要考验。为人民的利益来发行货币，与为少数人的利益发行货币，具有本质区别。所谓"得民心者得天下"，人民是聪明的，人民是智慧的，人民的眼睛是雪亮的，货币发行者的利益取向其实是一目了然的。苏区的货币发行，包括在遵义"红军票"的发行，是维护人民的根本利益，这与红色政权能够生存和发展的道理完全一致。人民的货币只有为人民的利益服务，才能获得人民的支持和信赖，才能拥有最强大、最持久、最牢不可破的货币信用！

苏区货币走的是一条完全独立自主的道路，在军事"围剿"和经济封锁的状态下，经历着正常货币体系无法承受的巨大压力。红色中央银行的创建者们在没有外部援助、没有外部顾问、没有外部参照系的条件下，从零起步，完全自主，独立运作，自成体系。这与中国共产党"红色割据"的实践也是一脉相承的。无论是斯大林，还是蒋介石，没有人从一开始就相信"农村包围城市"的思路能够成功。在世界范围内，这是一种前所未有的重大创新。对于创造这一全新模式的苏区政府而言，来自党内的嘲笑、怀疑、指责、打压，以及来自外部的敌视、破坏、封锁、"围剿"，每时每刻都构成有形无形的压力。独立自主的精神绝不是温室和顺境中培植出的鲜花，而更像是高寒和严酷下倔犟成活的野草。苏区的红色货币在极其简陋的条件下一点儿一点儿地成长，每一步都在创造，每一个成就都源于实践。

“从实践中来，到实践中去。”这句貌似非常普通的老生常谈，却是经历了千百次成功与失败的锤炼而升华出来的真理。红色货币的创建者，既没有丰富的货币经验，也不懂深奥的理论学术，但是他们具备着超越常人的实践的勇气和智慧！他们不唯书，不唯洋，不唯上，一切措施以解决实际问题为导向。在解决问题的过程中，时时处处显现出天才的敏锐和令人拍案叫绝的技巧。实践创造经验，实践升华思想，实践引导理论！

1932—1934 年，中央苏区的红色中央银行，虽然只存在了短短三年，但是，它将中国共产党独特的金融思想和智慧，发挥到了极致。国家银行在苏区的三年，是苏区人民第一次拥有自己的银行，掌握自己的金融权益的三年，也是中国共产党人第一次建立独立的金融系统的三年。

读了历史，中国共产党人明白了巴黎公社因为没有接管法兰西银行而血洒拉雪茨公墓；看到苏联的实践，他们了解了掌握银行才能巩固政权。轮到自己干时，才真真切切地体会到没有钱将寸步难行，没有钱就不得不顺从给钱的“老大哥”的意志！

毛泽东找到了在农村这一革命的热土上建立独立政权的道路，也开始了开辟金融独立道路的历程。一手抓枪杆子，一手抓钱袋子，就这样，苏区在蒋介石的“围剿”中和苏联怀疑的眼光中挺过了 7 年！

红色中央银行的创建者，为了红色货币历尽千辛万苦。他们没有多高的文化，没有多少经验，甚至没有启动资金，但是他们相信，只要为老百姓服务，从实践中来，到实践中去，任何困难都能克服！

国家银行发行货币的目的和国民党与西方列强的银行截然不同。国家银行发行货币是为了便利民生，满足经济发展的需要，不是掠夺搜刮人民的“剪羊毛”手段，不是与民争利的国民党“金圆券”，更不是如今贴上“量化宽松”的标签就可以赖账的美元！

国家银行的工作人员为发行货币预备了充足的银元准备金，通过实践，他们意识到，光有黄金白银做抵押，没有相应的物资做准备，货币依然只是一张纸。老百姓过日子需要的是柴米油盐，不是黄金白银。能购买物资商品的纸币，在群众眼里才有信誉，发行它的政府才有威信！货币的信用是立国之本和维系红色政权的关键。

明白了货币信用的根本道理，中国共产党人在抗日战争与解放战争中屡试不爽，越用越成熟，最终奠定了独立的人民币体系和强大的金融高边疆。

注 释

[1]〔美〕斯诺，《西行漫记》，董乐山译，解放军文艺出版社，2002 年，第 282 页。

[2] 宋鸿兵，《货币战争 2：金权天下》，中华工商联合出版社，2009 年，第 3 章。

[3] 同上书，第 1 章。

[4]《共产党宣言》，人民出版社，1972 年，第 272 页。

[5]《列宁全集》第 2 版第 32 卷，第 189 页。

[6] 金一南，《苦难辉煌》，华艺出版社，2009 年。

[7]《毛泽东选集》第一卷，第 48 页。

[8] 莫小涛，《从童工到红色银行家：莫钧涛的革命岁月》，中国金融版社，2010 年，第 33~34 页。

[9] 同上书，第 33 页。

[10] 曹宏、周燕，《寻踪毛泽民》，中央文献出版社，2007 年，第 153 页。

[11] Carroll Quigley，*Tragedy and Hope*，1996，p.181.

[12] 许树信，《中国革命根据地货币史纲》，中国金融出版社，2008 年，第 15~16 页。

[13] 曹宏、周燕，《寻踪毛泽民》，中央文献出版社，2007 年，第 152 页。

[14]《中国农民负担史》第三卷，中国财政经济出版社，1990 年，第 63 页。

[15] 同上书，第 92 页。

[16] 中共中央文献研究室、中国井冈山干部学院，《毛泽东农村调查文集》，人民出版社，1982 年，第 308 页。

[17] 中共中央文献研究室，《毛泽东文集》第 1 卷，人民出版社，1996 年，第 138~139 页。

[18] 毛泽东，《在第二次全国工农代表大会上的报告》，1934 年 1 月 23 日。

[19]《毛泽东选集第一卷——我们的经济政策》，人民出版社，1996 年。

[20] 许毅，《中央革命根据地财政经济史长编》(上册)，人民出版社，2010 年。

[21]《毛泽东选集第一卷——我们的经济政策》，人民出版社，1996 年。

第五章

蒋介石的金权天下

CURRENCY WARS

本章导读

为什么蒋介石掌握了政权，还要依赖江浙财阀的钱袋子？

为什么蒋介石的中央银行早期拼不过中国银行？

蒋、宋、孔、陈四大家族是如何挖到第一桶金的？

为什么20世纪30年代的白银风潮是中美第一次汇率战争？

为什么法币改革是日本侵华战争的导火索？

蒋介石掌握了军队，左右着政府，但他还没有控制金融。缺什么也不能缺钱，而面对四面八方的挑战，蒋介石最缺的就是钱。他建立了中央银行，但暂时还斗不过中国银行；他发行了钞票，但接受度并不高。他终于明白了一个道理：军事集权刚起步，政治集权学走路，金融集权统江湖。

于是，蒋介石开始了逐步控制中国的金融体系，进而掌握全国经济命脉的部署。

当“废两改元”“四行两局”“法币改革”相继完成的时候，蒋介石终于实现了金权天下的梦想。

正在此时，白银风潮迭起，中国的银本位崩溃，法币向何处去？三大列强的货币大战暗潮涌动，最终点燃了抗日战争的导火索。

“剿共”缺钱，蒋介石“暴打”宋子文

1933年秋，蒋介石的日子并不好过。年初，日本并吞热河，虎视华北，其发动侵华战争的意图已昭然若揭。全国抗日的呼声使坚持“攘外必先安内”的蒋介石相当被动。《塘沽协定》以承认日军对东三省和热河的占领为代价，换来了中日暂时的休战，却也使蒋介石淹没在全国的一片骂声中。

在内忧与外患之间，他明白自己是无法“同时打赢两场战争”的，谁是自己的主要敌人呢？他确信，日本再强大，日军再厉害，也不可能彻底打败中国，而直接将中国变为日本的殖民地。在他的心目中，英美列强不可能让日本独霸中国，而日本的经济和军事机器，如果没有英美的原材料和能源供给，以及世界市场对日本产品的开放，日本帝国貌似强大的权力大厦将会顷刻坍塌。因此，如果日本做得太过分，西方列强必会出手制止。所以，外患不过是疥癣之疾。

但是，共产党的性质就不同了，他们在江西、湖南、广东几省交界处建立的中央苏区竟然叫中华苏维埃共和国，那就是“国中之国”！当年蒋介石最痛恨的就是“党中有党”，分化人心，瓦解士气，严重阻挠了他的集权之路。“四一二”政变以来，蒋介石原本以为已被彻底消灭的中共“党患”，现在居然占据了赣、闽、粤三省60多个县，人口300多万。“清党”搞成了“剿匪”。特别让他震惊的是，从

1930—1933年，原来的数千“流寇”，国军围剿了4次均告失败，“流寇”已变成“匪患”，“匪势”已壮大到了10余万人。蒋介石深知，中共真正的威胁在于对其统治基础与权力核心的致命挑战，这是一场极少数富人对绝大多数穷人的战争。当绝大多数穷人是没有组织的一盘散沙时，问题不大，但当组织能力超强的中共，将绝大多数人唤醒并组织起来时，这简直就是一场不可能苏醒的噩梦！因此，共产党才是心腹大患。

可是，多数国民党内的核心要员都不能理解自己“攘外必先安内”的战略精要，甚至连他的大舅子宋子文都跳出来，公开主张抗日优先，更认为共产党乃政治问题，不是军事问题，军事根本解决不了问题。宋子文是党内公认的英美派领袖，英美自然不愿看到日本在中国独大的局面，自己的大舅子屡屡发表激烈的抗日意见，博得舆论一片叫好，而将自己陷于屈膝卖国的境地中。更有甚者，宋子文还力推国家财政预算制度，身兼财政部部长和中央银行总裁要职，却三番五次地反对自己的第五次“围剿”大业。此时的蒋介石早已憋了一肚子的火。

进入10月，蒋介石的百万“剿匪”大军已正式向中央苏区发起全面进攻，战争费用顷刻飙升。蒋介石催逼宋子文从速办理军饷之事，宋子文却总是推三阻四。这一天，蒋介石把宋子文叫到自己的行辕，单刀直入：“第五次‘围剿’命令已发，财政部每5天要拿出166万元军费！”

“作为财政部部长，实在拿不出那么多呀，财政部正打算搞一个国家预算制度。”宋子文正要展开，没想到蒋介石根本就不给他讨论的机会。

怒不可遏的蒋介石吼道：“这天下是谁的天下？谁当家？”

宋子文有着响当当的家族背景，又受过西方教育，却也个性十足。出任财政部部长后，他常对人说的一句话就是：“吃不愁花不愁，计划不周要发愁。”实际上，这句话针对的正是蒋介石不顾财力一味“剿共”。

前线战事吃紧，蒋介石的压力很大，仗已打到关键时刻，宋子文却提出要建立“国家预算制度”，他哪里听得进去什么预算的屁话呀！

蒋介石直接发难：“就是你‘剿共’不积极，不提供所需经费，否则‘剿共’早就胜利了！”

宋子文扔下帽子，拍案而起：“瞧你这仗打的，是你没打赢，反怪到我的头上来了，真是岂有此理！”

“娘希匹！”蒋介石忍无可忍，一直以来，对这位清高的大舅子的种种大不敬，他早已淤积心头，被这话一激，火往头上顶，气向胆边生！一记重重的大耳刮子，直接招呼在宋子文脸上。

由于来得太突然，宋子文被这一记耳光给打蒙了，半天没反应过来。宋子文长这么大，哪里受过这等委屈！一回过神来，抡起凳子就向蒋介石砸去。

蒋介石毕竟是行伍出身，身手略胜一筹，拧腰躬身躲了过去。

这可是国家元首扇了财政部部长一个耳光啊，而且扇完了，蒋宋后来仍然能紧密联合在一起，可见家族的凝聚力是何等强大。

宋子文挨了耳光，一气之下辞了职，由姐夫孔祥熙继任财政部部长。宋子文辞职的官方解释是：“自国难以来，收入骤减，军政各费，约每月短少1 000余万元之巨，因无法筹措，故欲求去。”[1]但蒋介石和宋子文的关系那是“打断了骨头还连着筋”。表面上宋子文“下课”，应该老实在家反省了，但事实上，他的能量却不减当年，“减负”后的他反倒可以安心“务正业”了。

其实，蒋介石确实也有些冤枉宋子文了，宋子文虽然不满蒋介石的“剿共”无休止地浪费金钱，但也还算是尽心竭力地去帮蒋介石筹款了。宋子文的困境在于，每年9亿元的财政收入，一半拿去打仗，国家早已入不敷出，只有向江浙财阀借钱，而财阀们对蒋介石的穷兵黩武也早有怨言。

孔祥熙上任后，江浙财阀感觉蒋介石的胃口越来越大，只会无休止地内战，便向孔祥熙提出，应当减少对银行垫款的要求，不能把银行当国库使。没想到这下可得罪了蒋介石，蒋介石要对银行“动刀子”了。

当过证券经理人的蒋介石，不同于那些旧式的军阀，他一直都清醒地知道，要想革命成功，必须一手抓枪杆子，一手抓钱袋子。而此时的蒋介石更进一步认清了，从别人的钱袋子里掏钱，总是不如从自己的钱袋子里掏钱来得顺手，来得方便！在1935年的“金融改革”中，蒋介石翻脸不认人，便印证了这一点。驴，可以拉磨，也可以做驴肉火烧嘛！

货币控制权是蒋介石与江浙财阀之间的主要矛盾，早在北伐时期就已经显露出来，正是这种矛盾的日益激化，使他坚定了一种集权的信念，军事集权刚起步，政治集权学走路，金融集权才能统江湖。

中央银行对决中国银行

中央银行乃是一国金融高边疆的战略制高点，谁能控制中央银行，谁就能控制整个国家的经济命脉和政治军事的要害，这一点，蒋介石是非常清楚的。南京政府成立之初，建立中央银行就成了“党国”的重大决策。

1928年11月，南京政府的中央银行正式成立，蒋介石将宋子文安排在中央银行第一任总裁的位置上，替他全权看好钱袋子。只不过，这时的蒋介石和国民党刚刚进入宁沪地区，长江上游的武汉尚未完全控制，北方的军阀仍未完全归顺，政府的财源非常有限，开支却远超收入。新成立的中央银行穷得叮当响，连本钱都拿不出，资本金2 000万元都是用政府公债充抵。

张嘉璈

其实，蒋介石最初对中央银行的设计是直接将中国银行改组，使中国银行多年积累的信用和资源为己所用。

不过，中国银行根本不吃这一套。

中国银行此时的“大掌柜”乃是张嘉璈，蒋介石、宋子文与张嘉璈早在北伐时期就打过交道。北伐时，宋子文向香港中国银行筹款，先借了50万为北伐之用，并电令北伐出师各军：“我军到达各地，当加意维持中国银行。”宋子文告诉蒋介石，中国银行的实权人物是张嘉璈，蒋介石便通过他的拜把兄弟黄郛，向张嘉璈伸手“求援”。

黄郛是蒋介石同江浙财阀及帮会首领联络的重要人物。张嘉璈见到黄郛，当然早已知道他的来意，虽算定北洋政府未必是北伐军的对手，但为了谨慎起见，他还是和黄郛周旋一番，先打发他回去。随后暗地里派人去广州探查情况，他自己则坐镇上海指挥，在判定北伐军肯定能打胜之后，再给予“经济支持”。

后来，派出去的人汇报“北伐军已顺利打到江西，蒋介石此时已进驻南昌”。张嘉璈认为出手的时机已到，决定把“宝”押在蒋介石身上，便通过黄郛送去了珍贵的“援助”。1927年，张嘉璈又密令汉口分行经理：“蒋抵达武汉后，可借支100万元。”真可谓步步为营。

蒋介石到了上海后，筹款之事更是逐级加码，最后提出要借1 000万元。张嘉璈对于这样的大手笔没有思想准备，对于垫款当即一口回绝，不过，他也意识到蒋介石要干的是“大事”。张嘉璈不愿垫付巨款，蒋介石与宋子文几次邀请他去南京商谈此事，张嘉璈都赖在上海，就是不给面子。

此时的蒋介石怒不可遏，开始翻中国银行的老底，“查中行从前借与吴佩孚五百万，张宗昌数百万，现当我军饷糈万急之际，如此刁难，居心殊不可问。”并在电报中威胁道：“闻贵行上年以大款接济军阀，反抗本军，至今尚有助逆之谋。久闻先生素明大义，当不使贵行再助桀虐。”蒋介石立下严令：（1）中国银行预购国库券1 000万元；（2）如不履行，即通缉中国银行负责人；（3）如仍无效，即没收各地中国银行，改为中央银行。

为此，上海金融界的另一大佬陈光甫来劝蒋介石：“政府一面固不得不筹款助饷，一面亦不可不顾全市面金融之流通，倘操之过急，一旦金融界发生问题，势必筹垫无门，险象环生，于军事前途影响极大。”意思是：老兄，你现在惹不起中国银行！还是慢慢来吧！

中国银行到底什么来头，如此不把政府放在眼里？

中国银行的前身就是盛宣怀当年创建的清帝国中央银行——大清银行，盛宣怀本人是典型的亲日派，并和日本在汉冶萍等生意上“深度过手”。因历史渊源，其一直为北洋系所掌控，而历任的总裁又都是亲日一派的人物。中国银行的“大掌柜”张嘉璈，毕业于日本庆应大学，他热衷于日本文化，迷信日本实力，甚至平时穿和服，说流利的日语，完全一派东洋作风。后来，宋子文辞去中央银行总裁，创办中国建设银公司，试图拉英美财团入伙，遭到日本强烈反对，而中国银行对宋子文的中国建设银公司始终采取抵制态度，可见日本势力对中国银行的影响力。除了日本后台，中国银行大股东席家的势力后台则是汇丰银行，背后大英帝国的身影也不容小觑，而英日当年曾是重要的反俄同盟。

当年盛宣怀筹建户部银行时，洞庭山帮的掌门人席正甫，凭借席家垄断 15 家外国银行洋买办职位所积累的丰富经验，“深入指导”了盛宣怀的户部银行。盛宣怀与席家已有几十年的交情，曾联手扳倒了胡雪岩。户部银行总行设在北京，其股本户部认股半数，另一半由私人入股，为官商合办银行。席正甫的 4 个儿子先后投资其中，长子席立功在该行陆续开设了几个股户，户部银行上海分行成立后，席正甫的三子席裕光出任该行副理。[2]

大清银行银票

后来，户部银行改称大清银行，席裕光任大清银行上海协理，席正甫次子席裕昆任营口分行经理，席正甫六子席裕奎担任汉口分行经理，后来担任汇丰银行副买办长达 10 年。

辛亥革命后，大清银行改组为中国银行。此时，席家成为中国银行的幕后“东家”之一，而席家的幕后“东家”就是汇丰银行。除了英资体系，席家与日本银行势力关系也非同寻常，席正甫六子席裕奎在 1916 年成为日本第三大财阀住友银行的买办，在位长达 15 年，席家的女婿叶明斋担任日本横滨正金银行的买办长达 21 年。

席家不仅自家独揽了汇丰的买办职位长达三代人，还利用其影响力，将席家的其他子弟陆续安排进了外国银行体系。无论是英国系的麦加利、有利、德丰银行，还是法国系的东方汇理、中法工商银行，德国系的德华银行，俄国系的俄华道胜银行，比利时系的华比银行，美国系的花旗、运通、美商信济银行，日本系的横滨正金、住友银行等，皆是席家的天下。据不完全统计，在 1874—1949 年的 75 年间，在上海先后开设的外资银行有 20 余家，而席氏包揽了其中 15 家的买办席位。除此之外，席家还是其他江浙财阀系银行的重要股东，上海的钱庄、票号也唯席家的马首是瞻。

席家在中国银行体系中的根脉之深，影响力之大，在中国近代史上堪称绝无仅有。可以不夸张地说，席家是江浙财阀体系的主要支柱，而在席家的背后，则是国际银行家的强大势力。

席家在中国银行体系中，不仅是“东家”，而且直接把持中国银行的重要业务部门，特别是外汇交易部门。

中国银行在清末和北洋政府时代，一直相当于中央银行的地位，是完全和独立的民族资本银行。在英、日等列强早已严密控制中国金融高边疆的时代，岂有可能成为独立自主的中央银行？

蒋介石想动中国银行的脑筋，那不是白日做梦吗？蒋介石既无实力，更无胆量向列强叫板，毕竟打狗是要看主人的。最后，蒋介石只能放弃原来改组中国银行的想法，退而求其次，自己成立中央银行。

在陈光甫的点拨下，蒋介石明白了自己的处境，他还不得不有求于中国银行。

在此期间，正赶上张嘉璈的母亲去世。要知道，在这之前，蒋介石与张嘉璈并没见过面，不过蒋介石在上海金融圈里待过，再加上他也是江浙原籍，与江浙财阀的各路人脉也是有些交情的，所以蒋介石决定亲往吊唁。

吊唁当天，蒋介石突然来到张母的灵堂前，进门二话没说，倒头就拜，可谓是震惊四座，也给足了张嘉璈面子。这一举动，让张嘉璈好生感动，没想到蒋介石这么讲究"浙东乡谊"。可他不知道，对于混过"码头"的蒋介石来说，这一套完全没有难度，这时蒋介石的"腰杆子"还不够硬，筹钱拉拢人，这不过是"进门拜码头"的标准动作罢了。

当时蒋介石的南京国民政府脚跟未稳，需要取得列强的承认，而这件事只能求助于张嘉璈。张频繁会晤在上海的日、英、美领事，为南京政府的外交牵线搭桥，其间就连南京国民政府外交部部长黄郛与英美两国的外交谈判也是在张嘉璈的家中进行的！

而"垫款"一事，蒋介石最后派出嫡系人马，由张静江和陈光甫从中斡旋，表示政府即将发行公债，确有能力还款。张嘉璈前后思量，感觉蒋介石要做大做强势不可当，也许正可以加以利用，最后才答应了由中国银行分期垫付 1 000 万元经费，并且由江浙财阀出面牵头，通过上海商业联合会先认缴了 500 万元。

"四一二"事变之前，中国银行已经为北伐提供了高额赞助，可见中国银行为北伐立下了"汗马功劳"。而当时中国银行的汉口分行，也给了武汉国民政府 1 650 万元的巨款。不难想见，财阀们也不是一头赌的，鸡蛋不能只放在一个篮子里呀！在此后的"宁汉合流"中，中国银行也同样发挥了作用。

其实，张嘉璈不过是前台跑龙套的，背靠大树的人自己并不是大树。蒋介石求的并不是他，而是他背后的列强势力。后来，迫使蒋介石下野的江浙财阀，背后也同样是列强的能量。

不过，就像希特勒上台借用了国际银行家的力量，而一旦大权在握，就开始一步步地夺取国际银行家控制下的德国中央银行大权一样，蒋介石从 1928 年 11 月建立中央银行，直到 1935 年，用了 6 年多时间，才将中国银行控制权夺了过来，正式确立了南京政府中央银行的权威。而从1933年开始，希特勒也用了整整6年时间，才最终将中央银行的大权抢到手。

改组与染指

南京政府的中央银行成立后，名义上确定了“真龙天子”的地位，原来的两大巨头——中国银行与交通银行，被定为国际汇兑和发展实业的专业银行。但是，直到1935年，中央银行的发钞量仅与交通银行相仿，却仍远远落后于中国银行。这让一个主要功能就是货币发行的堂堂中央银行，情何以堪？

中国银行的钞票之所以在市场上享有很高声誉，是有其历史渊源的。

江浙财阀中有三个重要的台面人物——上海商业储蓄银行总经理陈光甫、浙江地方实业银行总经理李馥荪和中国银行的张嘉璈，他们被称为江浙财阀的“三鼎甲”。张嘉璈28岁即出任中国银行上海分行副理。在北洋政府时期，中国银行和交通银行这两家半官方的银行，是最重要的两家中资银行，在一定程度上发挥了中央银行的作用。当时的北洋政府疲于应付战事，财政紧缺，中国银行和交通银行负责印发“银元券”，仅中国银行的印发量，两年就翻了七八倍，钞票印多了，自然引发通货膨胀。

当时，梁士贻是袁世凯的总统府秘书长，看到物价上涨，他出了个馊主意：将中国、交通两家银行合并。意思大概是想搞个“缩股合并”，以便发行更多的钞票。消息一传开，立即引起储户的恐慌挤兑。无奈之下，北洋政府令中国、交通两家银行停止兑现。

而当时年轻的中国银行上海副理张嘉璈认为，“如遵照命令执行，则中国之银行将从此信用扫地，永无恢复之望”。于是张嘉璈便和中国银行上海分行经理宋汉章一起做了个大胆的决定：抗命！可抗命谈何容易呀！违抗政府的成命，公然与政府作对，北洋政府可以立即让他们“下岗”。同时，如果敞开中国银行的银库兑现，单凭上海分行也没有这个实力。当时银库中的现银只有200多万，而敞开兑换到底需要多少白银，必须事先有个精准的推测。但此时的张嘉璈心中早已打好了算盘，准备唱一出好戏！

张嘉璈和搭档宋汉章不露声色，先找到浙江财阀中的几位大掌柜——上海商业储蓄银行总经理陈光甫、浙江兴业银行常务董事蒋鸿林和浙江地方实业银行总经理李馥荪。这三位正是北洋时期，银行业中最著名的三家南方民营银行，又称“南三行”的掌柜人物。张嘉璈请他们分别代表股东和存户向法庭起诉他！

根据当时的法律，诉讼期间，当局是不能逮捕和撤换现任经理、副理的，这样就先封住了北洋政府的“穴道”。紧接着，张嘉璈聘请了英国人古柏和日本人村上，帮他唱了出精彩的双簧。古柏和村上代表股东接收中国银行，之后二人又代表股东，向张嘉璈和宋汉章出具股东文书，指令两人继续主持分行业务，并照常营业。（英国人和日本人在北洋时代，还是铁哥们儿，20世纪30年代以后才逐渐分道扬镳。）

现银方面，张嘉璈联络“南三行”和外国银行为中国银行撑腰。“南三行”大都是中国银行的股东，利益相关，同时外国银行深知中国银行是中国金融的支柱，中国银行一旦垮台，整个局面不堪收拾，对外国银行也不利，很痛快地就与中国银行订立了200万元的透支契约。[3]

政府的“停兑令”正式实行，立即形成挤兑狂潮。银行门前人山人海，“争先恐后，撞门攀窗，几乎不顾生死”。中国银行上海分行因为事先有了充分的准备，来者照样兑现，但挤兑者仍然人潮如涌。到了星期六，按惯例只营业半天，但张嘉璈决定下午继续营业，并登报公告。

星期日，银行又在报上登广告，宣布仍然开门兑现。市民发现，中国银行是一家“守信”银行，根本没必要去挤兑，于是人心大定，挤兑风波完全平息。风暴过后，中国银行的声誉骤然提升，张嘉璈和宋汉章则被当时的媒体报章称为“有胆识、有谋略的银行家”。要是没有列强在后面撑腰，杀人如麻的袁世凯岂能放过这两位胆大包天的银行家。

1924年中国银行国币券

后来张嘉璈出任中国银行总行副总裁，实际主持中国银行的业务。他一上台就提出，中国银行要招募商股，减少官股，摆脱政府的控制。张嘉璈依托与江浙财阀的实力派人物陈光甫、李馥荪、虞洽卿、宋汉章、蒋鸿林、钱新之等人的莫逆之交，发起张府“星期五聚餐会”，后来这个“张府小饭桌”逐渐扩大，并演变成上海银行公会。江浙财阀控制着上海银行公会22家会员银行中的14家，到1925年时，这14家银行掌握着全部会员银行资金总数的84%。

中国银行一再扩充商股股份，增加商股在中国银行里的势力，江浙财阀募集股份600万元。后来北洋政府财政支绌，再将500万元官股出售。商股比例逐步提升，到1923年时增至97.47%，此时的中国银行已由商股掌控。[4]

到蒋介石进了上海，1928年中央银行成立，国民政府对中国银行、交通银行等实施改组，强行要求增资扩股，尽管是小股东，政府总算是在这两家主力银行中占有了一席之地，打进了一个极为重要的官股楔子。

官股与商股的金权博弈

国民党要改组中国银行，显然离不开席家，席家不配合，列强也不会配合。席家的新掌门席德懋再次“友情”深度参与其中。他正是当年参与了户部银行筹建的洞庭山帮老掌门人席正甫的孙儿。

席德懋毕业于英国伯明翰大学，商科硕士。1928年中央银行成立，宋子文任财政部部长兼中央银行总裁，席德懋因为和宋子文“友情深厚”，中央银行一成立，席德懋便进入中央银行，担任外汇科主任，不久升任外汇局局长，业务局局长。[5]席德懋的小女儿席梅英嫁给了宋子文的弟弟宋子良，席德懋的弟弟席德柄，出任中央造币厂厂长，执掌国民党政府的发币大权。

国民政府对中国银行进行改组，实际上是在做一个交易——蒋介石参股中国银行，而席家势力介入中央银行。双方利益对等置换，买卖合理，童叟无欺。

中国银行总行由北京迁来上海，改为“政府特许之国际汇兑银行”，而这使中国银行在外汇经营上获得了竞争优势，并积累完善至今。席德懋后来长期主持中央银行及中国银行的海外业务，对国际金融大势“洞若观火”，是中国真正懂得外汇工作的“专家”，这要没有席家庞大买办谱系的传承，是无法做到的。

同年11月，中国银行召开股东总会，决定商股、官股董事。此时尽管政府对中国银行的控制加强了，但由于商股仍占多数，其领导权仍在商股手中。而席德懋担当的是中国银行的官股董事，同时也是交通银行的官股董事，在资本构成上增加了官股的权重。从“户部银行”到“大清银行”，再到“中国银行”，可以看出席家不断进化的官股思路，并且在这一过程中顺利实现从“买办”到“官僚买办”再到“官僚”的成功转型，真是走出了一条有别于私人资本的有特色的成长路径。

从中国银行官股和商股的一系列争夺上不难看出，在中国近代的银行业发展中，官僚资本与私有资本的争夺正在不断升级。张嘉璈虽是个台面人物，但他所代表的是江浙财阀中私有资本一方，其背后有着外国资本的巨大能量，希望通过商股控股，掌握中国的金融大权，并进一步控制中国的实业。

而蒋介石所代表的官僚资本具有强烈的控制中国金融体系的企图，而且政权在握，势在必得。官僚资本虽不敢直接与私人资本背后的外国资本翻脸，但蚕食瓦解私人资本的力道却在强化。

最为尴尬的就是私人资本，它们缺乏明确的独立性，或依附于外国资本，与官僚资本抗衡，或投向官僚资本的怀抱，以自主权去换得分红权。纯粹的私人资本在中国是没有前途的，它们要么被官僚资本或外国资本所吞并，要么被彻底边缘化。

当官僚资本遇到外国资本时，又体现出明显的依附性。蒋介石要打仗，特别是面对日本日趋紧迫的侵略压力时，不得不依靠欧美势力。

当然，蒋介石时代的初期，南京政府刚刚成立，中央银行仍然实力薄弱，不能发挥国家银行的职能，中国银行和交通银行继续承担着货币发行、公债发行、国债垫款、国库收支等央行业务，蒋介石实际上仍把江浙财阀的私有资本控制的银行体系当成了钱袋子，而中国当时最具实力的中国银行、交通银行仍为江浙财阀中的私有资本所把持。

蒋介石和江浙财阀达成协议，国民政府发行公债，由江浙财阀牵头的几家大银行买下，自己认购一部分，其余部分再由银行出面在证券市场抛售。为此还成立了公债基金保管委员会，主任委员由张嘉璈的老搭档李馥荪担任。而张嘉璈本人则在 1928 年 10 月中国银行实行改组后出任总经理。

江浙财阀中的一部分“有识之士”，开始“紧密地团结在政府的周围”，随着国民政府逐步扫平盘踞在中国的各大势力，江浙财阀控制的银行，各把一门，自然是财源滚滚，“张府小饭桌”上的大佬更是赚得盆满钵满。其中，陈光甫的上海商业储蓄银行不但债券承销做得好，而且由于他和美国银行业的“关系良好”，国民政府的美元借款基本都是由他负责的。

中国银行改组后，张嘉璈到海外考察，筹集外汇资金，设置海外机构。到 1934 年，中国银行资产总额已达 9.7 亿元。张嘉璈任期内，政府共发行了 26 亿元以上的内债，张嘉璈为政府“效的力”也应该说是可圈可点了。

到20世纪30年代初，中国金融体系形成了一种势力均势，官僚资本与私人资本及背后的外国资本正走向一种“合流”，相互参股，共同发财。

不过，这仅仅是一种短暂的过渡，蒋介石追求的终极目标是金融集权。

蒋介石的金融集权：“废两改元”与“四行两局”

蒋介石明白，要想实现金融集权，仅有中央银行还不够，关键是要统一货币。没有统一的货币，就不会有统一的财政，也就不会有统一的政治与军事权力基础。而统一货币的前提，就是必须首先确定货币本位。

为了实现货币本位的统一，南京政府决心推行“废两改元”，将货币本位由银两改为银元，所有纸币对应的价值基础均统一为银元计价。

本洋

鹰洋

当时的中国，银两的成色、重量、大小五花八门，交易买卖中的银两换算工作十分困难。而各种银元也十分复杂，市面通用的银元，有早年外国商人带进中国的西班牙银币——时称“本洋”，英国人最初做生意时，所用收的就是这种“本洋”。后来“洋庄”的业务越做越大，于是墨西哥银币——时称“鹰洋”，也逐步在中国通行起来。[6]中国各省也铸造了不少和“鹰洋”相似的“龙洋”，再加上各种仿铸的银元，真是令人眼花缭乱。

在流通中，各种银两、银元、铜钱之间的换算相当麻烦，而怎么兑换则是由钱庄说了算。要把市面上的银两全部废除，阻力主要来自钱庄，钱庄就是干银两、银元和铜钱兑换业务的，统一货币，钱庄会失去兑换权，也就失去金融话语权。当然，蒋介石后来要搞金融大一统，钱庄这些“小虾米”自然是要被收编的。

对于银元作为货币本位的问题，国民政府也算早有认识，还曾组织了一个专门的研究会，由宋子文主导，认为要废除银两改用银元，需要分步骤地推行。宋子文开始着手改革货币制度，席德懋再次“友情”参与了“废两改元”。

“废两改元”是一项难度极大的系统工程，不仅涉及中国的银行和钱庄，还涉及外国银行以及外汇的兑换。作为中央银行的代表，席德懋是“上海银元银两兑换管理委员会”的主要成员，从方案的设计到具体的实施，再到疏通协调各方，无不事必躬亲。

就在第五次“围剿”的前夕，在蒋委员长的亲自督导下，1933 年 4 月，“废两改元”终成正果。

货币本位的统一，使得蒋介石货币统一的步伐迈出了关键性的一步。接下来，他要彻底控制中国银行和交通银行，树立中央银行的权威，完成金融集权的全面布局。

于是，蒋介石致电财政部部长孔祥熙，措辞严厉：“国家社会濒于破产，关键乃中交两行，若不断然矫正，革命绝望而民生亦被中交两行断送。”矛头直指中国银行，交通银行只不过是个陪衬。

1935 年 3 月 27 日，国民政府立法院通过 1 亿元金融公债发行案，以此充作中央银行、中国银行、交通银行增资之款，随后，强行“改制”中国银行，改总经理制为董事长制，直接任命宋子文出任董事长，宋子良和杜月笙等进入了董事会。同时，国民政府强行加入官股 1 500 万元，总股本扩张为 4 000 万元，官商各半，使官股从原来的 500 万元增加到 2 000 万元。张嘉璈调为中央银行副总裁，实际上是把张嘉璈给架空了，只给他留了个头衔。如此重大的事情，事先张嘉璈一无所知。随后蒋介石以同样的手法“接收”了交通银行。到了 4 月，交通银行修订章程，官股占比改为 63%，交通银行也被“官办”了。

对于蒋介石驱赶亲日的张嘉璈的“倒行逆施”，日本方面极为不满。在日本驻天津总领事川越致北京若衫参事官的密电中提到：“[昭和十年（1935年）四月六日] 据某要人密谈：把张公权（张嘉璈）由中国银行赶走，这是因为蒋介石为了讨伐‘共匪’及扩张军备，使南京政府的财政收支每月出现了2 500万元的赤字，每年赤字达3亿元。这是孔、宋两人为了加强蒋介石政权而策划的……归根结底，他们所策划的，是在统制金融、整顿通货的美名下，谋求（货币发行权）的统一，从而使南京政府的势力能够统一地发行不兑换纸币……目前中日友好的空气正在日益高涨的时候，只为了孔、宋等，要把与日本有密切关系的张公权赶走，简直是个莫大的笑话……”

拿下中交两行之后，官僚资本控制的“四行二局”，形成了中国金融业的新格局。四行就是中央银行、中国银行、交通银行和后来加进来的中国农民银行；二局是中央信托局和邮政储金汇业局。中国银行总经理张嘉璈被迫辞职，和中国银行脱离了关系，从这一天起，中国银行沦为官僚资本的工具，这也标志着中国自由资本时代的结束。鉴于张嘉璈在社会上的影响和日本方面的情绪，蒋介石还是有所顾忌。为了笼络人心，半年之后，又把张嘉璈列入内阁成员中，任命了个部长，后来张嘉璈以健康不佳为由，辞去了部长职务，黯然赴美“考察”去了。

对私有资本的清洗才刚刚开始，完成了第一步“接管”银行的蒋介石，再令中央、中国、交通三家银行，积聚大批中国通商银行、中国实业银行、四明银行三家银行的钞票，并一次性向该三行兑现，制造挤兑风潮。

中国通商银行是三行中发生挤兑的最后一家，中国通商银行的董事长兼总经理傅筱庵，是当年盛宣怀的心腹总管。他事前已估计到蒋介石要来这一手，就乞求通商银行的董事兼“私人好友”杜月笙帮忙“疏通”。

杜月笙很痛快：“有我们撑腰，不要害怕。”

事实上，傅筱庵恰恰落进了杜月笙的圈套。

杜月笙拍着胸脯道："缺多少头寸，尽管来拆，这点儿小忙，做小弟的应该帮，但是你还得做好充分准备。至于上面，尽力见机行事。"

傅筱庵决定把即将落成的"通商银行大厦"按已付部分的造价180万元"友情"出让。请杜转达"上面"予以收购，杜月笙一口就答应了。

马上，由宋子文的弟弟宋子良出面，代表上海邮政储金汇业局，收购了这座大厦。宋子良将大厦的名称立即更换为"建设大楼"，并连夜动工把大厦的招牌给调换了。

外界立即盛传，中国通商银行要倒了，连大厦都卖了。而这时中央银行通知宋子良，将购置大厦的款项首先偿还中央银行，傅筱庵还没摸到卖楼的钱，就被宋子良转给了中央银行，中国通商银行被釜底抽薪了。

到了端午节前夕，傅筱庵拼凑了一些有价证券，向中央银行要求抵押贷款300万元。没想到，过了端午节，他就突然接到中央银行电话通知："账上没有头寸了。"傅筱庵急忙跑到财政部，下跪叩拜，哀求，仍告无效。这时杜月笙继续在外边大肆散布中国通商银行即将倒闭的消息，导致存户纷纷提款挤兑。

傅筱庵只能再去乞求杜月笙，帮助维持残局。杜月笙又是假客气了一番。最后，傅筱庵双手捧着通商银行资产清册，奉交杜月笙，自己黯然下台。

中国通商银行改组为"官商合办银行"，旧股折价，经过一番讨价还价后，财政部只同意旧股按一成半折价，也就是每100元按15元折成新股。中国通商银行仅存旧股款52.5万元，由财政部加入官股347.5万元。所有官股均由财政部以同额"复兴公债"拨充，杜月笙出任董事长。这应该是党国给予青帮的部分酬劳，而没能"与时俱进"，仍与政府抗争的江浙财阀，则被蒋介石彻底"玩"废了。

搞定了这一堆银行，还剩下一个农民银行，它的情况就比较特殊了。中国农民银行是由四省农民银行改组而成，蒋介石亲任董事长，私股都掌握在蒋本人或蒋的嫡系人马手中，该行为蒋的需要随时印发钞票，而且发行准备金不在监察之列，蒋介石把农民银行修建成了自己的“后花园”。后来英国财政顾问李兹·罗斯来华，要求对中国银行业准备基金进行检查时，孔祥熙通知农民银行配合办理，没想到蒋介石大发雷霆，叫喊道：“难道我连这点儿权力都没有了吗？”

根据斯诺的一份报告显示，农民银行可能暗地里有鸦片收入。全国禁烟局每年收入将近 2 亿元，其中一部分被青帮和其他黑社会组织掌握，交到政府的一部分则由蒋介石的军事委员会直接控制。由于农民银行的业务性质“暧昧”，所以在币制改革时没有赋予发钞权，但是农业银行很快和三大行并列，并拥有了发钞权，显然是蒋介石在背后促成了这一迅速改变。

推动政府进一步操纵私营经济的关键人物是宋子文，他辞去财政部部长后继续保留了全国经济委员会的职务，这个机构的基本政策由蒋介石决定，宋子文则承担着“日常工作”。后来，宋子文成为中国银行的董事长，掌握了几乎占中国银行业 1/4 的资本支配权。宋子文又成立了中国建设银公司，并以建设银公司为大本营，对工商业进行广泛投资，包括棉花贸易、化工工业和汽车制造等方方面面的产业，宋子文利用职权增加他本人和他亲属的私人投资，最终控制了数量庞大的企业。

“耳光事件”后，宋子文辞去财政部部长一职，由孔祥熙继任，同时孔祥熙还兼任行政院副院长和中央银行总裁等职，被蒋介石认定为“身边的人”。中央银行董事会曾通过一项计划，将 1 亿股票中的 4 000 万售给商股，孔曾向蒋“征求”过认购私股一事，但事实上，中央银行股票从来没有向“私人”出售过。蒋介石的本意是要集权，又怎么可能减少对这个关键机构的控制呢？

孔祥熙的中央银行体系掌握着保险业，他自然也要搞个“自留地”。他成立了著名的中央信托局，主营信托和投资业务。孔以中央银行总裁身份兼任理事长，任命大儿子孔令侃为常务理事，实际掌握业务及人事大权，把中央信托局办成了孔氏家族买卖军火、走私贪污、搜刮外汇的专门机构。

宋子文掌握的中国银行体系和孔祥熙控制的中央银行体系，在重要决策方面协调配合，相得益彰。中国的金融体系经过一通眼花缭乱的大洗牌后，成了以“四大家族”为核心的官僚资本的囊中之物，当然，这堆人里面，也包括蒋介石的嫡系打手——杜月笙。

卖给你个大王八！

政府统一了四大行，财政上不足的款项，已经可以名正言顺地要求四大行借垫，不再受商业银行和钱庄的“盘剥”了。政府准备整理旧公债，发行新公债。为了推动换发新公债，计划对旧公债给予适当优惠，理由是换发以后，为了不让原先“支持政府”而购买公债的人吃亏，利息要有所提高，让关键时刻“支持政府”的人从中得到好处。

这是孔祥熙主导的，宋霭龄当然第一时间就得到了消息，于是马上布置吃进旧公债。起初，孔家派人悄悄地买进，等买得差不多了，就散布消息，旧公债价格立即蹿升，没几天，旧公债就成了上海的“热点投资品”。

孔祥熙和宋霭龄

杜月笙没有得到第一手消息，看到旧公债价格上涨势头强劲，十分急切，便马上跑到孔家打听消息，宋霭龄当然不便隐瞒，杜月笙听了赶紧回去布置。杜月笙算计着旧国债应该还有涨，吃进的同时派人大散流言，说国家经济形势好转，要让困难时期支持政府的人得到实惠，价格果然又蹿升了一大截。但旧公债价格疯涨得已经离谱了，照传说中的价格付给旧公债利息，政府财政只有垮台。杜月笙还等着再涨，宋霭龄已经令人悄悄“收网”出货了。

杜月笙

等杜月笙知道的时候，旧公债已经开始暴跌，杜月笙恼恨不已。黑社会的特点是“黑”嘛，哪有吃哑巴亏的道理，不然以后还怎么在江湖上行走！杜月笙决定要找孔祥熙劫个财！

他把孔祥熙约出来吃饭，孔祥熙到了饭局，看见餐桌上摆着个大海龟，以为是要搞个“大菜”呢，便催着，快点儿给炖了。谁知杜月笙板起脸来，把孔夫人如何告诉他旧公债的老情报，让他吃了大亏的事讲了出来，而且逼着孔祥熙拿出50万美元来“买”这只大王八。

孔祥熙听罢，这才明白过来，回答道：“你做公债吃了亏，那只能怪你自己呀！不必来这一套吧！”杜月笙越听越来气：“那孔夫人的消息来源还不是你吗？都到这份儿上了，还装蒜！”

“一派胡言！”孔祥熙刚要发飙，杜月笙的两个打手同时拔出了枪，对准了孔祥熙的脑袋。孔祥熙打了一个寒战，但毕竟是老江湖了，便很快镇静下来，杜月笙胆子再大，毕竟不敢对自己真下手，无非想诈几个钱罢了，于是淡定地指着自己的脑门说：“你要觉得在我脑袋上打个枪眼儿值50万美元，那就开枪吧，往这儿打！”孔祥熙连眼皮都没眨。

原以为对付孔祥熙，用黑道上的手段一吓唬，他还不就成一摊泥了，没想到从山西大院里走出来的孔祥熙，根本不吃这一套。

杜月笙赶快转过脸来，呵斥道：“滚下去！我们和孔院长谈生意，又不是绑票。去！把这只大王八给孔院长家送去，堂堂的财政部部长，怎么会赖我们这点儿小钱？送客！”

孔祥熙被杜月笙手下的人“送”回家，宋霭龄看见一只大海龟跟在后面被抬了进来，搞得是一头雾水。孔祥熙将原委道来，气得宋霭龄破口大骂杜月笙胆大包天，敢到孔家撒野。说罢就要找蒋介石去评理。还是孔祥熙老练得多，这事要一捅出去，他这个财政部部长还怎么有脸当呢。

第二天早上，侍卫慌慌张张地跑进来报告说，门口不知是谁放了口黑漆大棺材。孔祥熙当然明白这是杜月笙在恶心他呢。

孔祥熙随即召开中央银行董事会特别会议，并郑重宣布一位“爱国人士”在公债事业上做出了卓越贡献，中央银行董事会决定给予奖励。当然了，这位“爱国人士”就是杜月笙！杜月笙马上气就顺过来了，感觉孔祥熙这事办得很“体面”，结果这二位是“不打不成交”，孔祥熙和杜月笙成了关系更紧密的“战友”。[7]

白银风潮：第一次中美汇率战争

正当国内各资本体系纵横捭阖、跑马圈地之时，国际环境也在发生着重大变化。当20世纪30年代的经济大萧条席卷世界之后，英、加、日、奥等主要资本主义国家相继放弃金本位制度，开始实施货币贬值，企图以汇率贬值打开其他国家市场的大门，为自身的经济找出路。

1933年，美国的罗斯福总统为摆脱经济危机，开始推行“新政”，增加政府开支，拉动经济增长。同时，为了对抗通货紧缩和物价下跌，通过《白银收购法案》，授权美国财政部在国内外市场收购白银，直到白银价格达到每盎司1.29美元[8]，或者财政部储备的白银价值达到了黄金储备的1/3，以此作为国库储备[9]。该政策试图达到两个战略目的：第一，准备金增加自然扩大了货币供应的基础，试图以扩张货币供应来缓解通货紧缩的恶化；第二，美国希望通过在市场购买白银的行动，推动白银价格上涨，增加银本位国家的购买力，实际上就是迫使中国和其他银本位国家的货币升值，以便向其倾销过剩商品。

历史竟然惊人的相似！1933年罗斯福推动的《白银收购法案》

和2010年奥巴马试图逼迫人民币升值的思路可以说是完全一致的！

罗斯福的两个主要目的显然不可能成功。美国大萧条的核心问题是债务规模与GDP（国内生产总值）的比值过高，1929年其比值高达300%！高负债之下的美国工业扩张速度远超美国国内购买力增加的水平，其结果就是国内消费能力不足，从而引发工业企业产品严重过剩，企业负债大规模违约，进而引发股票市场崩盘和银行大面积的坏账和倒闭。违约危机迫使银行紧缩信用，结果是更多企业关门，大量工人失业，国内消费力剧减，工业产品过剩问题更加严重，由此恶性循环下来，就是通货紧缩、物价下跌、大规模失业和经济萧条。这一点，与2008年美国金融海啸的本质完全一样！2008年，美国总负债与GDP比值更高达近400%，奥巴马治理危机的思路与罗斯福也是高度雷同（参阅《清算谎言经济学：罗斯福、格林斯潘和奥巴马，谁都救不了美国》一书）。

不从削减债务规模入手，仅从增加货币与信用入手，此乃死路一条！罗斯福的8年新政没有赶走大萧条，奥巴马的运气或许更差。

如果危机的核心是债务规模太大，增加货币发行准备有用吗？结论必然是否定的。准备金的增加无法解决高负债下无人愿意或能够借钱的难题，而信用必须依靠借贷才能流入经济体。罗斯福的第一个目的根本就不可能实现。

推高白银价格，迫使中国货币升值，就能解决美国出口的问题吗？美国的白银价格上涨，势必引发中国的金属货币外流套利，严重动摇中国的本位货币。结果是中国经济的严重衰退，消费能力大降，进口必然减少。

罗斯福的《白银收购法案》起到的作用，必然与他设想的效果截然相反。没有什么台面上的解释，能够说明罗斯福这种损人不利己的做法究竟所为何来。事实上，美国的统治精英们考虑的完全是更高一层的战略问题！这就是，美元如何取代英镑而成为世界货币新的霸主！

当蒋介石完成了金融集权和货币统一，并且建立了银本位制度，现任货币霸主英国和潜在货币霸主美国，还有虎视眈眈的日本，同时产生了强大的危机感。如果放任蒋介石巩固中国的金融高边疆，那中国或许将成为另一个日本，经济、政治和军事都将渐次获得独立自主的实力。三大列强谁都不愿看到一个真正强大而独立的中国出现在亚洲大陆！

如要颠覆中国的银本位，首要打击目标就是中国的货币基石——白银！这一点与当年英国想用鸦片战略颠覆大清帝国的货币本位并无二致。只不过，这回动手操刀的换成了美国，而且用的是更加隐蔽和更加“文明”的办法。人为抬高世界白银价格，将导致中国白银大规模外流，没有流通的白银通货，银本位不攻自破！蒋介石搞不成货币独立，他就只能投靠三大列强之一。颠覆中国的银本位和货币自主权后，中国的货币前途只有三条路：第一，与英镑挂钩，加入英镑同盟，成为英镑的货币附庸；第二，与日元捆绑，被日本整合进“大东亚共荣圈”，成为日本的经济殖民地；第三，与美元结盟，跳上美利坚的大船，成为美国在远东最大的市场和原材料供应基地。

无论与哪种货币挂钩，中国都势必会丧失货币主权！中国的货币本位将变成外币汇兑本位，以外国货币为准备金，或以某一固定的汇率为基准，来发行中国货币。为了维持汇率稳定，中国就必须大量储备外国货币，以便在汇率波动时干预市场。如此一来，外汇发币国等于创造了一块海外储备“铸币税”的自留地，海外外汇储备量越大，发币国的“铸币税”收入就越惊人！不仅如此，发币国还能通过本国中央银行的货币政策调整，间接控制所有海外储备国的信用扩张和收缩。还是那句名言：“如果我能控制一个国家的货币发行，我不在乎谁来制定法律！”

于是，中国的货币到底与哪种货币挂钩，就成了美、英、日三方明争暗斗的货币主战场。

随着美国政府在纽约和伦敦市场上大量收购白银，白银价格猛涨。被国际银价上涨所吸引，中国的白银大量“被出口”。中国并非产银大国，本来用于铸币的白银尚需进口，当时，中国的白银如滔滔江水奔涌流逝。1934 年，仅 3 个多月时间，流出已达 2 亿银元。

美国不断地收购白银，到 1934 年，伦敦白银市场的价格已经涨到之前的 2 倍！银行家们看到这种行情，早已发现这里面的机会，只要把白银从上海运至伦敦或纽约出售，就可以赚得可观的利润，他们岂能放过这样的机会！此时的上海存储着中国大部分的白银，尤其是上海租界被认为是最安全的地方，各地的地主、军阀和贪官污吏，都把他们的白银运到租界存放，因为那里有外国列强治外法权的保护。

当时的各大银行，每天晚上轧账，如果总库缺头寸，就通知库房把储藏的准备金，运解给外国银行和中央银行国库。这可就忙坏了保镖们，库房里一箱箱的银元、百两重的白银大条和大元宝被扛上“铁甲车”运送出去。进入外国银行的白银，只进不出，统统运走。汇丰银行单在 1934 年 8 月 21 日这一天交英国邮船“拉浦伦”号从上海装运出口的白银就达 1 150 万元。[10] 在外国银行的带动下，上海金融市场笼罩在一片疯狂的白银外流风潮之中。

美国记者霍塞所著的《出卖上海滩》中关于白银风潮的描写，或许可以很好地展现当时上海的情形：霞飞路上，夜半时的舞厅里，上海先生会向陪坐的舞女道一声歉，走到电话间去给他的经纪人打个电话，问一问当天的白银行情，关照他如果行情比昨天好一些，可以再卖出一些，然后再回到自己的桌旁，叫西崽开一瓶香槟庆祝一下。不论在公事房中或在玩笑场中，他们的脑袋里边盘旋着的无非是白银。他们已抛弃了原有的事业，抛弃了日常应该料理的函件，抛弃了一切的朋友，终日所想到的无非是白银。

在上海持有白银最多的是外国银行，而且它们能够自由行动，国民政府也干涉不了它们的决定，它们自然也就成了白银出口的主力。白银风潮期间，外国银行的库存白银剧烈变化，白银库存降幅高达 85%！在华外国银行把前几年“金贵银贱”时大量积聚的白银，运送到国际市场出售，而上海的存银，从最高时的 2.75 亿银元，大幅下降到最低时的 0.42 亿银元。[11]

白银外流，中国货币“被升值”，外贸逆差日益加剧，外国货充斥中国市场，中国出口日益艰难。白银外流同时造成通货紧缩，银行信贷减少，利息扶摇直上，当时在上海，出多高的利息也几乎借不到钱。白银外流、银根奇缺、市场筹码不足、物价惨跌，致使工商业破产倒闭。[12] 1934 年年底，房价一泻千里，上海租界房价下降了 90%！市场上人心浮动，银行挤兑大面积出现，银行和钱庄纷纷倒闭。

为了阻止白银大量外流，国民政府开征白银出口税，这却又刺激起更大的白银走私风潮。1934 年最后几个星期内，就有价值 2 000 万银元以上的白银走私出口。日本为打击国民政府的金融体系，更是在占领区内故意走私白银。1935 年，走私额高达 1.5 亿 ~2.3 亿银元。白银大量外流，给中国的金融和经济带来了灾难性的后果。

金融生态的剧变，使整个社会人心慌乱。国民政府哀求美国在世界市场上降低白银收购价格，以减弱银价上涨给中国造成的严重危害，但遭到美国拒绝。这时，国民政府就只好表示愿将中国尚有白银按双方商议的价格出售给美国，以满足美国的购银需要。

最终，中国被迫放弃银本位，以摆脱经济危机。蒋介石的货币独立之梦，被罗斯福狠狠地敲醒了。

法币改革：日本侵华战争的导火索

四大家族因分赃不均，打闹不断，而市面上的白银风潮却在继续蔓延，国民政府开征白银出口税后，白银走私日益猖獗。这时蒋介石才认清美国的白银政策，目标直指中国。中国采用银本位，而白银的定价权却被美国人牢牢地攥在手里。银价暴涨，引发严重的经济危机，逼得蒋介石不得不考虑进行币制改革了。

此时，美、英、日早已为夺取中国货币的控制权展开了激烈的较量。

日本侵占中国东北，正在扩张在华北的势力。在“天羽声明”中，日本提出对东亚和中国有“特殊的责任”，其他各国不经日本同意不得插手中国事务，中国俨然已成为日本的盘中大餐。英国在中国拥有最多的投资和最大的商业利益，面对从前“江湖小弟”的日本的咄咄逼人，大英帝国岂能咽得下这口气？只不过欧洲的纳粹德国对大英帝国的压力越来越大，有心收拾日本，可明显实力不逮。

唯一有实力、有动机、有手段收拾日本的就是美国，而日本最担心、最惧怕和最无奈的也是美国。美国控制着日本的石油和钢铁命脉，只要手紧一紧，日本就立刻呼吸困难。美国引而不发的主要原因，就是想坐山观虎斗。它一方面希望借德国之手，除掉霸权路上最大的障碍英国和苏联，同时还不想做恶人，等英、德、苏三强几败俱伤时，再出手一把定乾坤。另一方面，美国希望日本深陷中国的泥潭，大大消耗日本的实力，最终再予以致命的一击。到那时，环顾世界的主要列强，英、法、德、日、苏等强国均已遭受重创，还有谁能与美国叫板？

被经济衰退压得透不过气的国民政府，只得向美国表示，愿以白银出售美国，放弃银本位，但美国人表面上的态度相当冷淡，他们是在等待杀价的更好时机。国民政府又去央求汇丰、渣打银行的对华贷款，宋子文主持筹借外债，向汇丰银行提出贷款 2 000 万英镑，在力主对华采取“积极”外交政策的英国财政界的督促下，英国表示同意“有条件”贷款给中国。在这一轮的较量中，美国比英国更老辣。

英国政府令英国驻华使馆代理商务参赞乔治，向孔祥熙、宋子文转达英国的条件：可以贷款，但中国未来的法币，必须脱离银本位，并与英镑汇率挂钩。

同时，英国建议日、美、法等国共同召开国际金融会议，讨论对中国政府进行“集体援助”。[13] 英国明白，没有美国与日本的参与，恐怕这两位会暗下毒手，破坏大英帝国的美事，最佳情况是，在英国的主导下，各国听英国的安排，一旦中国法币与英镑绑定后，大家要共同捧个场。在这个问题上，英国人显然太天真了。

虽然法国表示愿意与英国合作，这是因为法国面对发誓报仇雪恨的纳粹德国，不得不依赖英国的支持。但日本方面断然拒绝这一倡议，美国则采取“观望态度”。美国怕英国一旦主导中国的币制改革，将控制中国的财政金融，最后决定不派代表到会讨论。英国一看没人捧场，于是宣布派政府首席财政顾问李兹·罗斯访华，为中国的币制改革“献计献策”。[14]

罗斯出发前希望到美国先“勾兑”一把，美国政府却不愿邀请他到华盛顿逗留，他只好去了日本。罗斯到日本是希望促成英日合作，他和日本广田外相会谈时提议，如果“满洲国”能够向国民政府交纳关税，那么英国可以从中斡旋，让国民政府承认“满洲国”。而满洲问题如果解决，日中在华北问题上的纠纷也就迎刃而解了。如果国民政府的关税中增加了满洲关税，那么国民政府贷款的担保能力也将随之加强，这样既能稳定中国的货币，又能有效保护英日的对华贸易，这不正是对大家都有好处的结果吗？如果币制改革成功，贸易会随之得到发展，到时候日本将是受益最多的国家。

日本人心里非常来气，罗斯竟然把自己当三岁的孩子耍！“满洲国”早已是囊中之物，罗斯竟然要拿日本损失的满洲关税，来帮英国在蒋介石面前卖人情？简直岂有此理！更可气的是，罗斯竟然用区区贸易的小恩小惠，来交换日本放弃控制中国货币发行的巨大利益。日本人被气得七窍生烟。

最后，日美都不配合，英国只有自己上阵了。罗斯以高级顾问的身份于 1935 年 9 月到达中国，表示来华的一个“重要职责”便是调查在中国管理通货是否可行。

他和英国财政部的帕齐，以及荷兰银行的罗利斯进行了这一“研究”。正如所料，与当时日本的看法相反，他们得出了“相当可行”的结论。“研究”发现，虽然华北的白银运输受到“干扰”，但是已有大量白银集中到了上海和南京的国民政府银行，因此实施管理通货制度，有足够的白银维持外汇市场的稳定，从而保证通货的稳定。所以英国认为，可以为中国提供贷款，并促成币制改革。

后来，据钱币司司长戴铭礼回忆，他奉命由南京赶到上海，参与拟订币制改革布告的文字工作。方案的主要内容是从英文稿译成中文，对于方案第六条条文的翻译总是不妥帖，宋子文最后说：“只要说清由中央银行、中国银行、交通银行无限制买卖外汇即可，其余不必多言。”其实这句话的“技术含量”相当高，表明蒋介石在平衡各国的过程中，也希望谋求利益最大化。财政部币制改革布告的拟稿工作到午夜才完成，工作人员又赶到孔祥熙的住所，由孔祥熙签字后连夜发出。[15]

可叹的是，堂堂南京国民政府的最重要的货币改革文件，都是由英国人来起草的，这样的政府，哪里谈得上有货币独立的可能？

1935 年 11 月 4 日，国民政府公布法币政策，规定中央银行、中国银行、交通银行所发行的钞票为“法币”，即具有无限法偿的能力。禁止银元在市面流通，限令各金融机关和民间储藏的白银、银元交由中央银行收兑。孔祥熙和李兹·罗斯经过多次“秘密筹划”，最终确定法币对英镑汇率，法币 1 元兑换英镑 1 先令 2 便士半，这样法币就同英镑通过汇率联系起来。

中国的法币从这一天起变成了外国货币的附庸。

在蒋介石与英国达成的“货币共识”中，汇丰银行是个关键因素。当中国发生白银风潮时，只有汇丰银行有实力来维持上海的市面，它在中国金融市场举足轻重的地位和庞大的资金力量，令《汇丰史》的作者都感叹道：“汇丰银行能使一个大国的货币，在一年中的大部分时间里保持稳定，这简直令人难以置信。”[16]

币制改革后，遵照英皇的敕令，汇丰银行带头把库存的数千万银元移交给国民政府的中央银行，换取中国的纸币法币，渣打等银行也马上无条件答应交出白银，同时对币制改革表示拥护。[17]

英国驻中国公使对英国侨民发了一个通告说：“凡住在中国之境内英籍法人或个人，如以现银偿还全部或一部之债务者，应以违法论。”白银国有化使国民政府取得白银约三亿元，南京政府再把大量白银运到伦敦出售换成英镑存在英国作为准备金，以维持法币的稳定。最初，国民政府存在英格兰银行的法币准备金约 2 500 万英镑。

法币的英镑化，极大地刺激了日本的神经。英国公然挑战日本的势力范围，法币的英镑化，意味着中英之间的同盟已在货币层面完全锁定，日本与英国的决裂将难以避免。同时，日本开始加紧对中国华北的侵略扩张。既然法币日元化已成泡影，软的不行就来硬的。

蒋介石为了平息日本方面的愤怒，也要拿出个“交代”。财政部发表币制改革的同一天，国民政府行政院正式同意袁良“主动”辞去北平市市长的职务，同时废除北平军事委员会分会。这两件事，都是日本华北驻屯军向华北的中方官员提出的要求。蒋介石采取了低姿态，满足了日方的要求，希望能够缓和日本方面的压力。但日本不买账，关东军和日本华北驻屯军的意见认为，实施币制改革会使华北经济枯竭，英国将会在经济上控制整个中国。这促使土肥原贤二提出了有关方针：“让华北在经济上与南京政权一刀两断。”

同时，日本驻华使馆武官矶谷廉价发表声明，断然拒绝将华北地区的现银南运，反对币制改革。[18]日本外务省发话，指责此项币制改革的矛头直指日本。日本在北平指使浪人和流氓，在市场上用外币购货，若店铺用法币找零钱，则声称不能兑现而强行拒绝。如此往复，致使各家商号不敢再接受法币。一时间，华北地区人心惶惶。到七七事变爆发，日本干脆开始自己动手，“DIY”（自己动手做）法币假钞了，把假法币倒过来换成外汇，再采购物资。

日本印制假币，是由日军参谋部的山本宪藏负责。此人年轻的时候就梦想着制造假币，终于在国民政府的法币上圆了少年时代的“假币梦”。起初山本选中了5元法币，印刷了几十万元，然而当这批假币运到中国时，却传来一个“噩耗”，这种5元面值的法币在中国已经作废了，山本的第一次行动，惨遭失败，估计是他当时太激动了，事先也没打听清楚。

后来，他终于伪造成功了中国农民银行的低面值假币，并从中国购买了大量的物资。“二战”时，德国海军在太平洋上截获了一艘美国商船，查获了美国造币公司为中国交通银行印刷的10亿元法币半成品，上面只缺号码和符号。日本购得这批半成品后，终于掌握了法币印刷的全部秘密，日本前后共制造假法币40亿元之多。

蒋介石试图通过争取英美来制衡日本，并专门成立国防设计委员会，去研究中国的币制改革，将中国币制改革问题纳入“国防设计”之中。这说明蒋介石在考虑法币改革方案的过程中就已经产生了向英美靠拢、防范日本的意图。

正是在对华货币控制权争夺中，连续失利的日本人“气急败坏”，进而加速了全面的侵华战争。可以说，法币改革成了日本全面侵华战争的导火索！

黄雀在后，美国人笑到最后

其实，在罗斯来华之前，中国币制改革的方案就在孔祥熙、宋子文和三位美国财政顾问的秘密参与下，早已准备就绪了。罗斯并非1935年币制改革的设计者，而作为英国代表，他的到来最终促成了与美国的既定利益相妥协的方案。

当李兹·罗斯抵达上海时，国民政府首先安排美国顾问杨格，在南京秘密向他介绍了整个局势和币制改革的设想，让英美就中国货币问题先“碰碰”基本原则！之后才由孔祥熙和宋子文把币制改革方案的内容“告知”罗斯。[19]

在一次秘密会谈中，孔祥熙确曾再次暗示罗斯，货币挂钩问题也是可以讨论的，但罗斯并没有继续讨论法币与英镑挂钩的问题，反倒是提出把汇率拉低到一个适宜水平，然后宣布汇率将稳定在该水平上，这样的做法显示得“较为自然”。

与此同时，在华盛顿，国民政府驻美公使施肇基，与美国财政部部长摩根索的谈判也有了一定进展，摩根索对于日本在亚洲侵略行为的“憎恨”，终于压倒了他对英国的疑忌。

摩根索答应收购1亿盎司白银，但要求知道中国售银后的外汇如何处理，并提出要有一个能与美元挂钩的“确实联系”。孔祥熙立即回复说，虽然中国在币制改革中审慎措辞，但日本已经极为恼火，倘若与美元挂钩，美国能否帮助中国向日本解释？这时的美国，虽然答应了中国，但仍然没有实际动作。

孔祥熙只好打出了最后一张牌，发电美国："即使到了最坏的场合，我们总可以在伦敦公开市场上抛售白银，不过这样做对中美都将不利而已。"

这封电报果然起了作用，摩根索请示罗斯福后，对法币必须钉住美元这一点表示同意，中美两国财政部达成了中国向美国出售白银 5 000 万盎司的协议。这笔 5 000 万盎司的白银，由上海的大通银行和花旗银行各投标 2 500 万盎司运往美国，售得的美元照协议的附带条件，存在纽约的大通银行总行。[20]

中国要稳定币制，迫切需要将收购的银元出售，以换取更多的外汇储备。国民政府决定由陈光甫赴美谈判。谈判结果是，中国中央银行将采取钉住英美汇率中币值较高一方的办法，也就是当英美汇率发生较大变动时，中国央行将调整其中币值较低一方的汇价。

于是，《中美白银协定》正式签署，由美国财政部以每盎司白银 50 美分作价，向中国续购白银 5 000 万盎司，以维持法币汇率，并确定法币与美元的汇率为法币 100 元等于 30 美元，这样，法币又与美元通过汇率"联系"上了。

中国后来又陆续出售给美国几批白银，得到的美元作为中国的外汇储备，都存在纽约联邦储备银行或其他的美国银行中。档案显示：到日本发动"七七事变"之前，国民政府外汇准备金中，美元为 0.739 亿美元，英镑达 0.92 亿美元，日元仅有一个零头。这就进一步加强了英美两国对国民政府的财政控制，而法币则成为英镑和美元的共同的附庸，并坚决地把日元"排斥"在外了。

其实，由于美国的经济实力以及对法币美元准备金的不断加强，后来的法币实际上已被拉入美元集团，国民政府在财政上对美国的依赖程度也越来越深。

法币改革的结局就是，英国的"螳螂捕蝉"在前，而美国则是"黄雀在后"，法币最终被绑上了美元的战车。

法币改革，使得蒋介石加强了对商业银行的控制，完成了对全国金融的垄断。以"四大家族"所直接掌控的"四行两局"体系，直接

《时代周刊》封面上的宋子文

控制了中国的工商业。官僚与买办资本彻底合流，共同瓜分中国的财富大饼。

宋子文、孔祥熙在法币改革过程中，做了大笔白银生意，英美大量收购白银，孔祥熙也从中大发其财。而宋子文就更夸张了，亚洲《华尔街日报》曾经做过一个评选：过去一千年来，全球最富有的50个人（包括文莱苏丹陛下哈志哈山纳柏嘉，以及比尔·盖茨），有6个中国人，他们分别为成吉思汗、忽必烈、和珅、太监刘瑾、清朝商人伍秉鉴，还有就是宋子文。

当蒋介石最终完成了法币改革，他就已经奠定了蒋家王朝的金权天下。然而，日本对华的侵略扩张却在变本加厉，严重威胁着刚刚完成货币统一的中国。

注 释

[1] 王松，《宋子文传》，湖北人民出版社，2006年，第76页。

[2] 马学强，《江南席家》，商务印书馆，2007年，第97页。

[3]《浙兴档：董事会议录》，沪银档，1961年5月17日。

[4] 洪葭管，《中国金融通史》第三卷，中国金融出版社，2008年，第127页。

[5] 马学强，《江南席家》，商务印书馆，2007年，第100页。

[6] 杨端六，《清代货币金融史稿》，三联书店，1962年，第261页。

[7] 陈廷一，《山西首富孔祥熙》，东方出版社，2008年，第317~323页。

[8]〔美〕杨格，《一九二七至一九三七年中国财政经济情况》，中国社会科学出版社，1981 年，第 224 页。

[9] 中国人民银行总参事室，《中华民国货币史资料》第二辑，上海人民出版社，1991 年，第 119 页。

[10]《申报》，1934 年 8 月 22 日。

[11] 郑友揆，《中国的对外贸易和工业发展》(1840~1949 年)，上海社会科学院出版社，1984 年，第 104 页。

[12] 朱斯煌，《民国经济史》，1947 年，第 408 页。

[13] 洪葭管，《中央银行史料》，中国金融出版社，第 318~319 页。

[14] 中国人民银行总行参事室，《中华民国货币史资料》第二辑，上海人民出版社，1991 年，第 164 页。

[15] 洪葭管，《金融话旧》，中国金融出版社，1991 年，第 129 页。

[16]〔英〕柯立斯，《汇丰银行百年史》，中华书局，1979 年，第 129 页。

[17] 洪葭管，《中央银行史料》，中国金融出版社，2005 年，第 333 页。

[18]〔日〕宫下忠雄，《中国战时通货问题一斑》。

[19]〔美〕杨格，《1927—1937 年中国财政经济情况》，陈泽宪、陈霞飞译，中国社会科学出版社，1981 年。

[20] 洪葭管，《中央银行史料》，中国金融出版社，2005 年，第 359 页。

第六章

皇权与金权

CURRENCY WARS

本章导读

为什么“大正政变”标志着天皇权力的退潮？

为什么20世纪20~30年代的日本屡屡发生政变？

为什么一贯等级森严的日本军队会频繁出现“下克上”的怪现象？

为什么“一·二八”淞沪抗战是一场日本发动的“假战争”？

为什么日本的金权最终败给了皇权？

皇权与金权之间始终存在着激烈的争斗，日本的近代史也不例外。从“王政复古”到“明治维新”，从“大正政变”到“二二六”兵变，无不体现出皇权与金权的激烈博弈。

自从大正天皇被迫在金权面前妥协退让、郁郁而终开始，日本的皇权就陷入了严重的危机之中。裕仁天皇即位以来，无时无刻不在谋划如何使皇权势力卷土重来。而他的主要对手就是财阀势力和他们的政客代理。

明治时代以来，长州、萨摩、肥前、土佐四藩借拥立之功，逐渐形成了“明治寡头”的政治权力核心，其代表人物就是“明治九元老”。在他们背后乃是军阀势力和财阀势力的双重支持。他们将天皇高高地供奉成神，然后“借用”天皇的名义，对国家的大政方针实施影响。天皇的意志，必须也只有通过他们才能够得到执行。

天皇要想真正主导日本的命运，就必须斗垮元老—财阀—军阀同盟。裕仁天皇的高明之处就在于他采取了“发动基层斗高层”的策略，默许和鼓励军队中的“下克上”现象，逐步将皇权夺了回来。最终打开了世界大战的潘多拉盒子。

日元脱离金本位，财阀中计

1931年12月12日，星期六。“九一八”事变后三个月，日本政府突然宣布放弃金本位，并从星期一正式实行。日本金融市场立刻发生了8级大地震，政坛一片惊呼，商界群起哗然，日本民众陷入了惶惶不可终日的恐慌之中。

日元，以黄金为抵押发行的坚挺的日元，从此将变得“无依无靠”！

虽然一个月前，市场上已经有所传言，但是来自政府的正式公告仍然让老百姓手忙脚乱。东京百货商店的售货员，正在加班加点地调整各种商品的价格；市场中的家庭主妇，正在疯狂抢购生活必需品，一想到两天后各种商品将普遍涨价，主妇们就感到阵阵心悸。经济大萧条，老百姓的收入很不稳定，生活压力越来越大。此时，日元失去黄金兑换保证的消息，无疑将民众的不安情绪推到了惊恐的边缘。

但是，并非所有人都处于惊慌状态，也有少数人正在弹冠相庆。

三井、三菱在东京和纽约的华丽办公室里，外汇交易员正在以香槟庆祝。两个多月以前，财阀们常年“包养”的有关政府官员，已向其透露了日本即将追随英国抛弃金本位的内幕消息，日元对美元将在日本放弃金本位后至少贬值30%！

财阀们当然不会错过这个天上掉下来的大馅饼。

仅三井财阀一家，就立刻出手囤积了1亿美元，并在外汇市场中沽空日元。三菱和其他财阀也不甘落后，大家纷纷大买美元、狂抛日元。一时间，东京外汇市场狼烟阵阵，扑朔迷离。

财阀们天天盼着政府宣布日元与黄金脱钩这一惊天动地的消息，现在终于如愿以偿了！他们赚得盆满钵满。三井一家至少净赚了2 000万美元，交易员们的年终奖一定少不了！

此时此刻，日本第三大财阀——住友财阀的办公室里却一片沉寂。这两个月以来，外汇交易员们的心里一直憋着一股气，眼睁睁地看着触手可及的巨额利润不让赚，也不知公司总部的高管们是不是吃错了药。虽然住友也通过关系得到了同样的内幕，但是总部三令五申不许外汇交易员参与日元的投机生意。

两个月后的1932年2月9日，宣布废除金本位的前任财政部部长身遭三枪毙命。3月5日，三井财阀的总裁被刺杀。人们终于意识到其中大有蹊跷，原来三井财阀赚的大把钞票是要用鲜血来交换的！为什么同样消息灵通的住友，没有蹚这浑水呢？

原来，住友财阀听从了西园寺公望的忠告——千万别涉足美元投机，因为这是裕仁天皇精心设计的一个圈套！

西园寺公望

这个西园寺公望可不是一般人物，他出身于显赫的藤原家族，在日本历史上和伊藤博文、松方正义、井上馨等人被尊为“明治九元老”。当“九元老”日益凋零，西园寺公望终于成为日本政坛中最具实力的人物。在大正、昭和时代，更是权倾朝野，历任政府内阁首相虽然需要赢得大选，但也必须最终由他推荐才能产生。他的后代西园寺公一，曾被周恩来誉为“中日民间大使”。西园寺公望一家三代，在日本政坛的影响力持续百年之久，成了日本近代史上最德高望重的贵族之家。

西园寺公望19岁便作为天皇的近臣，在明治政府中担任“参议”要职。当年面对德川幕府气势汹汹的“清君侧”大军，他坚决驳斥某些大臣的妥协观点，力主团结一心共同抗敌。随后参与推翻幕府的无数战役，屡立奇功。明治政权稳定后，西园寺公望远赴欧洲，探索日本长治久安之道。他留法十年，考察法国的政治制度、风土人情，结识了众多自由主义者和宪法学者，深受西方自由民权思想的影响。在政治观点上，他反对把天皇神化，坚持走法制和宪政的道路。他协助老师伊藤博文起草了日本第一部宪法，并在其内阁中任职。

后来，西园寺公望又和伊藤博文一起创立了制约皇权势力的政友会，并曾担任过政友会的总裁。政友会的资金主要来自三井财阀，而西园寺公望的兄弟过继给了住友财阀，所以住友财阀也站在西园寺公望一边。

正是西园寺公望最早洞察了裕仁天皇的“美元套利陷阱”，并及时警告住友财阀千万不可上当，否则后果不堪设想。

为什么日元脱离金本位，财阀们通过美元升值、日元贬值来进行套利会是一个天皇布下的巨大陷阱呢？

木户侯爵家的秘密会议

1931年9月23日，就在“九一八”事变后5天，在东京木户侯爵的家里，“十一俱乐部”的成员正在召开紧急会议。“十一俱乐部”是1922年11月11日由木户创办的一个秘密小圈子，成员是一伙宗室贵族和少数可以信赖的外交官和军官。这个俱乐部是裕仁天皇除了近臣之外，最可依靠的“编外智囊团”。这个智囊团在每月11日晚上聚会，讨论天皇及其近臣的治国政策和实施计划。

这天晚上少了平日聚会的轻松气氛，也没有轻歌曼舞的艺伎作陪。5天前，爆发了“九一八”事变，日本关东军发动的占领中国东北三省的军事行动，立刻在中国和世界范围内激起了反对日本的强烈舆论，国际联盟也严厉谴责日本的行为。同时，日本国内政党、财阀和资本家势力集团也表达了严重的不满。国际联盟一旦做出对日本经济制裁的决定，日本严重萧条中的经济将遭受更惨痛的损失，从而不利于财阀和资本家的利益。

为了平息国际舆论和安抚国内各派势力，“十一俱乐部”紧急召开这次会议，必须尽快为天皇想出对策来。首先，要避免国际联盟出台任何制裁或抵制日本贸易的政策，全球经济衰退已经重创日本经济，任何国际制裁对日本来说都是噩梦。其次，必须设法安抚和控制那些“短视”的银行家和工业资本家，让他们继续为帝国的军事发展提供资金。

会议一直开到深夜，确定了三个可行的提议，这就是在此后8个月中，影响着日本和中国历史的三件大事。

第一件大事，俱乐部中的金融专家提出了“美元套利陷阱”。两天前，英国没有任何预警就突然宣布放弃了金本位，让英镑一夜之间贬值20%，日本银行的外汇交易猝不及防，亏损严重。好在英国政府似乎一视同仁，也没有事先通知本国的银行家，否则日本人亏得更多。要是这种事在日本发生，政府官员一定会提前把消息透露给关系户，银行家们必然在金本位废除之前的几个月里把日元换成外汇，等日元大幅贬值后再换回日元，凭空大捞一把。对于善于走政府路线的日本银行家来说，这不过是顺理成章的“行业惯例”，而英国人的做法简直是不可思议、愚蠢之极。此时，天皇手中握有一张王牌，如果他同意让日元也进行如此幅度的贬值，并事先透露给财阀们，他们的获利可高达1亿美元左右！这个数字足以贿赂任何一家日本财阀，包括最大的三井财阀，从而促使他们与天皇的思路保持一致。

如果财阀们果真根据日元即将贬值的内幕消息，大量买入美元和沽空日元的话，他们将被天皇抓住这一重大把柄，那就是财阀们大发国难财，一旦消息透露出去，就是财阀资本家的重大丑闻，天皇拿住他们的这个短处，就不怕财阀们不配合。这样，天皇在国家政策上就可以得到更大的发言权。如果财阀们支持军方的扩张计划，天皇就可以支持财阀们资助的内阁，加上批准的放弃金本位的额外“奖金”。[1]

第二件大事，武力胁迫蒋介石在上海上演一出转移国际视线的“假战争”。日本将制造机会让日军在上海“被迫”卷入一场“自卫”的军事冲突，战火将直接威胁到西方列强在中国的人员和数十亿美元投资的安全。这是一手以攻为守的高招，以中日战争威胁西方在华利益，然后在国际联盟的请求下，日军公开让步退出，让西方国家欠日本一个人情，这样国际联盟自然也就不好意思再对满洲发生的事穷追不舍了。同时，日本在满洲扶持一个以溥仪为皇帝的傀儡伪“满洲国”，表面上独立，其实是日本的傀儡，并要得到蒋介石承认。在这种情况下，国际联盟更没有理由来干涉和谴责了。[2]

第三件大事，制造一起军方威胁天皇的“假政变”。让西方国家看到军方正在力图摆脱天皇的控制。如果对日本施压，就将失去这个亚洲最大的君主立宪制的民主国家，从而将日本推向法西斯主义集权国家。鉴于意大利和德国的法西斯所制造的麻烦已经够大了，国际联盟并不想在亚洲再搞出一个法西斯国家，而只有天皇有能力管制军方，这样，对日本的压力自然会减少很多。

熟读《三国演义》的天皇智囊团，设计了一套令人眼花缭乱的连环计。其主旨就是，先把财阀装进陷阱里放着，然后看看国际联盟的决议是否能令裕仁满意，如果不能，就启动第二计“假战争”，并让溥仪成立伪“满洲国”，一切费用由“已在陷阱中”的财阀来出。如果财阀不愿意出钱，就抛出政客和银行家发国难财的丑闻，使之成为公众发泄愤怒的对象，同时用暗杀和政变的第三计来对付他们和转移国际联盟的视线。

天皇不是日本最高的统治者吗？何苦如此大费周折来对付银行家和政客呢？一道诏书不就解决问题了吗？

问题在于，天皇的诏书不一定好使！皇权未必能斗得过金权！

“大正政变”与皇权失势

1868年，长州、萨摩、肥前、土佐四藩联手打垮德川幕府，高举“王政复古”的大旗，拥立明治天皇开启了明治维新的时代。日本变成了君主立宪的国家，天皇成为国家宪法确认的“最高元首”。那么天皇实际上究竟拥有多大的权力？日本社会究竟谁是真正的主导力量呢？

应该说，同样的制度，同样的法律，不同的天皇拥有不同程度的权力！权力从来不是法律能够完全赋予的，也不是制度足以彻底保证的，权力乃是各方利益激烈博弈的结果。

四藩夺权以来，逐渐形成了“明治寡头”的政治权力核心，其代表人物就是“明治九元老”。在他们背后乃是军阀势力和财阀势力的双重支持。他们将天皇高高地供奉成神，然后“借用”天皇的名义，对国家的大政方针实施影响。天皇的意志，必须也只有通过他们才能够得到执行。

明治天皇以其独特的个人魅力和政治权谋，将自己的皇权意志与“明治寡头”的利益进行了有效整合，从而获得了各方的拥戴，皇权得以巩固，天皇的权威得以彰显。

然而，当明治天皇去世，大正天皇即位之后，情况发生了明显的变化。大正属于典型的弱势天皇，他既无明治的个人魅力，更缺乏明治的政治权谋，才华、政绩、威望都远逊于其父。俗话说，当一个人的才气比脾气大时，人们通常可以容忍，但若脾气比才气还大，往往会招致反弹。

大正的毛病正在于此，而他的悲剧是对此毫无知觉。

辛亥革命前后，西园寺公望第二次组成内阁，其间大正天皇即位。大正的皇权意识强烈到各方都明显反感的程度，而他并不具备韬光养晦的权力谋略，更没有借力打力的政治手腕。他的自我感觉是超级牛人，一个被神和宪法双重护佑的牛人，牛到一声令下，各方会立刻无条件服从的程度。

于是，大正一上台就着手扩充军队，强化国防，包括增加陆军和海军的人数和装备，准备在开疆辟土和军事征服上，能够青出于蓝，赶上甚至超过其父明治天皇。其心气之高，决心之坚定，根本忽视了他的权力基础并不足以支撑他的雄心壮志。

元老们首先就不买账。

西园寺公望就是明显的反对派，而他的背后就是大银行家与产业资本家的势力。他仗着自己的政友会在议会占绝大多数，其内阁政策和天皇的意志截然不同。他努力削减日本因日俄战争而背上的15亿日元的庞大债务，坚决控制财政预算。结果与大正天皇僵持不下。

扩军备战的政策当然符合军方的利益，于是大正与军方结盟。为了迫使西园寺公望让步，内阁的陆军大臣辞职，从而导致西园寺公望内阁解散。

陆军大臣辞职何以会导致内阁倒台呢？原来，日本的法律规定，在内阁中，陆军和海军大臣必须是现役军人，如果双方中有一方决心不配合首相，可以拒绝派出代表加入内阁，从而使内阁无法存在。

西园寺公望内阁倒台后，大正授意陆军的桂太郎组阁。西园寺公望立刻还以颜色，团结所有的文官拒绝担任大臣职位，结果内阁难产。最后，大正不得不动用宪法所允许的最高权力，硬把桂太郎推上了首相宝座。

大正的这一手段相当生硬，直接将自己送到了暴风雨的中心，完全失去了天皇应有的回旋余地。

果然，大正天皇的做法，在议会中掀起了一场抗议风波。议员们表面上指责桂太郎是“躲在龙袖后面的家伙”，其实是在抱怨天皇滥用皇权。大正天皇大怒，直接下诏命令议会休会三天，好好反省。可西园寺公望这些民权政治家“被惯坏了”，复会后仍然公开批评内阁。这样的事在明治年代只需天皇皱着眉头打一个嗝，就可以平息，现在天皇亲自下了诏书居然还搞不定！

怒气冲天的大正天皇召见西园寺公望，命令他回去统一思想，停止抗旨。西园寺公望回去照本宣科地传达了圣意。议会又讨论了两天，居然还是否决了天皇的提案！

这下全日本都傻了！在日本历史上，天皇的旨意从来没有被否定得这样毫不留情！西园寺公望脸上也挂不住了，他毕竟是皇室宗亲，理应站在天皇一边，否则天下人将会如何看待背叛天皇的他呢？于是，西园寺公望辞掉了政友会总裁一职。但是他坚持天皇是人不是神、皇权必须被宪法节制的思想并没有任何改变。

紧接着，东京、大阪等地发生反对内阁的示威和骚乱，这就是日本历史上的第一次“宪政风波”。各大政党也纷纷提出“打倒阀族，维护宪政”的口号。而背后的支持者，就是希望从贵族和军阀手中夺得权力的银行家与产业资本家。买卖人首先关注的是投资回报率，赔本的买卖没有人愿意埋单。军备过度扩张，军事冒险万一失败，投入巨额金钱的投资人岂不是血本无归吗？赔本的买卖可没人会做。

大正天皇立刻处于极端孤立的尴尬境地，除了从扩军政策中直接获益的以长州藩为核心的陆军还站在天皇一侧，其余各种势力纷纷站在了西园寺公望的一边。

局势还在进一步恶化，首相桂太郎被迫辞职。西园寺公望等元老向大正力荐了超党派的首相来组阁，此时的大正天皇心力交瘁，威严尽失，冲动之下，甚至威胁要退位，尽显其性格中脆弱的一面。最后，闹情绪也好，威胁退位也罢，大正天皇不得不在国家政策和人事安排上，做出了一系列安排和让步：

> 撤销扩充军队计划的大部分内容。
>
> 暂时放弃武力征服南洋的计划。
>
> 万一爆发世界大战，日本和控制太平洋地区的英、法、美同步。
>
> 天皇年龄最大的顾问由一名平民出身的官员取代。
>
> 裕仁皇太子离开皇家子弟的特别学校，到一所斯巴达式的学校里接受教育。[3]

这个事件被称为“大正政变”。

大正天皇从此郁郁寡欢，1919 年突发脑溢血，之后转为精神病。

在一次阅兵仪式上，他当着外国使节的面，把诏书卷着当望远镜四处张望。大臣们认为天皇不再适合管理朝政，于是，1921 年由裕仁皇太子摄政。

为什么大正天皇的让步会牵连到裕仁呢?

皇室贵族认为，“大正政变”的根源在天皇身上，是他的懒散和缺乏决策能力才导致皇权的危机。因此，裕仁出生仅 70 天，就被寄养在退役海军将领家里，接受“武士道”教育，之后由专门的“御学问所”的教师负责培养，目的就是打造出一个合格的专制君主，以待将来皇权能够卷土重来。

天皇之梦：皇权的东山再起

1921 年 12 月的一天，刚从欧洲旅行回来的摄政王裕仁，在皇宫里接见了贵族和政治家西园寺公望公爵。西园寺公望是历经孝明、明治、大正的三朝老臣，他来皇宫参见之前已经听说，前一天裕仁在皇宫里，为庆祝旅欧蜜月归来和执掌大政，举办了一场不拘礼节的狂欢宴会，参加的全部是皇室宗亲和贵族近臣。这种摄政王和一小撮亲信的公开聚会，在当时还十分少见。这让西园寺公望十分担心和震惊。日本的上流社会纷纷猜测，裕仁执政以后，所依靠的到底是秘密团体还是内阁。西园寺公望和退下来的几位老臣都认为，裕仁应该谨慎行事。裕仁十分耐心地听了西园寺公望的劝告，并故作严肃地为前晚的荒唐行为道歉，接着十分诚恳地请求西园寺公望出任天皇的高级顾问。

裕仁天皇

西园寺公望对裕仁纠集秘密小团体的事颇有顾虑，就推说自己已经 70 多岁，到了退休年龄，只想住在海边读读小说，弹弹琵琶，安度晚年，没有精力担任如此重要的职位。

裕仁了解他的担心，便答应如果西园寺公望同意，他将公开宣布放弃对秘密小团体的支持，以表示对君主立宪制的尊重。

西园寺公望默默沉思了一会儿。他作为贵族藤原家族的一员，应该保持家族的传统去维护天皇制度。另一方面，他担心以后不能制止裕仁像他父亲大正天皇一样的专制行为，从而使自己卷入天皇和财阀的斗争中两头不讨好，弄得自己晚节不保，毁了一生为民权和自由而奋斗的名誉。最后，他认为日本国民在过去的10年里，已经渐渐改变，也许能接受恩师伊藤博文所倡导的法制和宪政的理想。如果民意与天皇的意志冲突，相信裕仁会尊重和接受大多数臣民的意见。现在国家需要他，就应该接受这个职位。于是，他同意了裕仁提出的建议。

裕仁在等待西园寺公望答复时已经不耐烦了，但他必须有耐心。西园寺公望是裕仁梦寐以求的挡箭牌和前台人物，他在明治时期的内阁和最高顾问机构枢密院供职长达40多年，在官僚和议会中拥有崇高的声誉和广泛的人脉。他行事敏捷周到，人品正直，既能为天皇在人们心中留下和谐慎重的印象，又擅长言不由衷和面面俱到的言辞，为天皇过激的政策和失误进行辩护。

搞定了西园寺公望，裕仁天皇就可以隐居幕后，充分施展他长袖善舞的政治手段和借力打力的韬略，若隐若现地左右政局，从容不迫地积聚皇权势力，待机而动。

有了多年的执政经历，裕仁天皇越来越成熟。他也有郁闷和痛苦的时候，每当此时，他就会来到皇宫的御书房。就在房间的角落里，他珍藏着一座心爱的拿破仑半身铜像，每每看到这座铜像，他的精神都会立刻大振。这是他在欧洲旅行中，为自己买的唯一的纪念品。记得在法国参观拿破仑陵墓时，他曾经出神地盯着拿破仑那把奥斯特里茨宝剑，想象着自己如拿破仑般驰骋疆场。“英雄当如拿破仑。”每当他遇到困难时，常常以拿破仑当年横扫欧洲的气概来激励自己。他相信曾祖孝明天皇以来的“尊王攘夷”的梦想，必将在他的身上发扬光大！

回想400多年前，战乱频繁，皇权旁落，幕府将军嚣张到不向天皇提供任何财政补助，天皇穷得常常拿不出钱办一顿丰盛的宴席来招待大臣。因为缺钱，后土御门天皇死后44天才下葬，他的继承人也不得不把登基仪式推迟了22年。后来的天皇后奈良，潦倒落魄到上街卖字，后来靠勤王者筹集到钱，终于建了一座新宫殿，让天皇过上了体面的生活。即使这样，当西方人不远万里来到京都朝见天皇后奈良时，被告知因为幕府将军不在，请求不能送达。因此天皇被描述成了隐居在京都、没有权力的宗教领袖。以后的300多年中，没有一个外国人见过天皇。在西方，天皇的存在被完全忘记了。

孝明天皇时代，美国胁迫幕府签订通商航海条约，天皇在屈辱中向西方敞开国门。从此"尊王攘夷"成为历代天皇的梦想。裕仁的爷爷明治天皇依靠三井等财阀的资助开始了明治维新，废除幕府，恢复皇权，总揽大权于一身，和财阀结下了不解之缘。

过去依赖幕府将军施舍的教训让明治领悟到，为了维护最高的神主政权，金钱常常比武力更重要。明治将新的工业在日本的开发垄断权和殖民地物资的贸易权，赐给三井、三菱和住友等财阀，并从中分得一份红利。三井掌握了日本最大煤矿的经营权，以及中国台湾地区的樟脑和砂糖的专营权。天皇和财阀结成了互相依赖的同盟关系，依靠天皇的支持，财阀控制了日本银行、重工业、运输、贸易等支柱产业，作为回报，财阀对天皇忠心耿耿，根据天皇的长远国策来调整工业和商业计划，成为名副其实的"政商"。到明治时代结束时，皇家积累的财产由明治掌权时的区区几万美元增加到4 000万美元。

但是随着大正天皇时代的开始，把持国家经济命脉的财阀，也像西方国家的大银行家一样，越来越以自己的利益为重，企图凌驾于天皇之上。他们频频插手帝国的政策。当年大正实施以"完善国防"为核心的帝国纲领，对军队进行了一次大规模的充实，以西园寺公望为首的代表财阀利益的元老们，便以全国仍在为平衡日俄战争留下的财政赤字而节衣缩食为理由，屡次否决了天皇精心构思的扩军方案，逼得天皇差点退位，最后郁郁而终。

现在看不到帝国“长远规划和利益”的财阀和政客们，又对裕仁天皇占领满洲的计划推三阻四，让裕仁天皇在实现梦想中的中兴大业时感觉十分掣肘，是到了该给他们点儿颜色看看的时候了！

从孝明天皇时代开始，日本就制订了在天皇领导下驱逐蛮夷统一国家的战略计划。首先是提高国力，实现现代化；然后以向海外扩张的方式和敌人作战，在日本和西方之间建立一个缓冲区，保证日本的安全。由此而产生了“北进”和“南进”之争。北进派主张吞并朝鲜，侵占满洲、蒙古，后来包括西伯利亚地区，而南进派则认为应该占领或控制日本以南，包括海域诸岛及东南亚的南洋地区。

裕仁认为，北进只是国防的需要，丝毫不能解决日本人口过剩、工业品出口和战略物资来源等关键问题。日本人不喜欢气候寒冷的地方，北海道在几个世纪以前就归属日本，可到现在还是地广人稀。后来明治天皇征服了同样寒冷的朝鲜也于事无补。如今陆军中头脑幼稚简单的北进派，还想以满洲为基地，进一步扩张到冰天雪地的西伯利亚和飞沙走石的蒙古，简直就是疯言妄语！

南洋气候温暖，原住居民稀少而懒惰，便于日本人移民，而东印度群岛丰富的石油、橡胶和矿产将为日本工业发展提供源源不断的战略资源，所以日本帝国的前途和希望，在南不在北。[4]

现在蒋介石忙着“围剿”中国共产党的根据地；苏联埋头搞国内建设自顾不暇；英美为经济危机所困，对“九一八”事变睁一只眼闭一只眼。裕仁正是看到了这个机会，才正式开始实施他的宏伟蓝图。满洲只是计划的第一步，随后帝国的势力可以从满洲沿着中国海岸线南下，最终控制南洋的战略要点。

肩负着几代人“尊王攘夷”的梦想、受过西方教育、熟知西方历史又身为生物学家的裕仁，自认为对“攘夷”的理解，超过了前辈。他的雄心已经远远不止于“攘夷”。他认为，日本不能再孤立存在，而是要以领袖的思维进入亚洲和世界。他从自己的偶像拿破仑、林肯和达尔文的成就中得到启发，决心要像拿破仑一样抗击英美西方列强，像林肯解放黑奴一样把亚洲和全世界从殖民统治下“拯救”出来，用大和民族的神道教来促使其他种族“进化”。进攻、解放、进化，这就是上天赋予他的使命。

要一致对外，就必须说服日本社会的主要政治势力。其中，军队和浪人非常理解和支持天皇的意图，紧紧跟随天皇的步伐。而财阀及其支持的政党，往往把自己的利益置于国家利益之上。在裕仁看来，随着帝国疆土的扩张，财阀的势力自然会得到进一步发展，可恼的是，现在他们局限于眼前利益，害怕国际联盟可能提议的经济制裁会影响他们的利益，不愿意在长远规划上和帝国站在一起，为占领满洲和今后的行动提供源源不断的资金。

回想祖先因为大权旁落而穷困潦倒，想到父亲被逼让步，再到今日自己与财阀政客的争权，裕仁发誓一定要牢牢建立以皇权为中心的帝国，武力是解决一切问题的核心，必要时，他会毫不犹豫地使用武力，决不能像父亲那样心慈手软。

裕仁执政这些年来，不知多少次地想象着如果自己在父亲的位子上，会如何处理“大正政变”。父亲不太了解日本，他的团结人民共同奋斗、为国效忠的一套法则，只停留在理论上，而没有真切地感受过。父亲认为不管什么事，只要发号施令就行了。他不能想象天皇在什么时候会遭到违抗。他并不懂得如何施展明治天皇的那种悠然自得的魅力和精心操弄的权术。

如果父亲像祖父明治天皇一样，多一些决心和权谋，事情绝不会发展到如此地步。“大正政变”是皇权的全面退步，现在轮到他来拨乱反正、中兴帝制了。

既然政客和财阀不听招呼，干脆绕过他们，直接调动基层臣民，如低级军官、浪人和农民，通过拥护皇权的基层组织、帮会和舆论，发动他们去斗国会议员和财阀。另一方面，把操纵财阀和政客的事交给西园寺公望，利用他出谋划策。如果决策失误，是西园寺公望承当朝野的批评；如果事情办得不坏，那是裕仁天皇英明。

裕仁天皇心里憋着一股劲儿，他就是要让西园寺公望亲眼看到，自己是如何把权力从梦想“宪政”的财阀和政客们的手中夺回来的。

现在的首要问题是如何对付以元老西园寺公望为核心的财阀政客联盟。

“十一俱乐部”会议的第二天上午，参加会议的亲信把三个提议向裕仁天皇做了汇报，裕仁考虑后认为不错，便吩咐立刻进行，先把三井等财阀送进“美元套利陷阱”。

三井跟天皇叫板，落入“美元套利陷阱”

日本如实现共和政府，则三井、三菱一定会是大总统的候选人。[5]

三井支持过天皇，天皇也没有亏待三井。明治维新之后，三井财阀的迅速崛起，离开政府的支持是不可想象的。

1888 年，明治政府公开拍卖三池煤矿，投标者包括三井、三菱等四家私营企业，大家都在背后找关系争取拿下这笔大生意。财政部部长松方正义决定拍卖标价不得低于 450 万日元，如果达不到，他就辞职而内阁可能会解散。

三井对三池煤矿志在必得，因此找来三井的最高顾问、政界大佬井上馨打通关系。井上馨当年把自己的物产公司和三井合并，形成了现在的“三井物产”，双方结下不解之缘。井上馨给政府部门打了招呼后，煤矿便和三井银行进行秘密谈判，敲定细节。随后政府突然宣布三池煤矿以 455 万日元卖给不知从哪里冒出来的佐佐木先生，佐佐木代表的当然是三井。而后，三井以区区 100 万日元定金就拿下了三池煤矿，并将余款分 15 年付清。

三井买下三池煤矿不到一年，不仅收回了 455 万日元的成本，还赚了不少。如果按照保守估计，煤矿可以开采 50 年，将为三井带来 4.5 亿日元的利润，是当初 100 万日元定金投资的 400 倍！这算得上是日本历史上最大的“国有资产流失”案了！[6]

三池煤矿的成功运营，离不开三井以高薪留住的海归技术天才团琢磨。团琢磨毕业于麻省理工学院，他上任后不负众望，利用刚在国外学到的大型水泵技术，解决了煤矿排水的难题，大幅提高了煤的产量。因为团琢磨的经营和技术天赋，三池煤矿的利润居然超过了三井银行，与三井物产比肩。三池煤矿被称为“三井的手提式保险箱”。团琢磨也迅速蹿升为三井的总裁，以年薪30万日元荣登日本“打工皇帝”宝座。可惜他的辉煌人生却因为“美元套利陷阱”戛然而止。[7]

随着三池煤矿的成功收购，三井经营的重点从商业、金融业向工业部门展开，经过中日甲午战争和日俄战争，逐步成为垄断资本集团，第一次世界大战后成为势力遍及各个行业的财阀巨头。

《纽约时报》1922年曾这样描述三井：西方文明中从来没有这样的组织。只从事金融业的罗斯柴尔德家族和三井财阀比起来就非常一般了。三井是东方世界最富有的财团，控制了矿山、银行、铁路、航运、工厂和贸易公司。“像三井一样富有”对日本人来说意味着无穷的财富，就像美国人梦想“像洛克菲勒一样富有”一样。[8]

大财阀不仅控制着国家的经济命脉，而且勾结元老、官僚、军阀，操纵政党，左右政权。当时日本的几大政党后面都立着各自的“财神爷”。政友会的元老井上馨，被人称为“三井的大掌柜”，核心人物山本条太郎和森恪与三井财阀有密切的联系，而改进党总裁大隈重信和宪政党总裁加藤高明与三菱财阀关系密切，后者成了三菱创始人岩崎的女婿。这些人从19世纪末开始，一直是日本最活跃的政治人物，成为财阀的代理人，为财阀的利益服务。

1927年，日本发生空前严重的金融危机，银行纷纷因挤兑而破产。财政部部长高桥是清发出紧急敕令，宣布所有日本银行一律停兑三周，并由日本银行向各大银行发放22亿日元的非常贷款，另由政府补助7亿日元，帮助垄断金融资本渡过了难关。随后，日本政府修订了《银行法》，将开业银行资本的门槛提高到100万日元，强制加速银行业的整合，使一大批中小银行在金融危机中破产或被大银行吞并，而三井、三菱等五大银行趁机捡便宜，急剧壮大起来，资本总额一跃达到所有日本银行总资本的1/3。[9]

垄断资本家依靠政府的势力，形成金融寡头政治，在金融危机中反而“因祸得福”，不断壮大。这让人联想到2007年美国金融危机中，美国政府不惜一切拯救包括高盛在内的几个“大而不倒”的银行。同样是政府将纳税人的钱借给大银行，同样是放手让它们的竞争对手破产，难怪巴菲特在危机中毫不犹豫地抄底高盛的股票，有政府站在大财阀一边，试看天下谁能与敌！

财阀有了政党的结盟，遥控内阁议会，在“大正政变”中取得巨大成功以后，越来越肆无忌惮，对天皇和军方的态度也越来越倨傲。可是这一次，他们面对的是精明而富于权谋的裕仁天皇！

“十一俱乐部”会议后第二天，西园寺公望通过密探知道裕仁天皇智囊团的密谋之后，他明白天皇和他的小圈子在占领满洲后，没有按照他的请求“停下来想一想”，而是在加速向前推进。他决定取消回东京的计划，留在京都，向全国暗示，他不在天皇身边是因为他对国家新的扩张政策有不同意见。

同时，因为与住友财阀的特殊关系，他警告住友的银行家们千万不要卷入“美元套利陷阱”中，并通过和周围的人私下议论这件事，向天皇施加压力。

1931 年 10 月初，财阀中最大的三井在听到内幕后，经不起诱惑，大举投机外汇市场，购进 1 亿美元，坐等美元套利变成现实，其他财阀也纷纷跟风买进。这下主动权就掌握在天皇手里了，如果财阀和西园寺公望站在一边，不为占领满洲融资，裕仁就按兵不动保持金本位，把财阀逼到破产的边缘。如果他们参与进来，就可捞到几百万乃至上千万美元的快钱。

西园寺公望听说三井等财阀掉进圈套后，明白自己和三井一样也陷入了左右为难的境地，但是他仍然坚持留在京都。同时，他再次警告住友的管理层，一场金融大屠杀将会到来，让他们自己掂量是否值得从中牟利。大多数高管都听从了他的告诫，以致两个月后日元贬值时亏了不少钱。

在东京，天皇的小圈子正忙着把不同利益的政治势力组织起来，这个联盟包括军官、政客和三井财阀的董事。台上的民政党内阁怕风险太大，不愿承担这个责任，一再向天皇请求辞职。在野的政友会成员不得不硬着头皮顶上，因为他们已经向后台“财神爷”三井保证日本会放弃金本位。三井已经赌了1亿美元，为免夜长梦多，他们迫不及待地想让自己的政友会上台，以套现美元，获取投机利润。

裕仁天皇不慌不忙地要现任内阁再留守几天，等待国际联盟的决议。可三井财阀越等越着急，天天催着政友会想办法。政友会总裁被逼无奈，11月，在一次选民集会上公开承诺要使日本效仿英国脱离金本位。消息一出，外汇市场上日元立刻下跌，三井财阀美元兑日元账面大幅盈利，压力顿时减小。西园寺公望听到这个消息后，简直不敢相信自己的耳朵，连连说道：“这不是一家银行还没开门就宣告破产吗？”

12月10日，国际联盟的决议终于下来了，对日本既不谴责也不包庇，而是要派个调查团到满洲和日本查访以后，才能判定“孰是孰非”。虽然国际联盟搞的是无原则的敷衍搪塞，但是派遣调查团这件事，在裕仁看来极其不靠谱，这无疑是给满洲的抗日斗士打气，无限期拖延国际联盟和日本之间的危机。

裕仁决定立即启动脱离金本位和“假战争”。

几天后，三井财阀的“美元梦”梦想成真，日本财阀和政府的横滨正金银行共获得几千万美元的账面利润。财阀们弹冠相庆，他们又一次让天皇妥协了！他们却忘记了天下没有免费的午餐，“螳螂捕蝉，黄雀在后”，这些钱变成了永远捏在裕仁手里的把柄！

裕仁接受现任内阁的辞职书后，就派人告知西园寺公望来东京参加新政府的就职仪式。待在京都的西园寺公望终于醒悟过来，他以后不得不经常陪裕仁玩这个“推荐首相，找替死鬼”的游戏了。他不禁充满讽刺地问：“天皇的小圈子选了谁？”

当得知下一个替死鬼是曾经担任政友会总裁的犬养毅时，西园寺公望不禁佩服裕仁的精明，犬养毅正是钓蒋介石上钩的最佳诱饵！

“一·二八”淞沪抗战：日本发动的“假战争”

犬养毅是明治以来的三朝老臣，和国民党领袖人物的关系非常深

犬养毅

厚。他是孙中山的革命密友，始终支持孙中山的革命活动。蒋介石落难日本时，犬养毅收留并帮助过他。

只有像犬养毅这样的人告诉蒋介石，计划在上海发动的战争是给国际联盟演的一出戏，蒋介石才会相信，甚至愿意配合把戏演好！

1931年12月13日，犬养毅内阁正式上台，他的特使已经在南京和蒋介石秘密会谈了一段时间。双方约定，蒋介石默认日本侵占满洲的“合法性”，作为交换，日本帮助蒋介石消灭驻扎在上海的第十九路军。第十九路军属于反对蒋介石独裁的粤派势力。一旦“独立”的伪“满洲国”获得蒋介石的承认，国际联盟就没有理由谴责日本政府，更不用说经济制裁了。

12月15日，蒋介石第二次通电下野，辞去国民政府主席、行政院院长和军队总司令的职务，财政部部长宋子文和全体内阁集体辞职，并带走所有账本。蒋介石临走时还把自己的亲信安插到4个省政府担任主席，为夺回政权埋下了伏笔。这样他可以放心坐观“假战争”的发生，既避免承担战争责任，又能伺机回来变成结束战争的功臣。

为确保战争按既定规划进行，裕仁派自己的祖叔闲院宫担任陆军参谋长，策划“九一八”事变的关东军干将板垣大佐被调回东京，协助制订“假战争”的作战计划。

1932年1月，国际联盟还没有出发去满洲，关东军就对东北各地展开全面迅速的攻击，这让西方列强丢尽面子。美国国务卿提议召回大使和进行经济制裁，但在国会和政府里支持者寥寥，只好给日本发了个不承认满洲的强硬照会。这下让日本摸清了英美的底牌，更加放心地执行原本的计划。

美国、蒋介石、国内都搞定了，真是“万事俱备，只欠东风”，现在就等着制造发动战争的理由了。

1月8日，裕仁天皇去东京郊外观看军事演习，他的行程5天前被一反常态地登载在报纸上。那天的保卫工作非常彻底，关东军的秘密警察部队被从满洲空运过来协助安保，东京的公共场所和朝鲜人爱去的旅馆被突击搜查，但不知为何“漏过了”一位来自上海的朝鲜独立运动的成员。他12月从上海出发，在日本入关时，神秘地“躲过”了向来精明的移民官，又在铁路便衣的眼皮底下搭乘火车来到东京。这时他身上每一个口袋里都揣着一个手榴弹，静静地等着天皇的车队。

犬养毅（右三）和蒋介石

当他看到有菊花标志的天皇马车经过时，拔出手榴弹扔了出去，可惜手榴弹落在一位内大臣的马车下，只发生了小小的爆炸，大臣毫发无损。刺客立即被逮捕，被关进与外界完全隔离的死囚牢房，9个月后被秘密警察处死。

事后，那位被攻击的内大臣十分镇定地通知说，不必报告西园寺公望；天皇了解刺客身份后调侃地说他一定是朝鲜独立党的成员；天皇的一位亲信事前在日记里写道，他预感那天会出事。

刺杀事件使本来对天皇越来越失望的臣民产生了强烈同情心，纷纷要求负责警务的内务相剖腹谢罪。内务相只得和其他内阁成员一起递交了辞职书，天皇一眼没看就退了回来并让全体内阁留任。

西园寺公望听说这些后，沉默半晌，说了一句大逆不道的话：“常说天皇凌驾于宪法之上，但是除了宪法外，天皇还能在什么地方找到存在的理由呢？”[10]

1月9日，刺杀事件后的第一天，在上海，跟日本情报机关有联系的一位记者报道了这条新闻并写道："只是炸毁了随车，实在遗憾。"上海的国民党机关报《民国日报》等报纸都转载了这个报道，这在日本侨民中引起骚乱。日本驻上海的领事馆随即提出抗议，要求该报道歉停刊。日本特务抓住这件事，开始制造战争的借口。

刺杀事件后的第二天，在上海的日本情报机关收到来自东京的电报："满洲事件"按预计发展，但内阁有人因列强反对仍持怀疑态度，请利用当前中日间的紧张局面进行你策划之事变，使列强目光转向上海。

1 月 18 日，5 个日本和尚到三友实业毛巾厂门口走走停停四下窥探，突然从旁边冲出一些身份不明化装成工人模样的打手，把日本和尚打得一死四伤。第二天上午，上海日侨举行大会，请求日本政府保护。日本情报人员闯进三井驻上海办公室，用手枪逼着三井员工给东京总部发电报，要求政府保护。

天皇小圈子成员利用这个电报，要求三井承担发动"假战争"的费用，因为那是为了"保护三井在上海的利益"。犬养毅要三井捐献 800 万美元，作为政府调集军队去上海保护三井的费用。三井总裁团琢磨觉得政府的要求简直就是黑社会敲诈，就回复说三井不需要这种保护，也付不起这笔巨款。犬养毅提醒团琢磨，听说三井刚从美元套利中至少赚了 2 000 万美元，人要知恩图报，没有政府的帮忙，三井怎么能赚到这笔钱？如果三井同意提供资金，政府可以同蒋介石谈好让满洲"独立"，从而避免国际经济制裁，保证三井的利益。

团琢磨是个聪明人，终于弄明白这是天皇以武力建立帝国计划的一部分，而且不会因为西园寺公望这些政客或者三井财阀的反对而改变。天皇会以各种各样的手段来逼迫他们妥协，美元套利便是天皇的一个圈套，一场大的较量即将来临。他同意考虑首相的建议，但是不能保证三井和其他财阀会支持这个计划。

1 月 21 日，天皇命令议会休会，准备一个月后的大选。这样，裕仁在过渡期间，可以行使宪法赋予天皇的一项特权——批准不在预算中的额外支出。同时裕仁的亲信警告西园寺公望，2 月 10 日之前，如果财阀还不能下决心为"假战争"提供资金，将发生令全国震惊的流血事件。

1月23日以来，日本海军舰队陆续在上海抛锚，上海市民纷纷要求南京政府派兵增援上海的第十九路军，南京政府继续按兵不动。

1月26日，参谋总长，裕仁的祖叔闲院宫召开最高军事会议，命令上海的海军行使自卫权力。

1月27日夜里，遵照蒋介石的幕后指示，国防部部长何应钦给第十九路军发了三次急电，要他们忍辱求全，避免冲突，千万不可妄动，以免妨碍国防大事。

1月28日上午8点，据日本官方报道，一位看似属于反日"救国会"的中国人，把一枚看似炸弹的东西扔进日本领事馆。这给了日本海军开战的最终借口。

下午5点，《纽约时报》记者去港口采访日本海军指挥官的时候被告知，晚上11点，日本海军陆战队将开进闸北，保护日本侨民，可是当时在闸北需要保护的日本人早在两天前就撤走了。

晚上8点30分，日军发出所谓"公告"，要求"中国方面将闸北所有中国军队及敌对设施立刻撤离"。为保证拥有出兵进犯的借口，日军故意拖延到11点，才以信函形式通报上海市市长。在通报仅仅几分钟之后，甚至还没有确定最后通牒是否送达，日本海军陆战队进入闸北。也就是说，日本根本不会给中国任何机会。

淞沪抗战爆发了。日本军队遭到第十九路军的顽强抗击，军长蔡廷锴表示要与日军战斗到最后一人。蒋介石看到第十九路军不但没有被日本人消灭，反而成为英雄，再也坐不住了，马上跑回南京，宣布要在国家危难之时挺身而出，领导政府和军队。

蒋介石不得不同时演两场戏，一场暗戏演给日本人看，继续和日本特使进行沟通；一场明戏演给中国人看，而且情节非常搞笑，与蒋介石参战的说法背道而驰。他命令嫡系警卫师准备作战，可是过了三个星期部队才到达前线；国民党海军居然宣布中立，远远地躲到长江上游去了；在战事正酣时，国民党海军在日本神户船厂订购的一艘军舰下水了，中国大使出席了庆祝典礼，并和大日本帝国海军军官举杯共祝中日友谊长存。这哪里像两个交战国啊？简直就是"大东亚共荣圈”里的两个亲兄弟。

第十九路军听到蒋介石的许诺后欢欣鼓舞，以为蒋介石终于良心发现，不再被身边的银行家和资本家所迷惑，开始为国家利益着想。第十九路军勇敢作战守住防线，让大日本皇军十分丢脸，号称日军精锐的海军陆战队，在飞机和炮舰的轰炸下，加上日本侨民和水手的帮助，居然还是不能攻破第十九路军的防线，军人们真急红眼了！

可是比他们更急的是裕仁天皇。为了防止日本海军为了挽回荣誉而假戏真做、扩大战争，他命令增援部队要缓缓推进不可急躁，还每天亲自查看关于战斗部署和后勤的每一个细节。他心里知道，这次游戏玩大了，不仅要蒙蔽国际社会，还要欺骗他的臣民和为他卖命血战的官兵。最后实在放心不下，把皇后的堂兄调来担任海军总长。这下，海陆军最高指挥官都是皇亲国戚，明眼人一看就知道这场战争对裕仁有多重要了！

一边是裕仁急火攻心，另一边是三井等财阀磨磨蹭蹭不往外掏钱。按照日本惯例，国家的财政大计都要征得大财阀们的同意。现在钱还不到位，显而易见，他们对帝国政策持有异议。这是明目张胆地向天皇叫板！这一次，他们可要吃点儿苦头了。

暗杀的国度

1932 年 2 月初，当日军轰炸的目标越来越靠近西方列强在上海的租界时，日本政府向东京的外国使节发出调停中日之间“误会”的提议。过了两天得到回复，美国国务卿表示必须把上海的斡旋和满洲问题结合在一起。这样，只要西方国家对上海问题采取强硬立场，害怕经济制裁的大财阀们就不会为战争掏腰包。虽然日本的国家信用在纽约等国际金融市场上跌到最低点，对今后日本海外融资十分不利，裕仁仍然坚持拒绝接受美国的方案，他更没忘记一个月前警告财阀的 2 月 10 日的期限。既然财阀们还拿不定主意，惩罚银行家的计划就要尽早启动。

这次倒霉的是前大藏相井上准之助，当初正是他协调三井等财阀进场囤积美元，而且他知道这个阴谋来自皇宫，后来他在劝导财阀们向国家捐献部分利润一事上办事不力。俗话说："伴君如伴虎。"谁让井上准之助知道得太多呢！

2 月 9 日，裕仁邀请了原来中国情报网的负责人到皇宫讲课，此人在中国的下属是日本右翼组织血盟团的领袖，他们以暗杀政界人士闻名。当天晚上 8 点，井上准之助在一所小学准备做竞选演讲时，被血盟团最厉害的刺客连开三枪毙命。"三重阴谋"的第一个牺牲者诞生了。刺客在警察局受到异乎寻常的优待，几个月后上法庭时，精神抖擞，红光满面。

除掉井上准之助的另一目的，是为了在即将开始的大选中打击执政的政友会和犬养毅，因为美元套利是在犬养毅内阁时期发生的，而政友会的温和主张往往和天皇及军方的扩张政策相左，政友会认为帝国应该奉行经济扩张而不是军事扩张，同中国要保持长期合作。

大选的结果让裕仁小圈子非常担心。看来老百姓不傻，他们知道现行的经济政策是内阁从上一届政府继承下来的，所以继续投政友会的票。

刚被井上准之助的死吓出一身冷汗的财阀们，看到选民不支持战争，就挺起腰板，准备重新挑战天皇。当初为了利益背弃了西园寺公望的财阀们，现在纷纷找上门来，要和他共同发起"宪法保卫运动"，再创"大正政变"时期的辉煌。

财阀们招募了自己的保安队伍，来对抗血盟团。他们不但不答应为在上海的"假战争"埋单，居然还想出了收买对天皇最忠实的关东军的主意。三菱的代表找到关东军司令官，请求他接受一张高达 10 万美元的"捐献"。他们得到的回答是：金额太小，三菱应该更慷慨些，直接捐给东京的陆军参谋长。

裕仁小圈子认识到这是一场严重的政治危机，唯利是图的财阀勾结政客，迷惑了天皇的臣民，现在又要收买陆军。而政客们被财阀的金钱和西方所谓的议会民主腐蚀，丧失对国家和天皇的忠诚。所以，必须对罪魁祸首的财阀实行直接打击。

团琢磨

让裕仁小圈子欣慰的是，2月29日，在国际联盟到达东京的时候，7万日军精锐终于突破了5万第十九路军战士的防线，而3月1日，傀儡伪"满洲国"也大张旗鼓地宣告成立了。3月2日，国际舆论完全被一位闻名世界的美国飞行家小孩的绑架事件所吸引。这一连串的利好消息被他们认为是天赐良机，这下可以放心准备如何对付财阀了。

当天，三井银行召开股东会议讨论年度报告，年度报告特别指出过去的一年银行业务遇到的困难，由股市和英镑贬值带来的损失远远超过美元套利的利润，而美元套利完全是为了对冲英镑贬值的损失，最终三井银行净亏损400万美元，外界批评三井投机美元大赚黑心钱是完全没有道理的。[11]

3月3日，财政部好像完全没有理会三井哭穷的呼声，宣布为了偿还上海战事带来的债务，准备发行约800万美元的债券，希望三井等财阀为国家利益着想，积极购买。三井总裁团琢磨毫不买账，答复道："全国大企业家一致认为，公司财政困难，缺乏现金，难以如愿购买债券。"双方干上了！[12]

1932年的日本正处在经济危机中，而其东北部的农村也在遭受着1869年以来最严重的粮食减产。农民以草根为食，他们的女儿被买去当歌妓，儿子去满洲"保卫国家利益"。本该用来赎回女儿的钱不得不去付租金和税。另一桩悲剧发生在一位儿子在满洲的农民父亲身上，儿子出发去满洲之前写了封信告诉父亲，但是忘了贴邮票，而父亲因为付不起4分钱的邮费不能收信。一个月以后，父亲接到儿子在满洲战死的正式通知。[13]

老百姓的日子非常艰辛，对资本家怨声载道。裕仁小圈子认为这是对财阀采取行动的最佳时机，既能把财阀当靶子泄民愤，又能叫他们乖乖听从天皇的指令。

天皇陷阱的牺牲品：
团琢磨、井上准之助和犬养毅

3 月 5 日，团琢磨在三井银行大楼门前被血盟团的刺客一枪击倒，20 分钟后死亡。

刺客后来对《朝日新闻》说："我的目的是在打破腐败的既成政党，但是在既成政党的后面，必有财阀的巨头，所以我的计划是从暗杀财阀巨头着手，团（琢磨）是三井财阀的中心，所以我要杀他。"[14] 刺客对财阀的批判真是一针见血，完全符合天皇的心意。

团琢磨被刺杀后的第二天，西园寺公望回到东京，但是拒绝按照礼节进宫朝见天皇。他一直在同各方会谈，想要竭力保住他为之奋斗终生的宪政之梦。他要犬养毅内阁留任，让人们保持对立宪议会的一点点希望和信心，并竭尽全力阻止暗杀的恐怖政治。作为交换，西园寺公望要求大财阀买入为上海战事发行的全部 800 万美元债券，另外拿出 750 万美元作为傀儡伪"满洲国"的启动资金。

一切商量好后，西园寺公望进宫向天皇谈妥了安排。可是事情并没有如他所愿，暗杀没有停止，阻挡帝国扩张的一切力量必须被清除。

5 月 15 日，海军少壮派军官和农民法西斯组织成员，发动武装政变。他们计划分 4 路袭击首相犬养毅的官邸、内大臣官邸、政友会总部和三菱银行，再占领警视厅、破坏变电所。除了杀死前首相犬养毅，其他袭击目标大多没有实现，最后他们乘坐出租车到警视厅自首。

刺杀犬养毅首相的 11 名凶手遭到军法起诉。可就在审判前，法庭收到一份由 35 万人以鲜血署名的请愿书，请愿书是由日本各地同情凶手的民众发起签署的，请求法庭从宽发落。在审判过程中，凶手们不但没有认罪，反而以法庭作为宣传舞台，宣扬他们对天皇的一片

暗杀分子在听候审判

赤胆忠心，激起民众更多的同情，呼吁改革政府和经济。除了请愿书之外，另一份由11位年轻人寄来的求情书也被送到法庭。他们每人附上一根手指以示对刺客的敬意，并请求代替11位刺客赴死。

民意如此，怎能不教天皇对他亲自操盘的“尊王攘夷”之梦信心满满！

皇权战胜了金权

“从最初开始，裕仁就是一个行动型的强有力的天皇，但矛盾的是，他给世人的印象却是一个防守型的被动的君主。全世界都认为在决策过程中，他没有起任何有决定意义的个人作用，坚持将他视为一个无能的、有名无实的元首，缺乏智慧，没有知性。事实是，他比大多数的评价更精明、更狡猾，也更精力充沛。从裕仁的谨言慎行中，人们可以读出比他实际说的和做的更多的东西。在执政的前22年，他发挥了高度的影响力，对于想做的事，他很少表现出无能。”[15]

裕仁天皇主导的日本侵略扩张的背景和德国非常相似。它们都在经济上完全垄断；在文化传统上爱好武力、尊重权威、崇拜秩序、勤奋刻苦，深刻体现了对自己独特价值观的自负以及对得不到尊重的怨恨；在政治上，日本1889年宪法的范本就是俾斯麦的德国宪法，虽然两国都是立宪制，但是议会后面真正掌权的是军队、地主和资本家的联盟。两国唯一重大的区别是工业实力，日本是个真正资源缺乏的国家，缺乏煤、铁矿石、石油、合金材料、水力资源，甚至食物。而德国只是用它来做宣传而已。[16]

先天的缺乏资源和日本明治维新后快速增长的人口形成了强烈的矛盾。日本全国人口从1873年的约3 000万增长到1939年的7 000万。

日本人想效仿当初欧洲向外移民来解决人口问题，无奈世界上的大部分殖民地已经被欧美国家瓜分干净。同时英、美、德、法、俄等国对日本的扩张十分警惕和不安，1921 年英国拒绝恢复英日同盟；1922 年美国最高法院宣布，日本人没有资格归化为美国公民。这些大大伤害了日本民众的自尊心和自豪感，更增加了日本对英美的敌对情绪，转而通过武力扩张来解决国内的矛盾。

在 20 世纪 30 年代的世界经济衰退和金融危机打击下，日本和德国都推行对内镇压、对外侵略扩张的政策，建立了法西斯统治，以提高国防开支、实现国家经济军事化的手段来克服危机。

在德国，由于皇权的崩溃，政权的更替是自下而上，通过大选来实现的。

1929 年，席卷世界的经济危机爆发了，德国经济急转直下，1930 年，德国失业人口达到 200 万，1932 年飙升到 600 万。纳粹党立刻抓住这次历史性机遇，指责《凡尔赛条约》和战争赔款导致了德国的经济危机，抨击政府软弱无能，陷人民于水深火热之中。经济的萧条和社会的动荡使德国人民对魏玛共和国彻底丧失了信心，转而支持纳粹成为国会的第一大党，希特勒政府上台了。

很多人误认为纳粹政权是一个独裁政权，拥有社会运作的所有权力，可以随心所欲地支配一切社会资源，希特勒可以决定所有人的命运。实际上，作为政治家的希特勒必须依靠德国社会四大权力平台的配合，才能运作政府。

当时德国的社会权力平台，包括工业资本家、军队、官僚阶级和容克地主阶级。希特勒通过保证农产品利润、管制农民工资、减少贷款利息和税收，以及免交失业保险等一系列措施，保护容克地主阶级的利益，并获得了他们的支持。

由于历史上以普鲁士军官团为核心的军队势力与容克地主阶级渊源极深，普鲁士军官团的精英都是出身容克地主阶级，保护容克地主阶级使希特勒赢得了军队的支持。

通过要求官僚阶级的犹太人和反纳粹的人士提前退休，大量纳粹党员成为公务员，加强了纳粹的势力。

资本家在纳粹上台后权力大增。这个阶级的人士并没有被大规模地组织起来，也没有按照向某一个领袖尽忠这样一种原则受到控制和制约。纳粹政府基本上是不干扰工业和商业自由运作的，而且纳粹党除了处在战争的紧急状态下之外，对于工业资本家总体而言也没有太多的控制。

传统观点认为，纳粹德国实行的是一种国家资本主义和完全独裁的政治体系，实际上这种认识并不准确，因为当时的德国并没有真正建立起这样一套组织模式。应该说，纳粹德国的这套系统是一种专制资本主义，但不是独裁资本主义，其主要特点是对整个社会进行有效的组织，在这样的条件之下，各种社会行为和资源的调动主要是为了满足资本主义追求利润的目的。[17]

日本和德国最大的不同是帝制皇权，日本不是依靠政党和大选掌握政府，而是以自上而下的方式，由天皇和强势的军部来主导，依靠对内策划一连串暗杀、政变等恐怖事件，对外发动侵略战争来扩大势力和影响，建立军事法西斯专政。

日本"君主立宪"是由君主为主体的立宪，宪法只是君主管理国家的手段，而不是对君主的制约。恰恰相反，宪法不仅要保护天皇，还要明确一套机制，使天皇的权力不会受到任何限制。天皇是"帝国元首"，由天皇任命内阁大臣，各级官员必须效忠天皇；天皇是军队的"大元帅"，直接统率和指挥军队，政府和议会不得干涉；天皇可以召集或解散议会，可以颁布诏书取代法律，议会只对天皇起协助和咨询的作用。可见，日本天皇比希特勒的权力大多了，而且有法律明确规定。当然，法律归法律，天皇的实际权力仍然取决于天皇本人与财阀、政党、军队之间的博弈，大正天皇的权力与明治天皇的权力就不可同日而语。

日本军队势力集团，在明治维新后的政治基础上，经过中日甲午战争、日俄战争两大对外战争，成为政府的权力中枢，占据特殊的政治地位。军部势力有两大支柱，一是参照德国，实施军政军令大权分立、统帅权独立的原则，极大强化了军方的政治地位。二是日本的法律明文规定内阁中的陆海军大臣，必须由现役军人担任，更是确立了军队干政的法律依据，如果军方抵制，内阁必然垮台。1907 年制定的《军令》，明确有关统帅权事项只需军部大臣同意，而绕开了总理大臣。该制度使政党、政府对军权不得染指，军部却可以根据军方意志派员担任内阁大臣，直接操纵国家政务，掌握内阁的存亡。正如“大正政变”中，陆军大臣的辞职就轻而易举地搞垮了军方不满意的西园寺公望内阁。

明治维新时代，国家的目标是用一代人的时间将日本建成工业化国家。而日本底子薄，起步晚，唯一的方法是由政府引导，倾全国之力发展经济。这样，日本形成了几个和政府紧密相连的庞大的垄断企业，垄断资本家的利益常常和国家利益结合起来，资本家常常使用合作的态度执行国家政策。

日本的政党政治活动在早期依赖元老举荐制度。政党要想组阁成功需要跨过两个门槛：第一是元老的举荐，第二是选举中获胜。各个政党不是努力通过自己的纲领和宣传去争取选民的支持，而是揣摩如何博取元老们的欢心。当元老一个个离去后，缺乏民众根基和纲领的政党内阁，在面对强硬的军部的行动时毫无还手之力。

宪法保护下的皇权、强硬的军队、合作的资本家和软弱的政党，这一切都让天皇的军国主义专制道路比希特勒更加一帆风顺。

裕仁还向世界证明了他比希特勒高明的地方——天皇对基层臣民的控制和鼓动能力。这些人包括低级军官、浪人和农民。一旦内阁大臣官僚或军队里的高级军官不听指挥，他就直接发动基层民众和下级军官，用“下克上”的方式去完成天皇的意志。

裕仁在他的皇室宗亲的帮助下，很早就开始培养年轻的军官和官僚。早在 1921 年他在欧洲旅行时，就接见了永田铁山、小畑敏四郎、冈村宁次等日本青年军官，并获得了他们的效忠。他们后来形成了裕仁向军中元老挑战的组织——“巴登巴登十一亲信”，其中的岗村宁次、东条英机、土肥原贤二等都是日本军事扩张的核心人物。

裕仁在宫中建立了控制和培养年轻军官和官僚的教导中心，取了一个比较隐晦的名字叫“大学寮”。对于下级军官和初出茅庐的官僚来说，能在神圣的皇宫里听讲讨论，真是莫大的荣幸，在这里待过的人很少会背叛天皇，同学之间结下的友谊会贯穿整个人生，他们的联盟在第二次世界大战以后一直对日本的政坛发挥着重大的影响力。

东京大学哲学系博士大川明周被指定为大学寮学监，他在裕仁的亲信身边工作多年，是日本第一大帮会“黑龙会”头子的忠实助手，还在中国当过 10 年间谍。他周围聚集了代表各阶级的大亚细亚主义拥趸、间谍和民族主义分子。他被称为“军国主义的精神教父”和“日本的戈培尔”，是黑白两道通吃的实干家。

在大川博士的指导下，大学寮的课程里加入了他认为有用的各种“主义”。儒家思想、武器发展、应急计划的制订、陆军的改组和地缘政治理论等。天皇的首席顾问开了一门关于天皇地位的课程，解释皇室的各种职责，说明这些职责在调节天皇与其忠实亲信的分歧时的作用，以及讲解决不能让公众和舆论玷污天皇的必要性。来讲过课的甚至还有准军事体系的人员，如秘密警察、商业间谍、贩毒老手、妓院老板、恐怖分子和审讯专家等战斗在“法西斯主义建设”第一线的行家里手。[18]

除了培养人才以外，天皇还支持拉拢帮会和法西斯组织，比如黑龙会和血盟团，让它们以暗杀和政变来诱导民意，清除反对派。

黑龙会创立于 1901 年，是日本国家主义运动的中心和日本浪人的大本营，势力之大，超过其他任何一家团体。当时成立日本内阁，没有黑龙会大佬头山满的同意，谁也行不通。黑龙会在中日战争和日俄战争中，也曾大显身手。之后与日本军方的合作日趋紧密，配合军队侵略中国和发动太平洋战争。

血盟团是日本右翼恐怖组织，由法西斯僧人井上日召发起，主要成员是学生和农村青年。井上日召曾在中国搞过特务活动，20 世纪 20 年代和老朋友大川博士一起回到日本。他和他的门徒企图以暗杀的方式打倒政党、财阀和特权阶级，在日本实现“君民共治”的法西斯制度。“美元套利陷阱”牵扯的财政部部长井上准之助和三井总裁团琢磨，都死在血盟团的枪下。

有了这些组织的暗中配合，天皇在短短的一年时间里，运用“乾坤大挪移”，幕后操纵日本政局，屡屡使出阴谋、暗杀和战争手段，打得政党势力灰飞烟灭，财阀资本家俯首帖耳，国际社会哑口无言，把皇权紧紧握在手中。他的成就已经远超大正，直追明治。

“这样就结束了日本民选政府的实验。犬养毅的被害，有效地使政友会销声匿迹。此后 13 年内，虽然日本人仍继续定期投票选举，但他们的选票毫无意义——最多不过是对当时公开化了的问题，发表一些不切实际的看法而已。在随后的岁月中，既然财阀已甘心成为国家整军尚武的机器上的轮齿，那么裕仁从他的皇祖列宗处承袭的军事计划可能遭遇的阻力，唯有来自陆军的‘军国主义分子’。”

“当最后一枚手榴弹爆炸后，烟消雾散；最后一辆出租汽车开到秘密警察大楼前停下来；西园寺公望最后虚张声势的恫吓伎俩被裕仁镇下去之后，死者共计不过 4 人。一年之后，希特勒夺取政权时，还得刺杀政敌 51 人，并纵火焚烧了德国国会。希特勒的名字于是立即在全世界成为魔鬼的同义词；而裕仁在他的这场‘三重阴谋’的大政变后，却仍未被人识破——依旧是在宗教色彩的戒律掩盖下的神秘人物，表面看来仍然完全是一个正人君子的典范。他占了当皇帝的便宜，他可以凭借上千年搞阴谋的经验。”[19]

1936 年 2 月 26 日，当 1 000 多名日本下级军官和士兵高呼推翻财阀统治、打倒贪污腐化的官僚政客而血洗东京时，震惊世界的“二二六”兵变将敢于对抗天皇的势力彻底打垮了。

西园寺公望本在被刺杀之列，但最后政变士兵“突发善心”，放过了他。此时的西园寺公望彻底明白了，这是一种来自最高层的最严厉的警告，他根本不是裕仁天皇的对手，宪政不可能制约天皇，金权也难以战胜皇权！

从此，日本打开了世界大战的潘多拉盒子。

注 释

[1]〔美〕贝尔加米尼,《日本天皇的阴谋》,商务印书馆,1984 年,第 578 页。

[2] 同上书,第 579 页。

[3] 同上书,第 410~411 页。

[4]〔日〕室伏高信,《南进论》,1936 年。

[5] 高宗武,《日本真相》,湖南教育出版社,2008 年,第 220 页。

[6] Oland Russell,*The House of Mitsui*,Brown and Company,1939,p.223~224.

[7] 同上书,第 225 页。

[8]《纽约时报》,1922 年 1 月 8 日。

[9] Norio Tamaki,*Japanese Banking*,Cambridge University Press,p.155~156.

[10]〔美〕贝尔加米尼,《日本天皇的阴谋》,商务印书馆,1984 年,第 605 页。

[11] Oland Russell,*The House of Mitsui*,Brown and Company,1939,p.254~255.

[12] 同上书,第 255 页。

[13] 同上书,第 249~250 页。

[14] 高宗武,《日本真相》,湖南教育出版社,2008 年,第 127 页。

[15]〔美〕比克斯,《真相——裕仁天皇与侵华战争》,王丽萍、孙盛萍译,新华出版社,2004 年,第 8 页。

[16] Carroll Quigley,*Tragedy and Hope*,GSG & Associates,1996,p.561.

[17] 宋鸿兵,《货币战争 2:金权天下》,中华工商联合出版社,2009 年,第 175 页。

[18]〔美〕贝尔加米尼,《日本天皇的阴谋》,商务印书馆,1984 年,第 458~459 页。

[19] 同上书,第 663 页。

第七章

金陵梦断

CURRENCY WARS

本章导读

为什么外汇平准基金是中国当时的第二中央银行？

为什么四大家族通过法币能够攫取惊人的财富？

为什么外汇自由化是一个在错误时机推出的错误决策？

为什么中共的“金融潜伏”加速了蒋家王朝的垮台？

为什么蒋介石最终输掉了货币战争？

1935年的法币改革，统一了中国的货币，却加速了日本对中国发动侵华战争。

战争一旦爆发，外汇立刻短缺，法币的基础遭到严重削弱。蒋介石不得不依靠英美贷款，才能稳定货币，坚持全面抗战。英美充分利用了蒋介石的困境，以外汇平准基金为平台，以外汇贷款为条件，一举夺走了中央银行的大权。

全面抗战胜利后，四大家族利用货币手段，无情地掠夺了大后方与沦陷区的财富，尽失民心。正在恢复经济的关键时刻，货币稳定本该压倒一切，宋子文却在一个错误的时机，推出了一个错误的货币政策，这就是外汇自由化，其后果导致了恶性通货膨胀和法币信用的崩溃。

金圆券本来是为了收拾法币的烂摊子，没想到却制造了一个更大的烂摊子，最终葬送了蒋家王朝。

银行家之死

1938 年 8 月的一个清晨，一架从香港机场起飞的民航班机一路西行直往重庆而去。飞机刚刚飞到广东中山上空，机长突然发现不远处的云端钻出一架战斗机，机身侧翼涂装的日本太阳旗触目惊心——那是一架早已埋伏好的日本战机！不一会儿，那架日本战机的侧翼又出现一架战机，紧接着是第 3 架、第 4 架、第 5 架，民航班机上的人们立刻紧张起来，他们落进了日本人设下的空中陷阱。

机长见势不妙，猛地一拉操纵杆，一头扎向厚厚的云层，企图摆脱日军的伏击。5 架日本战机立刻呈扇形队列包抄上来，机关炮喷着火舌向民航班机打去。不到一分钟，民航班机就被打得失去了飞行能力，拉着黑烟急速下坠，驾驶员所能做的只有竭尽全力将飞机迫降在水田中。

幸运的是驾驶员成功了。还活着的乘客奋力挣扎着爬出机舱，四散奔逃。其中一名乘客刚跑出两步忽然想起机舱里还有重要的公文包，立刻转身去抢。这时日本战机纷纷俯冲下

“二战”时日本战斗机群

浙江兴业银行董事长徐新六

交通银行董事长胡笔江

来，向还活着的一切生命扫射。刚刚返回机舱的那名乘客不幸中弹而亡。

这位勇敢的乘客是一名中国银行家，他的名字叫胡笔江，交通银行的董事长。同机遇难的还有另外一位重量级的银行家，“南三行”之一的浙江兴业银行董事长徐新六。

日本的战斗机绝不是巧遇了这架民航班机，并将其击落的。其实日本间谍早已在香港严密监控几位中国银行家的行踪，他们使用美人计从港英官员的口中获知了胡笔江、徐新六等人的航班信息，结果就是日本空军派出精锐的战斗机在香港到重庆的半途中进行拦截。

如果仅仅是为了暗算两名中国银行家，日本空军和间谍组织似乎不必如此大动干戈。事实上，日本要暗算的不仅仅是这两名银行家，而是要执行他们肩负的重要使命！

此时，这两位银行家的提包中承载的是中国法币的命运，而货币的命运最终将会决定国家的命运。

1933 年，国民政府开始实施“废两改元”，建立起“四行两局”的金融系统来统一中国混乱的货币发行。1935 年 11 月，中国完成了币制改革，废除实行了 400 年的银本位制，白银被国有化，法币成为中国唯一的合法货币。蒋、宋、孔、陈四大家族在这一系列货币改革中获得了最大利益。在“四行”中，宋家控制中国银行；孔家执掌中央银行；陈家和宋家分享交通银行；农民银行则是蒋家的自留地，蒋介石和杜月笙等黑道兄弟，分享农民银行资助下的巨额鸦片利润。在“两局”中，孔家拿下了中央信托局，垄断了对外贸易和军火生意；

邮政储金汇业局的大饼由各家族分享。后来成立的“中央合作金库”则是陈家的天下。外汇这一中国最稀缺的金融资源由宋家和孔家联手垄断。当然，最大的老板还是蒋介石。

当蒋介石从军事集权、政治集权发展到金融集权时，国民政府对全国经济资源的控制能力剧增。通过金融系统，四大家族垄断了几乎全部重工业、基础设施、贸易和外汇，实现了金权天下的大一统格局。外国银行势力在中国不得不由直接控制向间接控制转变，由垄断中国金融系统演变为与四大家族分享权力。客观地说，四大家族已经具备了向日本财阀体系进化的可能性，国民政府也已经逐渐加强了对金融高边疆的控制力。

先前的中国，货币版图四分五裂；如今法币一出，一统江湖，号令天下，终结了中国货币制度的紊乱状态。而货币的统一，又促进了国内统一市场的形成，刺激了民族工商业的发展。法币改革后，直至七七事变爆发的20个月内，“中国在历史上第一次出现了汇率的稳定”[1]，从而大大促进了中国的外贸能力，中国经济开始走出大萧条的阴影，迈入稳步增长的轨道。如果不是美国单方面掀起“白银风潮”，中国很有可能会是较早走出世界经济大萧条的国家之一。

中国币制改革的成功，极大地刺激了日本，特别是对征服中国具有强烈冲动的日本军方。

日本“欲征服世界必先征服中国”的大战略的基本前提就是，中国的贫弱和四分五裂。现在中国搞成了币制改革，统一了货币发行，这对日本而言，是个非常危险的信号。日本自身的明治维新就是从货币统一入手，逐步完善金融高边疆，最终在本国金融的强力支持下，走上了一代人即完成了工业化的快速轨道。

美国外交人士对此深有体会，“日本军人抱有一种信念，以为中国推行的统一全国、发展经济和改进军事的方案，近几年有了进展并获得明显的成功，因此已经构成对日本安全的威胁。推迟目前所进行的摧毁那一方案的行动，只意味着以后再想去摧毁它就难于做到了”[2]。

更令日本军人恼火的是，法币居然选择了与英镑和美元挂钩，以保持币值稳定的政策，从而事实上拒绝了法币日元化的可能。这等于是在用货币宣战！1935年11月3日币制改革法令刚一出台，就规定了法币与英镑的固定汇率，实际上将法币纳入英镑集团。1936年5月,《中美白银协定》签订，美国以黄金购入中国7 000万盎司白银，另外中国方面再以5 000万盎司白银为担保借款2 500万美元，并将这笔黄金和美元存入中国政府在美联储的户头，作为法币发行的准备金，并规定法币与美元的汇率为1法币兑换30美分。这个协定把法币与英镑和美元牢牢地捆绑在一起。

日本军部和关东军的一帮中佐、少佐立刻清醒地认识到，中国政府这样做的结果，是把中国纳入英镑和美元区，使中国跟英美力量结成命运共同体，从而将日本彻底排除出局。日本陆军省次官古庄指责中国的币制改革，"对于极有政治经济关系之邻国日本，竟毫无协议……显系放弃亲日政策，故以安定东洋势力自任之日本，断难漠视"。就连素称"鸽派"的日本外务省都表示，中国实行币制改革是"蔑视日本之立场，故亦不能承诺"，日方"将断然排击之，虽诉诸武力，亦必阻止其实现"。[3] 关东军对币制改革的反应，则是直接用大炮发言。中国11月3日刚宣布币制改革方案，关东军11月15日就立刻派出步兵、坦克战车和野战重炮部队在山海关一线集结，随时准备开进关内，扩大对中国的军事侵略。同时，日本方面开始策动所谓"华北五省自治运动"，大力向华北渗透，妄图把华北伪"满洲国"化。

卢沟桥事变中视死如归的中国军人

日本的逻辑非常明确，中国的币制改革，事实上表明国民政府已经决心"自外"于日本的"大东亚共荣圈"。既然中国敬酒不吃，那就罚酒伺候！

1937年抗日战争全面爆发，中国的法币彻底倒向英美正是一个重要原因！

通过币制改革，刚刚稳定下来的中国金融体系开始摇摇欲坠。战争需要钱，现代化战争需要更多的钱。国民政府不得不用通货膨胀的方式，来动员国家的战争能力，说白了就是让中央银行造币局的印钞机开足马力印钞票。而维持法币币值稳定的要害在于外汇市场的汇率稳定，而真实的汇率稳定需要外汇的自由买卖。战争和通货膨胀使得民众开始大量抛出法币，抢购美元、英镑、黄金和白银，很快国民政府压箱底的那点外汇储备就要耗尽了。

1938 年 2 月，伪“中国联合准备银行”在华北出笼后，上海外汇市场上日伪金融势力套汇活动颇为猖獗，每日向中央银行提出购汇的数额，由以往的 5 万余英镑猛增至 50 万英镑！[4] 与此同时，法币币值则一路下跌。从 1938 年 3 月到 8 月，1 元法币兑英镑从 14 便士降至 8 便士，兑美元则从 30 美分降至 16 美分，5 个月间贬值一半！

迫于巨大的抢购外汇压力，国民政府放弃了自由买卖外汇的政策，由中央银行出面管理，实行“外汇请核”制度，即各项购汇申请须经由中央银行核定后，再按法定汇价售予外汇。上海和香港变成了两个官方的外汇市场，法定汇率有价无市。

然而，对买卖外汇的限制立即导致了上海外汇黑市的出现，对法币币值反而形成了更猛烈的冲击。

法币的信用已到了危急关头，要想维持法币币值，从而稳定中国全面抗战赖以生存的金融体系，唯一的办法就是向英美借钱。将借来的英镑和美元存到中国政府在英格兰银行和美联储的户头上，同时由出资方派员建立一个“董事会”来管理这笔外汇，有计划地向中国外汇市场抛出英镑和美元，回笼法币，以此来稳定法币的币值。等战争结束金融稳定后，中国再定期偿还借来的这批英镑和美元。

这笔钱叫作外汇平准基金，管理平准基金的“董事会”，就是平准基金委员会。该委员会基本上是一个半独立的金融机构，有权根据当时外汇市场行情的波动，独立做出干预汇市的决定。由于法币是外汇本位制，委员会操纵汇率的权力，相当于在某种程度上掌握了中国的货币发行权。而且任何机构和个人，只要想弄到外汇，就必须报请委员会审批和拨付。这样，平准基金等于把以前中央银行行使的“外汇请核”审批权也抓到了自己手中。另外，中国政府的一切货币政策都必须事先提交给平准基金委员会，委员会点了头才能执行，于是这个拟议中的平准基金委员会一旦落实，俨然就会成为中国事实上的中央银行！

被日本战机击落的徐新六和胡笔江，当时被中国政府召回战时的首都重庆，他们将代表中国政府前往英美借钱，张罗平准基金的事。徐新六和胡笔江也是完成这个使命最好的人选。徐新六早年留学英伦，回国后投身银行业，迅速崛起为江浙财阀的台柱之一，又长期担任国际银行家在华理事会——上海公共租界工部局的华人董事，与国际金融界交往密切，还是美国财长摩根索的故交好友，由他代表中国去伦敦金融城和华尔街谈平准基金的事，简直是再恰当不过了。而胡笔江身为交通银行董事长，在江浙财阀中乃是坚决的反日派，曾经因为大力资助“一·二八”淞沪抗战的十九路军，上过蒋介石和日本军部的黑名单。一个抗日银行家以坚持全面抗战为诉求，要求国际货币合作，在国际银行家的圈子里，在西方议会和媒体中都很有说服力。这两人的组合可谓是黄金搭档。

这也正是日本人一定要置这两位中国银行家于死地的原因。一旦中英美外汇平准基金做成，中国法币币值将会稳定下来，从根本上增强中国政府对日作战的财政动员能力。而英美方面把持了平准基金，就等于把中国牢牢地纳入他们的势力范围，这又是妄图独霸中国的日本所绝对不能容忍的。所以日本一定要不择手段地搅黄这件事，就算拦不住，也要竭尽全力打乱其步伐和节奏。

徐新六和胡笔江可以说是倒在了“货币抗战”的前沿阵地上。

外汇平准基金：第二中央银行

经过多方努力，到 1939 年 3 月，中英两国政府终于达成协议。

中国方面由中国银行出资 325 万英镑、交通银行出资 175 万英镑，英国方面由汇丰银行出资 300 万英镑、渣打银行出资 200 万英镑，合计 1 000 万英镑（约合 5 000 万美元、10 亿元法币）组成“中英平准基金”，全部英镑存入中国政府在英格兰银行的户头上，并组成“中英外汇平准基金委员会”来进行干预汇市、平准法币币值的操作。

但是，这 1 000 万英镑的平准基金面对的是大规模的现代战争，战火的摧残、物资的极度匮乏、天量的通货膨胀、伪法币套取外汇的货币攻势，再加上投机商的推波助澜，1 000 万英镑平准基金很快就支撑不住了。1939 年 5 月底，在平准基金开始运作后仅仅两个月，全部基金的 2/3 英镑子弹，就已经消耗殆尽。然而面对战争这一可怕的财富绞肉机，还有疯狂逃跑的法币资金，根本就招架不住。到 7 月中旬，平准基金弹尽粮绝！国民政府的外汇储备也下降到全面抗战爆发以来的最低点，中央银行的外汇节余仅为 2 500 万美元。[5]

情急之下，平准基金委员会不得不两度停售外汇，法币也不可避免地出现大幅贬值，到 1939 年 10 月，1 元法币已跌至 4 便士的历史新低。

此时，美国人出招了。

1939 年 7 月，国民政府财政部的美国顾问亚瑟·杨格通告美国大使馆：“最近三天里，平准基金的耗费异乎寻常，其中约有一半是美国运通公司和花旗银行购入的。”[6] 连一贯亲美的孔祥熙也愤怒了，他在 7 月 18 日直接致电美国国务院：“外汇情势日趋严峻，平准基金所剩无几。近日所售外汇，大部分为外商购去。据所收到的报告，其中相当大的份额为美国运通公司、花旗银行和其他美商购去了。这无论如何不是友好的举措。因此，请务必尽快制止此事。”[7] 孔祥熙的措辞之严厉，就差直接骂娘了。

这时，希特勒在欧洲发动的战争帮了中国的忙。

1939 年 9 月，纳粹德国闪击波兰。同日，英法对德宣战，英镑应声贬值，法币在上海汇市随之升值。至 1940 年年初，法币对英镑的汇价上升了 80%，对美元也上升了 50%。平准基金委员会趁机抛出法币回购了 420 万英镑，相当于以往出售总额的 40%。[8]

然而好景不长，到 1940 年 3 月，情况又趋严峻。5 月初，平准基金委员会再次停止向上海汇市无限制提供外汇，法币兑英镑暴跌。两个月后，1 000 万英镑的中英平准基金只剩下了 200 万英镑，实际上已经无从发挥平准法币币值的功能了。

日本人拆台，汉奸伪政府拆台，美国人也拆台，投机商推波助澜，欧洲又爆发大战自顾不暇，摆在国民政府面前的路只有一条——向美国求援。

1940 年 5 月 14 日，蒋介石致电美国总统罗斯福，哀求道："目前日本军事进展既受打击，不宣而战之战争已演化为经济战争，最近伪组织宣布在上海设立发行银行，加以欧洲局势日趋险恶，敝国币制所受之压力益形严重，以致物价上涨，汇价跌落，外汇基金如不予充实，则经济状况日趋疲软，影响所及，事业更致纷乱，万一金融崩溃，将使日人借傀儡组织之力，统制敝国币制，敝国经济利益必遭摧残……于此紧急之时，贷我现款，以维持敝国币制。"[9]

美国还在等待"更优惠"的报价，蒋介石已然等不及了。

1940 年 6 月，宋子文亲自出马赴美求援。此时的美国社会正是"孤立主义"当道，美国民众觉得有两大洋防护，不管是日本人还是德国人能奈我何，何必要为中国人和欧洲人搭上自己孩子的骨头。尽管罗斯福总统高瞻远瞩，但是在民众选票的压力下，也不得不对援华一事谨慎从事。直到汪精卫伪政府成立，气焰正盛的德国人也对中国政府施加压力，要求对日妥协，生怕中国扛不住倒向日本一边的罗斯福这才松口，同意对中国的外汇平准基金贷款。

帮助中国建立平准基金的
美国财政部部长小亨利 · 摩根索

经过反复讨价还价，中美两国终于在 1941 年 4 月，达成了有关平准基金及其管理委员会的协定。在同一天，新一期中英平准基金协定也达成了。随后，三国互相换文，将两个平准基金加以合并，由美国出资5 000万美元，英国出资1 000万英镑（约合4 000万美元），中国出资2 000万美元，合计1.1亿美元组成全新的“中美英平准基金”。[10]

新成立的基金委员会权力熏天，除了日常的外汇市场操作、平准法币汇率之外，还有权审核所有的中美贸易。不管是谁，只要在中美两国间做生意，就必须持有基金委员会核准使用外汇的证明，才可从美国订购货物运往中国。而一切中国对美国出口，必须出示已将外汇售与平准基金委员会的证明，美国政府才准其货物入关。也就是说，这个平准基金委员会，不但是中国实质上的中央银行，还是中国最高外贸管理机构！

美国人的胃口远比英国人大得多！

在这个委员会中发挥主导作用的，当然是美国人。根据平准基金协定规定，美籍委员应该将委员会的一切决策和计划，随时呈报给美国财政部。必须经过美国财政部部长或者美联储的批准，委员会才能动用基金进行投资或再放款等业务。而且中国银行、中央银行和平准基金委员会，必须将基金的使用情况定期汇报给美国财政部，供其“参考”。

再来看看这个中美英平准基金管理委员会的中国籍委员构成名单：陈光甫、席德懋和贝祖诒。陈光甫早年毕业于美国宾夕法尼亚大学沃顿商学院，是江浙财阀的台柱人物，他的上海商业储蓄银行完全按照西方银行业的标准模式来运营，与美国财团有大量的银行业务往来，是上海美国财界精英结社“罗塔里俱乐部”的会长[11]，地道的国际银行家的圈内人，他顺理成章地出任了这个委员会的主任。洞庭席家的席德懋的官方身份是中央银行业务局局长，而他真正代表的势力则是外国银行的“八国联军”。贝祖诒出身盛宣怀系的汉冶萍公司，后来加入中国银行，成为宋子文的心腹，是宋家在平准基金的代理人。

从这个委员会的构成名单上可以看出，这是一个在国际银行家领导下的、买办与官僚资本密切合作的、控制中国金融主权的核心组织。

为了扶植这个机构，美国政府甚至决定冻结所有中日两国在美的私人资金，随后英国与荷兰也相继响应，这在一定程度上平抑了市场的套汇风潮，减轻了基金会的售汇压力。美国财长摩根索高度评价了平准基金的作用，称其有助于中国政府整理金融和开展对傀儡政权货币的经济战。[12] 美国驻华大使詹森甚至认为："如果没有这笔贷款，重庆政府将会垮台。"[13]

然而，不管是摩根索，还是詹森，都没有表达出更深的一层意思，那就是平准基金的确是个好东西，好就好在可以更深地控制中国，更好地为其所用！

孔祥熙的美元横财

1941 年 12 月，就在中美英平准基金在香港开张后仅仅 4 个月，太平洋战争爆发了。被珍珠港事件彻底激怒的美国国会，在同仇敌忾的气氛之下，于 1942 年年初决定对坚持全面抗战的中国政府提供 5 亿美元的巨额贷款，帮助中国提升对日作战的能力。

当年美国的货币发行量只有 96 亿美元，一下子就给了中国 5 亿美元！当时中国政府全年的财政收入只有 10 亿法币，按照官定汇率，5 亿美元相当于 100 亿法币，也就是中国 10 年财政收入的总和！而且这笔贷款，一无偿还的时间限制，二无利息要求，三无附加条件，是中国外债史上绝无仅有的"三无"贷款。

对于美国人来说，这笔贷款表面上看起来是绝对赔本的买卖，但实际上却是一本万利！这 5 亿美元将极大地加强中国对日作战的士气和能力，中国打得越狠，太平洋前线美军伤亡人数就越小。

而华尔街早已在构思战后的世界货币的战略格局了。从货币战略的角度看，这 5 亿美元的"本钱"将带来四大巨额回报：第一，贷款将立竿见影地拉动美国的军事工业迅速扩大生产规模，同时带动钢铁、矿山、机械制造、运输、造船、汽车、飞机等一大批产业的振兴，摆脱经济大萧条的困境，大大改善高达 18% 的失业率，增强国内的消费能力；第二，贷款将使中国的货币体系彻底美元化，从而在货币发行的高度，牢牢地控制中国的经济命脉；第三，以此类推，欧洲的“马歇尔计划”和其他地区的经济援助计划，将大大扩张美元的流通域，强化美元在全球范围内的资源整合能力；第四，美元势力扩张将最终取代英镑而奠定未来世界货币霸主地位，当世界各国争相获得美元贷款时，美元的国际储备与交易货币的地位将被确立。战后，美国将通过增发美元纸币的形式，向各国每年征收“铸币税”，而且一收就是70年！

出来混，总是要还的！美元货币战略的制定者，高就高在发现了“美元储备”相当于变相征税，而且是世界各国无法摆脱的、世世代代永不停歇的“超级税种”！这样一本万利的买卖，何乐而不为呢？

对于国民政府来说，5亿美元实在是一笔天大的意外之财！四大家族费了吃奶的劲，背了无数骂名，才把原本江浙财阀把持的金融权力抢到了自己手里，建成了“四行两局”的金融集权体系，结果没几年工夫，一不留神就被平准基金委员会夺了权。私下里恨得牙根痒痒，然而因为自己手里没有硬通货，人家手里有美元、英镑，有求于人，这才不得不忍气吞声。这下好了，在美联储的户头里，随时有5亿美元可供支取，为什么还要把只有1亿美元的平准基金委员会当大爷一样供着呢？

于是，在孔祥熙的主导下，成立了中央银行外汇管理委员会，立刻把这笔天量外汇的管理权抓到手上，又坐回到真正的“中央银行”的位置上。在中央银行外汇管理委员会成立之初，孔祥熙假模假式地委任平准基金委员会的陈光甫、席德懋等人为外汇管理委员会的委员。然而，陈光甫刚接到任命就发出了辞职信，席德懋也只是指派了一个代理人代表席家出任这个外汇管理委员会的委员，自己的屁股还是坐在平准基金委员会的办公室里。

随着大环境的改变，当华尔街的大佬们发现了“美元储备”的精髓，他们开始“抓大放小”，什么每笔中美贸易管理问题和外汇使用权限审批之类的芝麻绿豆般的小事，还不够烦的呢。于是，平准基金委员会逐渐失宠了。委员们也都不得不“与时俱进”，向中央银行外汇管理委员会靠拢。

当孔祥熙突然发了横财，这笔钱该怎么花就成了当务之急。那么，究竟如何花才对自己最有利？

不久方案就出来了：发行1亿美元储蓄基金；发行1亿美元公债；拿出2.2亿美元从美国买黄金；用5 000万美元在美采购各种物资；剩下的钱支付各种费用，包括手续费、运输费、保险费等。

所谓“美元储蓄基金”，就是由国民政府财政部从1942年4月起，拨出1亿美元存入央行充作基金。“四行两局”的储户存储时，以法币折合美元，折合率为1美元合20元法币。储蓄券面额不加限制，最小面额为10美元，期限分为1年、2年、3年3种，年利率分别为3厘、3.5厘、4厘，到期按面额付给美元本息。

所谓“美元公债”，就是国民政府财政部从1942年4月起，拿出1亿美元作担保来发行国债。认购国债者以100元法币合5~6美元的折合率，掏法币买美元担保国债，从1944年起开始还本付息，分10年还清。这种债券可以自由买卖抵押，可以在公务上用作交纳保证金，还可以充作银行的准备金。

听起来很美，然而老百姓，包括工商企业和银行，都被从北洋政府到国民政府的与民争利、发债赖账的“光荣传统”给吓怕了，到期能否照付美元本息，谁心里都没底。1942年年初，得益于平准基金和5亿美元大馅饼，法币币值一度坚挺，美元的黑市价与官价相差无几，套利空间也不大，所以不管是美元储蓄基金还是美元公债，一开始都应者寥寥，不得不用“劝销”“摊销”“搭销”的方式强行推动。“四行两局”奉命向民众“摊销”两种投资品，不论官民，凡向“四行两局”借款者，一律将贷款额的5%~20%强制转成美元储蓄券。“四行”本身也必须认购200万美元的美元储蓄券，甚至还下令各省售粮时，都必须以类似的手段向购粮者“搭销”美元储蓄券。

美元公债的命运也好不到哪去，国民政府的信用记录本来就不佳，全面抗战后，连证券交易所都关门大吉，合法的公债买卖都不存在了，这会儿突然又发行一种新公债，还号称以美元来偿还本息？民众认为，央行、财政部那是组团忽悠老百姓来了。

面对这种情况，国民政府最高金融统制机构“四联总处”也没有更好的办法，只有把推广美元储蓄券那一套打法拿出来推销美元公债，除了“劝销”“摊销”“搭销”这些招数外，还强制中央银行、中国银行、交通银行、中国农民银行各自认购200万美元公债进行造势。

然而，财政部部长兼央行总裁孔祥熙，却从困境中悟出了大发横财的道理。

别人不知道美元公债的底细，孔祥熙还能不知道吗？用作公债发行准备的1亿美元就存在美联储的户头上，债信根本不成问题。再说赖谁的账还能赖到财政部部长、央行总裁的头上？而且战争不知道还要多久才能打完，只要打仗，法币肯定还会贬值，官价和黑市价的套利空间就会随着时间的推移而大大增加，仅这一手就不知道能赚多少钱！什么是金融？孔祥熙就是金融；什么是监管？孔祥熙就是监管！说干就干。就在大家渐渐明白过来，开始跃跃欲试购买美元公债的时候，孔祥熙却命令央行国库局，以美元公债债券售罄为借口，自1943年10月15日起停止发售。

真的都卖完了吗？据时任云南省劝储分会委员兼主任干事的陈赓雅回忆，到1943年10月，还有整整5 000万美元的美元公债没有销售出去，孔祥熙却命令终止发售，由央行业务局收购[14]。实际上，央行业务局并没有全部收购，孔祥熙自己就买下了1 150万美元的美元公债！孔祥熙是用1美元折合20元法币的官价收购的这批公债，而当月美元公债的均价却是1美元折合约250元法币的水平。仅这一招，孔祥熙和他的党羽就贪墨了20亿元以上的法币！

这还不算完。干完这一票后，孔祥熙一班人的胃口更大了，他还想把全部5 000万美元的公债都吃下去。然而孔祥熙的权势再大，也只能暂时欺骗所有的人，或者永远蒙蔽一部分人，却无论如何也做不到永远欺骗所有的人。没有不透风的墙，孔祥熙的所做所为被舆论曝光后，朝野一片哗然！

黄炎培、傅斯年等一批国民参政会的“御史言官”，在1945年7月的国民参政会上，联名提出对发售美元公债营私舞弊的质询案，傅斯年还搜集了一大堆孔祥熙美元公债案的原始资料和证据，打算正式提交参政会讨论，一定要玩一手“美式民主”，舍得一身剐，也要把皇亲国戚、亲美大财阀孔祥熙拉下马。

然而，就在国民参政会正式开会的前夜，蒋介石侍从室秘书陈布雷却找上门来，与傅斯年议员“恳谈”，要傅斯年“以大局为重”，不要给“友邦”和“反动分子”攻击政府的口实，要相信蒋委员长一定会秉公办理，希望能把孔祥熙案的卷宗先拿到蒋介石官邸，“委座要提前看”[15]。当然，这批卷宗最后必然是永远“失踪”了。事后，虽然孔祥熙被迫辞职下野，从此远离权力中枢，但是他并未遭到司法调查，更未受到任何刑事追究，被他贪墨的那些钱也不了了之，湮没在了历史的故纸堆中。

蒋介石摆明了就是要罩着孔祥熙，事实上，统治国民政府的蒋、宋、孔、陈四大家族，哪一个身上都不干净。

早在1943年，《亚洲华尔街日报》就估计宋子文的身家有7 000万美元，他在通用汽车和杜邦公司都有投资，而仅靠他出任财政部部长、央行总裁、中国银行董事长等国家公职的那点儿薪水，显然是不可能赚到这么多钱的。美国政治作家默尔·米勒在1953年采访连任失败的杜鲁门总统时，杜鲁门大力指控是宋子文、孔祥熙一干人在计划偷偷侵吞美国政府的对华援助。杜鲁门越说越激动，最后竟不能自抑，破口大骂：“他们都是贼，个个都是该死的贼（They're thieves，every damn one of them）……他们从我们给蒋介石送去的38亿美元中偷去7.5亿。他们偷了这笔钱，

孔祥熙

而且将这笔钱投资在巴西的圣保罗，还有就在这里，纽约的房地产！”[16]

被他们贪走的美元，最终也是需要中国普通老百姓辛苦劳动创造出财富来偿还的。他们偷走的，其实并不是美国纳税人的钱，而是中国老百姓的血汗钱。这样的政府，不是“国民政府”，而是蒋、宋、孔、陈四大家族榨取国民血汗的财富压榨机！

指控四大家族贪污敛财的
美国总统哈利·杜鲁门

如此的“国民政府”，早晚必被国民所抛弃！

金融版“潜伏”

1939 年秋天的纽约，陈光甫在一家中餐馆面试了一个年轻人，只见这位小伙子儒雅中暗含着老练。他目光犀利，思维敏捷，对陈光甫的英文提问，他以英语对答如流。陈光甫暗自点头，果然是美国财政部助理部长兼货币司司长、他的老朋友白劳德亲自保举的青年才俊，当真是后生可畏。陈光甫当即拍板，聘请眼前的这位年轻人为自己的秘书，着力栽培。

这位年轻人名叫冀朝鼎，出身山西名门，哥伦比亚大学经济学博士，太平洋国际学会研究员。并不为人所知的是，他是 1927 年白色恐怖最盛时加入中国共产党的老党员。在党内组织关系上受周恩来的单线领导。他的弟弟，则是日后代表新中国出任联合国副秘书长的冀朝铸。

在接受组织派遣赴美留学期间，通过中国共产党与美国共产党的组织关系，冀朝鼎结识了美国财政部货币政策研究室官员、1935 年加入美国共产党的爱德乐。后来，爱德乐又将冀朝鼎介绍给美国财政部的实权人物白劳德。白劳德当时是美国对外关系委员会（CFR）的成

冀朝鼎

员，看到来自中国的冀朝鼎人才难得，就引荐冀朝鼎作为研究人员进入太平洋国际学会工作。

这个太平洋国际学会可是非比寻常，它作为美国对外关系委员会的分支机构于1925年在檀香山成立，由中美日等太平洋沿岸地区国家的精英阶级组成。洛克菲勒基金会和卡耐基基金会对其提供资助，代表摩根和洛克菲勒家族利益的华尔街联盟控制着这个组织[17]。同时向这个组织提供经费的还有美孚石油公司、美国电话电报公司、IBM（国际商业机器公司）、通用电气公司、《时代》杂志、摩根、花旗银行、大通曼哈顿银行以及其他与华尔街有关系的机构。

作为这个机构的美方主要代表，财政部的实权人物、助理财长白劳德对于战后国际金融秩序的制度设计，有自己的一套见解。他认为，为了避免类似大萧条那样的悲剧再度发生，应该搞一个全世界各主要国家都参加的国际平准基金，基金数额至少为50亿美元，由会员国按规定的份额缴纳，份额的多少根据会员国的黄金外汇储备、国际收支及国民收入等因素决定，并且基金要以这50亿美元为准备，发行独立的货币单位“尤尼它”（Unita）。每一个“尤尼它”等于10美元或含纯金137格令（1格令 = 0.0648克纯金），将“尤尼它”与美元和黄金挂钩，所有会员国货币都要与“尤尼它”保持固定比价，不经基金会员国3/4的投票权表决通过，会员国的货币不得贬值。另外，取消外汇管制、双边结算等歧视性措施，并对会员国提供短期信贷，以解决会员国国际收支逆差问题。

这就是今天统治全球金融秩序的国际货币基金组织（IMF）的前身，而白劳德建议的这个国际平准基金计划，最终以“怀特计划”的名称永载国际货币金融史册。

提出了国际平准基金计划的白劳德和美国财政部，急需一块试验田来测试自己的计划到底成效如何。这时中国为了稳定自己的币值，主动于1938年8月派徐新六、胡笔江赴美洽谈建立中美平准基金的事宜；然而两位中国银行家还没来得及飞离中国本土，就被日本战机击落。亟须美国援助的国民政府在悲剧发生的第二个月就迅速委派陈光甫继续赴美谈判。

本来这是一件美国财政部求之不得的事，然而由于美国孤立主义势力的强大和中立法，又不能直接贷款给中国政府。于是，熟悉美国政治气候和商业套路的陈光甫，建议美国财政部把用于促进贸易的贷款交给一家在美国注册的公司，即中国环球进出口公司，用这个平台作为未来建立平准基金的过渡，而公司的记录美国政府可随时检查。这些贷款由美国缺少的中国自然资源作担保，包括桐油、锡、钨等。出口这些资源将使中国能够建立最低限度国防能力的重要工业，如卡车、汽车运输、通信、现代采矿机器和现代加工厂等。[18]随后，陈光甫与美国财政部部长摩根索和白劳德进行了深入细致的谈判，终于在1938年下半年达成了第一笔2 500万美元“桐油贷款”协议。

急于建立中美平准基金的白劳德和陈光甫都心知肚明，这个“桐油贷款”不过是未来建立中美平准基金的预演，白劳德需要及早向这个中国环球进出口公司安插“自己人”，陈光甫也需要一个得力的人既能应对公司的日常业务，也能保持与美国财政部的密切沟通。恰在这时，冀朝鼎出现了。而陈光甫安排给冀朝鼎的第一项工作，就是撰写“桐油贷款”报告。[19]

而冀朝鼎能成为白劳德的“自己人”，使得白劳德推荐他扮演如此重要的一个角色，并不仅仅是因为冀朝鼎的举荐人爱德乐是白劳德的心腹，或者是冀朝鼎卓尔不凡的能力，也不仅仅是因为两人同在太平洋国际学会共事，更重要的是，白劳德本人也是“组织上的人”。1944年，白劳德代表美国政府参加布雷顿森林会议，用自己的“怀特计划”击败了代表英国利益的“凯恩斯计划”后，就被美国联邦调查局以苏联间谍嫌疑的罪名给“双规”了。此后不久，打入全球资本主义大脑神经中枢，进行深度潜伏的白劳德，莫名其妙地死去了。

随着战事的深入，中国外贸路线几乎全被日本军队切断，实际上已无外贸可言。中国环球进出口公司自无存在的必要，于是陈光甫就带着冀朝鼎回国，走马上任新成立的中美英平准基金委员会的主任一职。冀朝鼎也顺理成章地成为平准基金委员会的秘书长。平准基金委员会的主要委员，像陈光甫、席德懋、贝祖诒，都是身兼数职的金融界大佬，各有各的银行“堂口”，各有各的一大摊子事，对于平准基金委员会的日常工作不可能亲力亲为，于是基金的日常运作就全部控制在了冀朝鼎的手中。而平准基金在当时几乎相当于中国事实上的中央银行，这位深度潜伏的“共谍”，真可谓是位高权重。

更匪夷所思的是，冀朝鼎不仅在平准基金委员会中呼风唤雨，不久居然又成了孔祥熙控制下的外汇管理委员会的秘书长。原来，冀朝鼎在他的位置上，敏锐地觉察到在两个委员会之间，特别是在陈光甫和孔祥熙之间，权力的天平迟早会向后者倾斜，为了潜伏到更深的位置上，他必须利用两者的矛盾，适时地调整自己的策略，转到孔祥熙的阵营中去。尽管陈光甫的才学、私德、个人魅力要远胜于孔祥熙，尽管两年多的朝夕相处，使他与陈光甫之间早已结下了深厚的感情，尽管背弃陈光甫令冀朝鼎内心痛苦不堪，然而为了更大的正义，有些事，他必须要做。

在日军攻占香港后，原本在香港开门营业的平准基金不得不迁到陪都重庆，就在中央银行的大楼里办公。而平准基金工作人员包括冀朝鼎，都住在重庆北岸范庄孔祥熙大院的楼房里。冀朝鼎占据了“有利地形”，能够每天与孔祥熙接触。凭借孔、冀两大山西豪门的世交关系，冀朝鼎很快就成了孔家的常客，每周陪宋霭龄一起打桥牌，和孔祥熙亲近到称他为“老伯”。不久，他就被孔祥熙任命为外汇管理委员会的秘书长。

在孔祥熙的算盘里，冀朝鼎与平准基金委员会的美籍委员爱德乐是死党（就是那位潜伏在美国财政部的美国共产党员），还与美国财政部关系密切（能不密切吗？美国财政部里到处是“共谍”），在白宫也“上面有人”（怪不得麦卡锡很抓狂），待 5 亿美元“三无”贷款到位，正好用冀朝鼎来取代陈光甫跟美国人打交道，把陈光甫彻底踢出局。冀朝鼎同为山西老乡，还是豪门世交之后，又喝过美国洋墨水，与美国上层关系密切，业务能力也超强，这样“信得过、靠得住、用得上”的干才不用还要谁？孔祥熙哪里会想到有着如此背景的冀朝鼎会是共产党员！于是，冀朝鼎很快就成为孔祥熙的心腹，赢得了孔祥熙的最高信任，孔祥熙甚至把自己没穿过的贵重西服都送给了冀朝鼎。等到1944年2月平准基金委员会一解散，冀朝鼎立刻就变成了外汇管理委员会主任。

到这时，冀朝鼎已经成为国民政府货币政策事实上的制定者！大权在握，冀朝鼎要出手了。

法币破产：外汇自由化的恶果

1945年8月15日，日本裕仁天皇下诏，宣布日本无条件投降。消息传来，举国欢腾，中国人民以3 500万生命为代价，终于赢得了这场决定中华民族命运的大决战。此时，对于国民政府来说，当务之急就是如何接收沦陷区，如何恢复和发展国民经济。

战时主管金融财政工作的孔祥熙，此时因为美元公债弊案已经下台，接替他出任行政院长兼财政部部长的是宋子文。重新站在管理国家经济核心舞台上的宋子文，发现自己面对的实在是个烂摊子。

一部国民政府的历史，就是一部战争史。先是北伐，而后“剿共”，还要跟各路地方实力派军阀混战，接着又是抗日战争，基本没有几年消停过，战争早已打得民穷财尽，政府正常的财政税收日渐萎缩，根本入不敷出。国民政府前期还能依靠江浙财阀的支持，发行公债度日。1935年以后，江浙财阀的金融力量基本上被蒋、宋、孔、陈四大家族强行夺了过去，而蒋政府又多次赖账，信用极差，使得公债也日益乏人问津。全面抗战爆发后，不得不靠借外债过日子。然而这么大的国家，应付如此规模的一场战争，求助外援也只能是权宜之计。万般无奈之下，为了筹措军政费用，弥补财政赤字，蒋介石便更多地倾向于让国家银行垫款，从1945年之后，中央银行对政府的垫款占政府开支的比例常年高达60%以上！

但是，中央银行也不是念动咒语就能凭空变出财富来的。面对政府的欲壑难填，中央银行只剩下一招：开动机器印钞票。如今，这一招有个难记易忘而且令人似懂非懂的名字，名唤“量化宽松”。

中央银行大念其“量化宽松”的咒语，结果就是唤醒了一个名叫“通货膨胀”的魔鬼，而宋子文采取的在沦陷区以1元法币兑换200元伪币的掠夺政策，则打开了禁闭魔鬼的瓶塞子。不久，这个魔鬼将把国统区变成人间炼狱。

当初侵华日军为了稳定沦陷区的经济秩序，以贯彻其“以战养战”的策略，每攻占一地，即宣布以1元日本军票兑换1元法币，从而将法币排挤出沦陷区。当汪伪政权建立后，发行伪中储券，1元伪中储券兑换2元日本军票，实际使货币贬值一半。等到光复以后，宋子文竟然宣布以1∶200的比价用法币兑换伪中储券，这就意味着沦陷区一位月薪1万元的白领，在日本人打进来后，还能维持1万元的月收入；汪伪政权成立后就只剩下了5 000元钱，但日子还能过；好不容易熬到光复，通宵狂欢，第二天醒来突然发现自己的月收入就只剩下了25元钱！剩下的9 975元钱到哪里去了呢？被政府强制剥夺，拿去填预算的窟窿了。

“想中央，盼中央，中央来了更遭殃。”宋子文的货币政策，害得沦陷区的百姓真是哭天不应，叫地不灵。但是好在总算是光复了，不打仗了，勒紧裤腰带苦干几年日子总会好起来。然而老百姓突然又遭遇到一个更大的痛苦——通货膨胀！市面上物价一天天飞涨，原来国民党的那些接收大员，还有后方的投机商，发现自己手头持有的法币在沦陷区真是很值钱，荷包里的1元钱拿到沦陷区来能当200元钱用，有这便宜谁不占！一窝蜂似的跑到沦陷区来抢购物资，本来经过战争的摧残，物资供应就极度匮乏，再加上抢购风潮，物价像坐了火箭一样立刻就飙升上去了。

结果国民政府尽收沦陷区的财富，却尽失人心。

这是沦陷区，那么大后方的情况会不会好一点儿呢？

1942 年以后，国民政府发行美元公债和黄金公债，很多百姓买了公债，本想这两批公债有美元和黄金做准备，信用不成问题，还能支援国家全面抗战，又能对冲通胀风险，何乐不为？就把棺材本都拿出来吃进了一些美元公债和黄金公债，满心期盼着战争胜利后能拿到属于自己的一份美元和黄金。结果，好不容易全面抗战胜利了，盼来的却是一纸黄金债券 6 折收兑、美元债券不以美元收兑的官府告示。政府居然公然打劫人民的钱包！而沦陷区的恶性通胀此时已经延烧到了全国各地，大后方市场也是一天一个价。老百姓对政府的仇恨已经暗潮涌动了。

高高在上的宋子文是不会考虑普通百姓的生活的，他的心思都花在如何通过种种敛财手段，尽快积累“硬通货”。加上前任孔祥熙搜刮来的民脂民膏，此时，宋子文手里已有大约 9 亿美元的外汇和黄金了。

在冀朝鼎的策划下，宋子文认为已经有足够的本钱来启动一项扭转乾坤的金融改革——外汇自由化。

本来法币的信用基础，就是外汇市场上法币与外汇的自由交易所产生的汇率稳定，这也是所谓“汇兑本位制”的要义所在。然而在全面抗战的特殊情况下，为了防止日伪用法币来套购外汇，再用外汇套购战略物资，国民政府冻结了法币对外汇的自由兑换。到了战后，冀朝鼎游说宋子文，继续维持外汇管制，实在不利于国家币制的稳定和长治久安，也不符合布雷顿森林体系规定的各项自由化原则。冀朝鼎坚称，中国要发展，怎能不跟国际接轨？怎能违背“布雷顿共识”的国际惯例？所以，外汇管制一定要放开，外汇市场必须要自由化！

于是，1946 年 2 月，《中央银行管理外汇暂行办法》出台了，规定中央银行以 5 亿美元为准备发行法币，美元与法币的汇率从 1∶20 贬到 1∶2020，黄金和外汇重新自由交易，并由央行成立平准基金随时进行市场调控，保持法币币值的稳定。

在通货膨胀来势凶猛的形势下，官定汇率贬得快，黑市汇率贬得更快！外汇黑市买卖仍是投机者热捧的对象，法币受到的冲击越来越大。而另一方面，法币币值的暴跌，也没有带来宋子文预想的刺激出口、增加创汇的效果。由于第二次世界大战对生产力的巨大破坏，中国造不出什么像样的出口商品，除了美国以外的工业化国家被打成一片废墟，对中国原料的需求也锐减，这就使得出口创汇成为空想，而中国民众切实需要的一些商品，国内产能又不能满足，以前外汇管制，国内商家想进口也不成，现在外汇自由化了，可以名正言顺地找央行批外汇买洋货，这下就一发而不可收。外汇自由化改革8个月后，央行因进口货物售出的外汇及政府其他用途结汇消耗的美元、英镑、黄金，扣除出口创汇所得，净损失达到4亿美元！央行可以运用的外汇资金一下子就减少了60%。宋子文一看不妙，连忙又将法币贬值到1美元换3 350元法币，结果除了刺激通货膨胀进一步升温之外，一无所获。

经济萧条，内战失利，整个中国到处都在抛法币，抢购外汇和黄金。

此时的宋子文就像一个红了眼的赌徒，他的“得力干将”冀朝鼎不仅帮他“出主意”“想办法”，而且执行力超级强大。宋子文在其游说下，断定外汇自由化已到了关键的“闯关阶段”，进则尽收全功，退则死无葬身之地，不仅个人信誉彻底崩溃，而且也会“断送党国的大业”。

宋子文

宋部长，你看多么蓝的天啊！一直往前走，不要朝两边看，走过去，你就会融化在那蓝天里……

宋子文像被催了眠，将当年花2.2亿美元买回来的628万两黄金，在市场上狂抛，以回笼法币，他不相信如此规模的黄金抛售压不住法币暴跌的势头。

结果真的没压住！

到1947年2月，宋子文已经抛售出去了330多万两黄金，而法币的官定汇率却已经跌到 1 美元兑换 12 000 元法币！黑市价格就没法看了。

不得已，蒋介石亲自出马，于 1947 年 2 月 16 日出台《经济紧急措施方案》，再度禁止黄金买卖和外汇流通，央行不再出售而只购入黄金。

外汇自由化的改革彻底失败了，宋子文黯然下台，国民政府的信用垮台了。50 年后，身在台湾地区的陈立夫出版回忆录，悲愤地指责宋子文错误的货币政策断送了“党国”的江山：“我们的（货币）政策，使得有钱的人民也变成没有钱了，没有钱的人，更是一无所有了……换句话说，我们已经把人民都变成了无产阶级……这不是替共党铺路吗？宋（宋子文）还算什么财政专家呢？……蒋公太相信宋了，总认为宋是财经专家（所有财政问题都听宋的），其实有些事是属于常识，和专家没什么关系的……（而所有这些昏招）都是冀朝鼎替宋出的坏主意。”激愤之余，陈立夫居然把他回忆录的那一节命名为“冀朝鼎祸国阴谋之得逞”。[20]

冀朝鼎的一系列货币“昏招”组合拳，难道没有引起国民党的怀疑吗？还真没有。冀朝鼎对国民政府金融政策的建议，正是因为切合了执政者的心态才得以施行的。因为这些政策本身，正是从四大家族的切身利益出发，为他们敛财而量身定制的。只要能肥了四大家族，对他们而言，冀朝鼎非但无过，而且有功。

事实上，从 1947 年 2 月宋子文外汇自由化改革失败，引发黄金抢购风潮和恶性超级通货膨胀起，国民党就已经输掉了内战。

金圆券的最后挣扎

恶性通货膨胀只说明一个问题，那就是人民对政府纸币的彻底抛弃。法币破产的根源在于严重的财政赤字，政府支出比税收多出了 10 倍！印刷钞票就成了弥补赤字的主要手段，如此一来，纸币信用将很快破产。当人民不再相信纸币时，物价上涨的速度甚至比印钞票的速度还要快。1947 年上半年，纸币发行增加了 3 倍，而米价却上涨了7倍，人民不再愿意将商品换成纸币，商业和生产由于缺乏可信的通货而陷入萎缩，从而进一步削弱了政府的税收。人们已经把纸币当作烫手的山芋，一旦拿到手中立刻抛出，换回实物产品，因而物价飞涨，恶性通胀一发不可收拾。同时，恶性通胀导致了人民对政府信心的丧失，中下阶级更加仇视当局，骚乱与暴动此起彼伏。

而财政赤字的根源，就是蒋介石所发动的全面内战。战争消耗严重损耗了国民政府的财力，到1947年，国民政府的军事开支占财政支出的一半！战场的不断失利又加重了人民对政府纸币的怀疑。在这种恶性循环中，法币走向了最终的崩溃。

为了收拾法币残局，冀朝鼎又力主政府搞金圆券改革。既然法币已经没有信用了，必须发行新币，以重建货币信用。冀朝鼎引经据典，大讲特讲当年德国的沙赫特是如何用地租马克取代魏玛马克，从而一举扭转德国20世纪20年代的超级通胀。他说得头头是道，听得高官们频频点头。于是，1948年8月20日，蒋介石进行了号称世界上规模最大的币制改革——金圆券改革。[21]

金圆券的核心就是以“金圆”为货币本位，以40%的黄金、白银、外汇和60%的国有资产为抵押，来发行“十足准备”的新货币，发行上限为20亿；停止法币流通，并以1金圆券兑换300万法币来回笼旧币；限期收兑民众的所有黄金、白银和外汇，老百姓不得私自拥有金银和外汇，违者一律没收充公。同时，人民在国外的存款必须登记申报，否则就是判刑和财产没收。

这基本上就是明火执仗地抢劫了。老百姓并不傻，听到政府又要出台新货币了，早就对政府丧失信任的人们立刻扑向他们能够买到的一切东西。

《大公报》10月7日报道：“北平市面日益恶化，抢购之风弥漫全市。米麦粮店早已十室九空，香烟黑市漫天叫价，一日数变。市民见面莫不以‘如何得了’相询。日用品等均成奇货。”

首都南京的情况也不妙。当时的《中央日报》报道：“今天的首都，在一阵抢购风之后，市面上什么都空了……主妇们早上已经不能再从小菜场买到她们所需要的任何东西。猪肉早已绝迹，鱼虾鸡鸭，也都跟着猪肉‘隐退’了起来，南京的菜市，是标准的蔬食市场，除了豪门以高价求诸黑市外，市民们都只能天然地奉行蔬食主义。”

面值 500 万元的金圆券

在市场最繁荣的上海，抢购同样是民众对金圆券的回应。1948 年 11 月的《海光月刊》，介绍了上海抢购的景象：“刚巧是星期日，激发了上海人的抢购风潮。南京路异乎寻常得热闹起来，人头攒动，好比蚂蚁搬家，马路上只见一群群挟着一包一包货物的人。四大公司、百货商店、绸缎店以及棉布店莫不挤满了人，这些人可以说还算是有剩余购买力的。一般小户人家，则竞向粮食、酱园、柴店、南货店购买米、油、酱、糖、肥皂等日用品。一连十天光景，店家的橱窗全都抢空了。走进大小商店犹如进了冷庙，虽有观光的香客，但没有菩萨，这种局面苦坏了家无宿粮的人家。他们满街奔跑，到处排队，还是顾到了头，顾不了脚，不是愁米，就是愁菜、愁柴。号称国际商埠的上海，竟生了瘫痪病。”

蒋介石许诺的“十足准备”不过是一个骗局而已，其 40% 的金银外汇早已不足额，60% 的有价证券只是幌子，国民政府将几家国有企业的空头股票充作准备金，连这几家企业的股票发行都无人问津，其价格却被高价计算。即便如此，信誓旦旦的 20 亿金圆券发行上限，旋即被突破，到年底即达到 83 亿；1949 年 1 月，突破 208 亿；4 月突破 5 万亿；5 月达到惊人的 68 万亿！

各省已经纷纷脱离中央的金圆券，自己发行银元和铜元。当解放军打过长江时，国民政府的货币体系已经彻底崩溃，财政完全瘫痪，军队濒临瓦解，蒋家王朝已经穷途末路。

著名美国学者费正清后来分析说，当时最反共的城市上层中产阶级，手中剩下的少许余财被束缚在金圆券上，平民百姓对国民党事业

国民政府纸币信用崩溃后发工资的场景

的最后一点儿支持，也同金圆券一样化为乌有。

冀朝鼎参与设计的“金圆券改革”的重磅“馊主意”，终于葬送了“党国”的江山！

在彻底丧失民心之后，“党国”穷得就只剩下钱了，最后只能带着250万两黄金退到了台湾地区。

货币是一个国家的财富分配系统，在货币上动手脚，出损招，将会改变社会的财富流向，从而激化社会矛盾，破坏政府信用，丧失民心士气。货币又是国民经济的血液循环系统，货币败坏将瓦解经济，瘫痪财政，摧毁贸易，颠覆市场。冀朝鼎将“与民争利”这一超级病毒，直接注射进国民党的货币血液，进而在整个经济体内循环，直接加速了国民党政权的崩溃。从这一点看，冀朝鼎货币战争的杀伤力，不亚于战场上的百万雄兵！

为什么蒋介石输掉了货币战争

货币发行是人类社会最重要的权力，也是最隐秘和最难驾驭的权力。货币驱动着经济的车轮，货币摆布着政治的天平，货币驾驭着战争的步伐。古往今来的帝王，谁发现了货币权力的秘密，谁就占据了制胜的先机。

统一货币是巩固政权的先决条件，没有统一的货币，就没有统一的财政，就难以实现统一的政治版图，就无法建立统一的军事力量。无论是日本明治维新的成功，还是大清“洋务运动”的失败，货币是否统一都是成败的关键要素。毛泽东与蒋介石都认识到了统一货币的重要性，因此才会有苏区的国家银行和南京的中央银行，它们的首要职责都是掌握货币发行大权。

苏区货币与法币、金圆券最重要的区别是，货币权力究竟为谁服务。苏区货币服务于人民大众，蒋介石的货币服务于四大家族；苏区货币在实践中成长，蒋介石的货币在洋理论里衰亡；苏区货币是政权的公器，蒋介石的货币是四大家族的私权；“红军票”13 天的发行与回笼，着眼的是信用，“金圆券”9 个月增发 3.4 万倍，目的在于掠夺。

金圆券与美元的兑换率

苏区货币与蒋介石的货币还有一个重要区别，这就是货币发行能否独立自主。苏区货币独立自主，蒋介石的货币仰人鼻息；苏区货币杜绝了外国资本势力的介入，蒋介石的货币却成了美、英、日列强争猎的肥羊；苏区货币没有外国平准基金的指手画脚，蒋介石的货币则将中央银行与外汇管理的金融主权拱手相让；苏区货币没有洋顾问委员会的评头论足，蒋介石的货币却是英美委员直接掌握审批大权。

苏区货币与蒋介石的货币另外一个不同在于，货币是否以实践为原则。苏区货币的建造者没有高深的货币金融理论功底，蒋介石的货币决策层却是满腹洋墨水；苏区货币在应付挤兑时充满变通与灵活，蒋介石的货币在外汇市场中被黄金风潮彻底打垮；苏区货币勇于尝试物价本位，以稳定物价和民心，蒋介石的货币则困守金银和证券发行准备，但反复欺骗百姓最终导致恶性通胀。

为什么蒋介石会输掉货币战争？

这是因为他的货币权力只考虑极少数富人的福祉，蔑视和践踏大多数穷人的利益，最终结果只能是他的政权连同他的货币一起被大多数人所抛弃！

注 释

[1]〔美〕杨格，《1927—1937 年中国财政经济情况》中国社会科学出版社，1981 年，第 317 页。

[2]《美国对外文件》3 卷，1937 年，第 545~547 页。

[3]《历史档案》，1982 年第 2 期。

[4]《北华捷报》，1938 年 4 月 6 日。

[5]《中国与 1937—1945 年的外援》，第 163 页。

[6]《驻华大使詹森致国务卿电》（1939 年 7 月 18 日），《美国对外关系文件》1939 年第 3 卷，第 684 页。

[7]《中华民国货币史资料》第 2 辑，上海人民出版社，1991 年，第 458 页。

[8]《中国银行行史资料汇编上编》（1912—1949）第 2 卷，档案出版社，1991 年，第 1412 页。

[9]《美国对外关系文件》1940 年第 4 卷，第 691 页。

[10]《国务卿赫尔致驻华大使詹森电》(1941 年 4 月 28 日),《美国对外关系文件》1941 年第 5 卷，第 637 页。

[11]〔日〕松元重治,《上海时代》，上海世纪出版社，2010 年，第 90~91 页。

[12]《新华日报》，1941 年 5 月 10、17 日。

[13] 王松,《宋子文传》，湖北人民出版社，2006 年，第 154 页。

[14] 文思,《我所知道的孔祥熙》，中国文史出版社，2003 年，第 145 页。

[15] 沈国仪,《孔祥熙传》，安徽文艺出版社，1994 年，第 274 页。

[16] Madame Chiang Kai-shek，*a Power In Husband's China and Abroad*，*The New York Times*, 2003-10-25.

[17] *Carroll Quigley*，op.cit.，p.947.

[18] K. P. Chen Papers（陈光甫文件），纽约哥伦比亚大学收藏，第 4 页。

[19] *The Reminiscences of Chen Guangfu*（陈光甫英文口头回忆录），中国口述史，纽约哥伦比亚大学特别馆藏，第 109 页。

[20] 陈立夫,《成败之鉴》，正中书局，1994 年，第 388~340 页。

[21] 洪葭管,《中国金融通史》第四卷，中国金融出版社，2008 年，第 506~507 页。

第八章

人民币的诞生

CURRENCY WARS

本章导读

为什么“皖南事变”之前，抗日根据地会丧失货币发行权？

为什么“物价本位”的“北海币”能够成功？

为什么人民币能够战胜恶性通货膨胀？

为什么中国一定要尽快偿还苏联的外债？

早在全面抗战时期，根据地就开始了以“物资储备”发行货币的金融创新，这种货币在完全没有金银外汇做储备的情况下，保持了币值和物价的稳定，这在当时世界普遍采用以黄金储备来发行货币的情况下，堪称惊世骇俗。中国共产党的货币实践远比西方的货币理论更前卫。更为重要的是，亲手实践干出来的感觉和纸面上的理论探讨，根本不是一个级别的。

著名金融学者张宇燕曾这样评价抗日根据地和解放区的货币实践：“我们不无惊奇地发现，尽管规模和复杂性有所不同，今天人们谈论的美元霸权、欧元创立与欧元区扩展、金融自由化、货币战争以及人民币国际化等问题，昔日边区政府，尤其是银行行长，都遇到过、讨论过并漂亮地处理过了。如果说今天中国面临的最大挑战之一来自货币金融领域，那么数十年前根据地共产党人那一段勇于实践、积累经验、利用规律、科学总结的精彩历史，或许能够告诉我们许多东西。这其中特别包括那些诸如铸币税理论以及与之密切相关的‘流通域’理论和通货膨胀理论。”

人民币的横空出世，标志着中国货币的完全统一。人民币之所以能够稳定币值，恶性通货膨胀之所以能够得到有效遏制，除了措施得力的主观原因之外，客观因素就是中国经济在很短的时间内实现了四大平衡：预算收支平衡，断了通货膨胀的根；货币出纳平衡，固了币值稳定的源；物资供求平衡，抄了投机势力的底；外汇进出平衡，绝了货币恐慌的路。

人民币不与任何外币挂钩，从根本上杜绝了外国资本势力染指中国金融体系的可能性。完全独立自主发行的人民币，牢牢地守护着中国的金融高边疆。

边区的财神爷

1941年年初的一个冬夜，中共中央统战部副部长南汉宸，正匆匆走在去延安杨家岭的路上。一个小时以前，他刚接到毛泽东的紧急通知，便火速赶来。遥望前面杨家岭窑洞的灯光，在寒夜中感觉分外温暖。

大家简单寒暄后，毛泽东直截了当地说明了边区的困难情况。从1940年开始，日本加强了对国民党的诱降活动，国民党政府与八路军、新四军之间的摩擦不断。1941年1月，终于发生了震惊全国的“皖南事变”。

之后，蒋介石政府断绝了对边区的财政拨款和援助。同时，对边区采取“封锁”和“围困”政策，禁止货物出入边区，号称“一斤棉花、一尺布也不许进边区”。而边区从1940年起不断发生严重灾荒，造成30年不遇的农业衰退。边区财政极度困难，可以说军政人员没饭吃，没衣穿，没被盖，没纸用，到了一贫如洗的地步。

南汉宸

毛泽东对南汉宸说，形势非常严峻，蒋委员长不给我们开饭，我们揭不开锅了。可是我们又不能跳崖，不能解散，只能自己动手。

面对边区的经济困境，毛泽东怎么会想到南汉宸呢？

因为南汉宸有丰富的革命经历和广泛的人脉。特别是20世纪30年代初，他担任陕西省政府秘书长时，协助省主席杨虎城拯救陕西大旱后的经济危机，把陕西各方面整理得井井有条，财政收入养活了政府人员和5万西北军。中央决定让他担任陕甘宁边区的财政厅长，做“能为无米之炊的巧媳妇”，解决边区四五万军政人员的穿衣吃饭问题。

南汉宸临危受命，当起了边区的大管家。

南汉宸的当务之急就是找粮食，没有饭吃的军队不仅打不了仗，连生存都成问题。情况的确相当严重，粮食局仓库已被刮得露出了地皮，管理员小心翼翼地从地上拾起一颗颗米粒，才凑齐了一盆，为中央来的首长做了一顿年夜饭。

经过仔细调查，南汉宸找到了问题的症结。

全面抗战初期，边区脱产干部和军队规模小，外来的援助多，政府实施休养生息与让利于民的政策，几乎不向农民征收粮食。但随着军政人员增加，马匹数量上升，需要的粮草越来越多，但边区政府仍不愿向百姓征粮，才造成1941年的困难局面。

南汉宸认为，如果政府财政总是强调量入为出，而不从革命的实际需要出发，一味强调“仁政”，那就成了“宋襄公之仁”。中华民族正处在生死存亡的关头，边区老百姓应该有力出力，有钱出钱。政府要向老百姓征收粮食，是因为历史要求政府为人民做更多的事，要为打败侵略者进行必要的物质准备，那种片面的“仁政”观在战争年代是行不通的。1940年本来需要14万石粮食，却只征了9万石，差额还要临时抱佛脚向老百姓两次借粮，一次购粮，百姓反而觉得不堪其扰。

南汉宸详细算了一笔账，得出结论：在休养生息政策下，一方面农民负担很轻，1940年征收的9万石粮食，只是年产量的6%左右，而在国民政府管辖下，四川农民的负担是边区的10倍！另一方面，农民手中是有粮食的。他在正月里走访的农家中有不少都在包饺子，和红军到达陕北前，十户中有九户人家没有隔夜粮的情况相比，简直是天壤之别。

经过深思熟虑后，南汉宸果断地决定，1941年征收公粮20万石，公草2 600万斤，并且向农民声明，以前的借粮一律归还，第二年不再借。[1]

随后，财政厅出面组织了大批党校学员和工作人员到各县宣传，向群众讲清道理，让他们明白：要有军队，才能保家卫国；要有军粮，才能有军队。边区是中国最光明最幸福的地区，而边区人民的幸福是共产党军队创造的，也是靠军队来保护的。军队要保护人民，人民要供给军队；没有粮食，军队就无法生存。

通过宣传，征收粮草工作得到了百姓的谅解和支持，收足的粮草基本保障了边区的供给，使边区渡过了迫在眉睫的难关。后来，南汉宸考虑到土地革命后，农民贫富相差不大的情况，提出以各户实际收获量为依据的农业累进税制，使大部分农民负担农业税，多的多出，少的少出，公平合理，人人为全面抗战做出贡献。

粮食问题得到缓解，但棉布等日用必需品仍十分缺乏，只能从边区外运进来，而国民党又搞封锁卡脖子。南汉宸苦苦思考对策，他认为只有找到外面需要的物资，通过贸易才能打破封锁。通过调查研究，他发现陕北有三宝：食盐、毛皮和甘草，但是甘草体轻占地方，搬运起来很麻烦；毛皮产量有限，边区自己还不够用。于是，食盐成了唯一的选择。

当时，陕北的食盐具备了得天独厚的优势。全面抗战以来，海盐为日军控制，无法运过来，而临近的其他产盐区产量逐年减少。陕北产盐区的地位不断上升，成为西北地区主要食盐的供应地。有了食盐这样的战略物资，边区就占据了贸易的制高点。

为了解决盐场技术落后、产量低和运销条件差等问题，边区财政厅专门设立盐务局，负责食盐的生产和运输。盐务局组织军队参加打盐生产以提高产量；以合理的价格统一收购军队和百姓打的盐；鼓励百姓运盐，运盐户运费收入不交公粮，还可分得卖盐利润；财政厅拨款整修运盐道路，沿途设立客栈，解决路上的食宿和水草等问题。这些措施，调动了各方面的积极性，群众为了运盐赚钱，连大年初一都不肯歇。

国民党对边区运出来的盐，先是堵截，后来实在堵不住，又利用运输分散的弱点，让运盐户互相压价。针对国民党的阴谋，边区盐务局实行统购统销，先把运盐户的盐统一收购，等待时机再进行推销。当盐务局听说周围的产盐区都被日军占领后，马上把食盐价格涨了一倍，开始国民党当局还死撑着，不久盐务局就得到了准确情报，国民党当局的食盐库存快见底了，就不动声色等待国民党当局上门。过了20多天，阎锡山方面就主动上门求购，几天后，西安胡宗南方面也憋不住了。

就这样，政府的运盐计划顺利完成，有力地打破了国民党的封锁，保证了边区的物资供给。

为了沟通边区和国统区的贸易，南汉宸还找到西安的帮会龙头。南汉宸早年参加革命，为了发动群众，曾经广交三教九流，在帮会中资格很老。此时南汉宸到西安，当地龙头大哥都要尊他一声前辈，听他调遣。南汉宸通过这些龙头大哥调动胡宗南部队里的帮会成员，把边区土特产送到西安出售，然后购买药品、布匹等边区急需的物资，解决了边区的燃眉之急。

除了掌握战略物资和打通贸易渠道，南汉宸和边区银行行长朱理治提议独立发行边区货币，掌握货币发行权，以自己的货币来扶持贸易和经济发展，使边区克服了财政困难。

1941年边区赤字超过500万元，经过一年多的努力，1942年实现盈余1 000多万。从没有学过经济学的南汉宸，就是靠着实践中得来的经验和调查研究，成功地做了一回边区的“能为无米之炊的巧媳妇”，挽救了边区经济。

边区货币的艰难重生

> 敌后的经济战线斗争的尖锐程度，绝不亚于军事战线。我们的货币政策，也是发展生产与对敌战争的重要武器。[2]
>
> ——邓小平

1939 年春天，陕甘宁边区政府主席林伯渠，接到国民政府行政院长兼财政部部长孔祥熙的来函，严词质问边区政府为何发行面额 1 元的法币辅币和光华商店代价券，并强行流通。

林伯渠回复："查陕甘宁边区政府辖境内法币信用甚高，流通亦畅，唯零星辅币万分缺乏，影响物价之提高，有碍小民生活。经当地商会、农会等向边区政府请求，准许光华商店发行二分、五分、一角之代价券。原系暂时权宜便民之计，而其流通范围只限陕甘宁边区。发行以来，因准备充足，深得人民信仰，并无武装部队强迫行使事情。尊座听得报告，完全与事实不符。"[3]

当时国民政府发行的法币是边区的法定货币，正如林伯渠所说，法币信用甚高，流通顺畅，而边区只是发行了区区面额 1 元或更低的小钞辅币和光华商店代价券，既没有在边区强制使用，也没有流通到国统区，怎么会让堂堂的国民政府的孔部长如此大动肝火呢？

"西安事变"后，国民党迫于全国人民一致要求全面抗战的压力，和共产党结成抗日民族统一战线。共产党的工农民主政府改名为陕甘宁边区政府，成为国民党管辖的特区政府。红军改编为八路军，成为国民革命军的一部分，从国民党政府领取军饷。

国民党出钱资助当年的死对头红军，这笔生意亏了本，就一定要在其他地方找回来，控制边区的金融系统就成了最好的目标。根据国共两党签订的关于边区不设银行的协议，国民党发行的法币被定为边区唯一合法的货币，边区银行没有对外公开业务，只是充当政府的出纳员，领取国民党发给八路军的军饷，并维护法币的流通。

这样，边区政府就失去了货币发行权！

没有货币发行权，就好像一个人，自己没有造血的功能，全靠输血保持身体机能正常运行。国民党随时可以掐断货币供应，让边区陷入经济危机。

玩钱出身的孔祥熙怎会不懂其中的奥秘。可是国民党供给边区的法币，都是 1 元以上的主币，对于日常生活来说，面额太大，当年的 3 元法币在重庆可以摆一桌像样的酒席了。边区缺乏辅币流通，老百姓不得已用邮票代替辅币。边区政府和国民党政府多次交涉都没有结果，才从 1938 年 6 月开始，以边区银行所属的合作社——光华商店的名义发行辅币代价券。

让孔祥熙恼火和害怕的不是边区发行的小额钞票，而是边区暗中发行自己的货币，试图恢复造血功能，想独立于国民党法币之外而自成体系。孔祥熙深知当年为了统一法币，从经济上消除军阀割据，国民党人花了多大的代价。因此一旦共产党出现独立发行货币的苗头，他就一定要严加防范，查办到底。

由于林伯渠的回复合情合理，再加上国民党辖区的各省地方银行，也已经印发小额辅币券，孔祥熙最后也难以“严办”，只得让这场“光华券风波”不了了之。

1935—1939 年，重庆政府的法币币值还相对稳定，通货膨胀较为温和，但随着战争的持续，物资消耗巨大，外国援助受阻，财政赤字开始大幅飙升。重庆政府为了填补赤字窟窿，只能开动印钞机，大搞“量化宽松”，结果法币随即开始剧烈贬值，通货膨胀的恶魔开始发威。

“皖南事变”后，国民党政府完全停止了对边区的财政拨款和援助，并实行全方位的经济封锁。同时，重庆政府启动了货币武器，将剧烈贬值的法币大量塞进边区抢购粮食和土特产，并转嫁通货膨胀。结果，延安物价飞涨，原来零售价 0.1 元一盒的香烟，变成 100~300 元一盒；原来零售价 0.05 元一盒的火柴，涨至 50~100 元。群众怨声载道，经济贸易萎缩，货币问题异常尖锐。

陕甘宁银行边币

当时，南汉宸的对策就是，首先禁止法币在边区的流通，把货币发行权和贸易定价权牢牢掌握在自己手里，由边区银行发行边币。这一建议在党内争议很大，一些反对的人认为边区本来就缺乏物资，如果再发行边币，岂不是物价高涨，通货膨胀严重？双方争执不下，最后，中央书记处书记任弼时代表中央表态，赞成南汉宸提出的建议。这个决定充分体现出共产党最高领导层的战略眼光，他们对金融大局的理解，一点儿不比财阀孔祥熙差。通货膨胀只是暂时的困难，任由法币流通于边区，才会让边区百毒缠身，永无宁日。

边币的发行，使边区恢复了造血功能，驱逐了法币，又让边区体内排毒，保证自身的新鲜血液畅通无阻。在流通中挤出法币，就为边币进入腾出了空间，扩大了边币的流通域。

1941 年 3 月，边区银行行长朱理治走马上任，他曾在清华大学经济系学习过两年。在进行了大量调查研究的基础上，朱理治发现，由于边区处在经济落后的地区，过去靠拨款和外援，没有积极发展自身经济，税收很少，在短时间内不可能靠大幅提高税收来弥补因失去外援而带来的财政亏空。因此，只有以信用货币的发行为手段来克服财政危机和扩大生产。

朱理治

发行边币和废除法币是一个硬币的两面，被置换出来的法币，可以用来到国民党辖区采购物资，可谓“一箭双雕”，既可以减轻边区的通胀压力，又可以抛售国统区的输入物资，进一步控制边区物价的上涨。由于边区政府掌握了货币发行权，在与国民党的“货币战争”中不再毫无招架之力。

朱理治面临的另一个难题是，既要发行货币刺激经济发展，又不能让货币泛滥，使已经尖锐的通胀问题失去控制。货币发行量和物价的关系到底应该如何处理呢？他认识到“商品的流通量假定不变，纸币的流通量增多了，则物价必定随着提高。依据同样的规律，市场货币流通量假定不变，商品流通量减少了，则物价必定随之提高”[4]。

因此，朱理治提出了解决通货膨胀的双管齐下的办法：“一方面多向工、农、运输业放款，推动生产的发展；另一方面，尽量发展信用，减少货币发行，使边币不致走到通货膨胀的境地。”[5]在保障供给和支持经济发展的基础上，以稳定边币币值为主要目标，实行适度紧缩的货币政策。

1941—1942年，边区银行把政府财政性借款的比例降低了11%，裁减部分转投到商业贸易和生产建设领域，仅支持食盐输出的贷款就接近1 000万元。同时利用储蓄及政府卖盐的收入来回笼货币，减少货币流通量，控制通货膨胀。

边区货币的稳定和信用，离不开边区“对外”贸易，而贸易的增长和法币边币之间的“汇率”问题紧密相关。

在边区银行成立后不久，由于边币的信用程度不高、流通域不广，政府采取行政手段干预边币和法币的比值，导致了“外汇”黑市的出现。朱理治认为解决“外汇”黑市的问题不能简单地靠取缔和打击。“因为在今天的外汇政策下，银行的法币只有出，没有进，黑市绝不可能避免。”[6]朱理治看到了问题的本质。边币初创，法币共存，边币暂时无力全面收兑法币，这样，两者发生交易在所难免。与其行政弹压，不如市场引导。

朱理治提出了设立货币交换所的办法，来规范法币与边币交易。1941年年底，边区政府建立了货币交换所，边币和法币在交换所公开挂牌交易和自由兑换，由边区银行根据市场供求来调节牌价，调剂时间和区域上的余缺，达到消灭黑市、稳定边币币值和边区金融贸易的目标。

货币交换所的建立大大方便了边币与法币的兑换，促进了边区进出口贸易的发展，特别是食盐和土特产的出口。货币交换所也对稳定边币与法币之间的比价起到了重要作用，使边区银行能够通过交换所这个平台，打击货币投机。通过使边币比价稳中有升，达到边币信用增强的效果。结果就是越来越多的人愿意使用和持有边币，边币的流通范围也越来越大，在对法币的货币斗争中渐渐占了上风。

由于控制了货币发行量和发展经济、增加物资供应，经过一年半的努力，1942 年下半年，物价上涨速度开始低于货币发行增长，而且边币对法币比价也在回升，由 7 月的 325 : 100，上升到 12 月的 209 : 100，边区在平抑物价和稳定金融上取得了可喜成绩，边区自己的货币站稳了脚跟。

著名金融学者张宇燕这样评价半个多世纪以前的陕甘宁边区在货币金融方面的成就：

> 我们不无惊奇地发现，尽管规模和复杂性有所不同，今天人们谈论的美元霸权、欧元创立与欧元区扩展、金融自由化、货币战争以及人民币国际化等问题，昔日边区政府尤其是银行行长都遇到过、讨论过并漂亮地处理过了。如果说今天之中国面临的最大挑战之一来自货币金融领域，那么数十年前根据地共产党人那一段勇于实践、积累经验、利用规律、科学总结的精彩历史，或许能够告诉我们许多东西。这其中特别包括那些诸如铸币税理论以及与之密切相关的“流通域”理论和通货膨胀理论。[7]

同样的货币战争，两年后在山东根据地再度上演。

“物价本位”的北海币：山东根据地的金融创新

1945 年 8 月，抗日战争胜利后的一天，在山东根据地，一位美国记者正在采访一位八路军干部。

> 美国记者：山东根据地的货币既无金银又无外汇作为发行准备，为何能够保持币值和物价的稳定？这是个不可思议的奇迹！
>
> 八路军干部：我们有物资作为发行准备。你们有 40% 的黄金准备金，我们有 50% 的物资准备量。
>
> （美国记者不解地望着对方。）
>
> 八路军干部：我们每发行 1 万元货币，至少有 5 000 元用来购存粮食、棉花、棉布、花生等重要物资。如果物价上升，我们

就出售这些物资回笼货币，平抑物价。反之，如果物价下降，我们就增发货币，收购物资。我们用这些生活必需品作为货币的发行准备，比饥不能食、寒不能衣的金银优越得多。

（美国记者一边记笔记，一边思索。）

八路军干部：在实现纸币制度以后，货币代表的价值决定于它的流通数量。流通量增加10倍，如果其他条件不变，物价也上升10倍。法币、伪币如此贬值，原因是他们滥发纸币。我们物价相对稳定，原因是我们适当控制货币流通数量。

美国记者：这个道理很有意思，请您再仔细讲讲。

（八路军干部跟美国记者比比画画讲了4个小时，才使他懂得了这个道理。）

美国记者：你认为美国能不能实行这样的货币制度？

八路军干部：美国现在掌握着世界2/3的黄金，还可以实现金本位制。[8]

八路军干部万万料想不到，30年后，美国也被迫放弃金本位制，也要用控制货币发行量来稳定物价，并因而使得弗里德曼的货币主义学说成为西方显学。但他的理论要比山东根据地的货币实践晚了几十年。八路军干部接受采访时，弗里德曼还在大学读博士，是个“彻底的凯恩斯主义者”，对货币的认识还远未形成理论。

此时，中国共产党的货币实践远比西方的货币理论更前卫。更为重要的是，亲手实践干出来的感觉和纸面上的理论探讨，根本不是一个级别的。这就如同大学里的MBA（工商管理硕士）教授大讲企业应该如何管理，然而他的学问再大，也无法和王永庆或李嘉诚的管理实践相提并论。

改革开放以后，一度将“弗里德曼们”奉若神明，轻视自己用货币实践创造出的伟大成就，而迷失在各色西方理论的迷人光环中，完全背离了“实践是检验真理的唯一标准”的最高原则，实在令人扼腕长叹！自从学了美国的货币思想，人民币的真实购买力30年来严重缩水，20世纪80年代初令人羡慕的“超级大款”万元户，现在已成为中国的“低保户”的标准。

美国记者的真实身份：经济学家。

八路军干部：薛暮桥，小学文化，“毕业”于上海监狱“大学”，山东根据地工商局局长和货币政策主持人，新中国货币制度的创立者之一。

薛暮桥到底搞出了什么样的货币，弄得美国经济学家像探索核武器机密一样，万里迢迢来到中国呢？

原来，山东根据地从1938年开始发行“北海币”作为法币的辅币，由于根据地缺乏发行纸币的经验，北海币信用一开始不及法币。

当时法币和英镑、美元挂钩，在各种政权统治区内都十分坚挺。不仅根据地掌握大量法币来保证当地的货币稳定，日伪政权也在沦陷区发行伪币，收兑法币，以换取外汇或者购买物资。

太平洋战争爆发后，日本没收了英美在中国的金融机构，无法再利用法币套取外汇。于是，日本人变换手法，利用法币斗法币，把日伪控制区内的几十亿法币送到国民党统治区和抗日根据地，来套购物资。仅在1942年，流入山东根据地的法币就高达几亿元。这不仅造成大量物资流向敌占区，还导致根据地的法币数量远远超过了市场需求，法币的购买力大幅下降，与之关联的北海币也快速贬值，通货膨胀愈演愈烈。这与今天美元大量涌入中国，在大量“套购”中国产品、资源与原材料的同时，也导致人民币过度增发，从而导致人民币购买力下降和物价上涨是同样的道理。

快速通胀的结果就是，在一个传统上信奉“民以食为天”的国度里，1943年的粮食价格是1941年的25倍！

在情况危急的1943年年初，薛暮桥恰巧路过山东根据地去延安，被根据地领导“扣留”下来，帮助根据地对敌开展货币斗争。

北海币

当时的根据地政府不了解货币和物价的规律，允许法币和北海币同时流通，但禁止日伪政府发行的伪币。在沦陷区的黑市上，伪币高于法币。在根据地，法币高于北海币。山东根据地用行政手段强压法币的比值，宣布北海币以 1∶2 的比例兑换法币，结果根本不起作用。

经过大量的调查研究，薛暮桥提出，要稳定北海币的币值和根据地的物价，唯一的办法就是驱逐法币，使北海币成为根据地的唯一流通货币，独享货币发行大权。办法就是，用北海币排挤和收兑法币，用收兑的法币从敌占区套购物资，用这些物资来支持北海币。政府在物价上升时出售物资，回笼货币，物价自然就会下跌。

这个办法确实管用。驱逐法币后，物价的确回落，但又出现了新问题。由于北海币的数量满足不了市场流通需求，物价下降过度。而此时根据地政府不知道应该增发货币来稳定物价，反而抛售物资回笼货币，又赶上农产品收购季节，农民急着出售，结果是物价猛跌。虽然工商局马上部署增发货币，由于银行印钞力量薄弱，错过了收购农产品的时机。三者叠加的结果是，物价比停止法币时跌了一半。等到来年春荒时节，政府手里没有足够的农产品回笼“迟到”的增发货币，结果导致物价又剧烈上涨。

薛暮桥和同事们认识到在农村经济中，货币发行的季节性和物价存在着一定的客观规律：秋冬增发货币收购农产品，春天抛售农产品回笼货币，这样才能使物价基本稳定，而稳定的物价正是货币信用的标志，是衡量货币制度成功的尺度。正是在这样的货币实践中，他们创造了以物资为发行准备的货币金融创新！

薛暮桥后来回忆这段历史时提及：“银行发行的货币，必须以一半交给新成立的工商局，用来收购各种农产品，随时吞吐，以此稳定物价。我们发行的货币没有用黄金、白银、外汇作储备，是用物资来做储备的。随着物价的涨落，工商局随时吞吐物资，调节货币流通数量，以保持币值和物价的稳定。当时各资本主义国家都实行金本位制，不会发生通货膨胀问题。我们这种从实践中取得的规律性的认识，可能是货币学说史上的一个新的发现。”[9]

根据地称这个货币制度为“物价本位制”，就是说，“我们的货币既不是同金银保持一定联系，也不是同法币、伪钞保持一定联系。我们的本币是与物价联系，是把物价指数（不是某一种商品的指数，而是若干种重要商品的总指数）作为我们决定币值高低的标准”[10]。

完成了“驱逐法币，稳定物价”的货币斗争后，根据地着手开展贸易斗争，而根据地工商局便成了主要操盘手。

“战略物资”与贸易战

同南汉宸在陕甘宁边区以食盐作为“贸易战略武器”一样，山东根据地工商局把海盐、花生油这两样根据地富有而敌占区急需的战略物资，作为进行贸易斗争的主要武器。

过去，政府没有统一机构来管理海盐，由盐商中间转手倒卖，剥削两头的生产商和消费者，加上政府的高盐税导致盐民偷税抗税，引起很大的矛盾。海盐由工商局专卖后，赶走中间盘剥的盐商，由工商局的盐店统一收购，同时减低盐税，鼓励老百姓加入食盐的生产和运输，并保证他们的合理收入。工商局制定了特别的销售策略，越靠近敌占区，盐价越高，在与敌占区接壤的地区，盐价提高了50%。这种梯次盐价的设计相当巧妙，既保证了根据地核心区的盐价低廉，有利于百姓的日常生活，又使得敌占区获得食盐的代价大幅提高，从而最大可能地增加根据地收入。

花生油是上海市场的必需品，工商局收购后，以私商的身份销售到上海，换回根据地需要的工业用品，包括印钞票的纸张器材和军用物资。上海的日军对花生油的来源心知肚明，但因为上海市场需要，竟也不得不暗中保护。

由于工商局采取有利的贸易政策，实行战略物资专卖，根据地对外贸易大量出超，从而有力地保证了换回根据地急需的各种商品。这样工商局对北海币的币值与物价稳定，控制起来得心应手，积极支持了货币斗争。

谁控制了战略物资，谁就控制了贸易的货币结算权。法币稳定时就用法币结算，法币贬值后又用伪币结算，伪币贬值后根据地限定物资交易必须用北海币完成，这样敌占区的商家不得不持有一定的北海币，而后来这些商家也认识到北海币比敌占区货币稳定保值，因此很乐意持有，北海币就这样深入敌占区并扎下根来。山东根据地已经发现了北海币作为敌占区的“外汇储备”，将能够有效调动敌占区的资源为我所用，这就是一种变相的“铸币税”收益，这与美国的美元国际货币战略的设计几乎同步。

如果老一辈的货币与贸易高手今天仍然健在的话，他们将毫不犹豫地以中国控制下的核心战略物资（如稀土资源）为基础，打出一套漂亮的金融组合拳。想用中国的稀土吗？可以，但条件是必须使用人民币进行贸易结算，从而增加人民币的国际储备需求，加快人民币国际化的进程。

经过货币与贸易实践，山东根据地从抵制法币、保护物资的防御战，转入了扩张北海币的流通域、套购敌占区物资的战略反攻，大大提高了根据地货币战争的作战能力，为根据地的财政收入做出了极大的贡献，使山东根据地成为各个解放区中最富庶的地区，为抗日战争和解放战争的胜利奠定了坚实的物质基础。

解放战争初期，在一次财经工作会议上，薄一波见到薛暮桥时说，国民党派70万大军对山东进行重点进攻，新四军的主力部队移驻山东，山东的负担很重。山东要负担多少脱产军政人员？薛暮桥请薄一波估计一下，薄一波猜大约有70万人，薛暮桥笑答说有90万人！薄一波听后十分惊讶，他没有想到山东根据地的财政实力居然如此之强。[11]

薛暮桥在山东根据地的实践中，积累了货币发行的宝贵经验，为几年后人民币独立于金银发行提供了重要依据。

1948年，中共开始讨论人民币发行政策，薛暮桥关于货币独立的观点受到了很大质疑。当时延安过来的许多经济学家认为，根据地没有金银储备，又得不到美元英镑等强势货币的支持，如果再切断与法币的联系，不可能保持物价的稳定。

薛暮桥则以山东根据地的经验证明，货币的价值从根本上说是由货币的购买力决定的，完全可以摆脱和金银、外汇的关联。更为关键的是，一旦发生关联，根据地的经济将很容易受到敌人的影响。“有的地区（如华中），前几年虽然没有停用法币，而他们因法币不断贬值，就不断改变本币同法币之间的比价，以保持本币币值和物价的相对稳定。但是在山东和晋冀鲁豫，则在货币斗争中取得了胜利，停用法币，建立起了独立自主的本币市场。”[12]

1948 年年底，在总结过去各根据地货币斗争经验的基础上，中共开始发行统一货币——人民币。人民币不规定含金量，并申明与金银脱离关系，汇率主要依据货币实际购买力而定。

当时国民党带走了国库中的全部黄金白银，如果人民币与金银挂钩，收购金银要增加货币发行，物价就会上涨，国民政府在币制改革时已经发生过类似情况。于是，共产党在人民币发行的同时，冻结金银定价，使之低于物价上涨速度，也低于国际金银价格。这是此后数十年中国金银管制政策的开端。

更为重要的是，共产党吸取历史上明清和国民党政府因为掌握不了白银供应而丧失货币主权的教训，不与金银和外汇挂钩，摆脱了拥有强大金银储备的西方列强对中国货币、经济和政治上的控制。

人民币脱离金银独立发行，这是当时中国摆脱西方列强的货币控制的现实选择，体现了实事求是的重要原则。今天，在人民币与美元绑定的情况下，美元由于债务负担过重而不得不长期贬值，当面临丧失世界货币地位时，如果美元未来选择以“改进版金本位”的方式重新与黄金挂钩，以强化美元信用，由于中国的黄金储备严重偏低，则人民币的战略态势将十分不利。

人民币的未来究竟是否要与美元挂钩，还是独立自主地创造崭新的货币发行模式，这将是一个重大的战略问题。

人民币的横空出世

1947年7月，人民解放军转入战略反攻，晋绥、晋察冀、晋冀鲁豫解放区逐渐连成一片。原来在各解放区使用的不同货币，现在都纷纷涌入统一的解放区市场。于是，就产生了许多“货币的烦恼”。在统一的解放区内，走出几百里甚至几十里地之外，就要换用另一种货币。

当时负责华北地区财经工作的董必武，就亲身经历了这样的麻烦。他从延安出发，来到了晋察冀根据地考察。一路上走得又饥又渴，他便与夫人、孩子停靠在路边大槐树下歇息。随身带的干粮都吃光了，警卫员跑到村中小杂货铺子里想买几个烧饼和烤红薯。谁知到了付款时，居然出了问题。

卖烧饼的接过钱来一看，不认识是哪里的钱，警卫员不得不解释这是陕甘宁解放区的边币。卖烧饼的人拿着钱翻来覆去地看了几遍，最后还是退回来说：“不行，这钱我们这里不花！”原来，当地只用晋察冀解放区的货币，别的钱一概不用！

石家庄中国人民银行旧址

警卫员无奈，拿着钱到附近的一家公营机关商店里去换，机关商店的售货员也不给换，态度坚决地回答：“晋察冀地区只认晋察冀边币，其他的钱票都不认，我收了你的钱也是白作废，谁能干那傻事？”

这时，董必武的夫人对警卫员说：“你不用着急！我随身带着一块给孩子们用的布料，你就拿它去和人家以货换货吧！我想，用这块布料换几个烧饼是足够的！”[13]堂堂的革命元老董必武，被货币问题逼得只能用布料换烧饼充饥。

当时，解放区的金融系统各自为政，不仅货币不统一，还互相征税，搞贸易保护。有的解放区为了降低贸易逆差，甚至提高本地特产的价格，拒绝其他解放区的商品入境。

山东根据地拥有最“强势”的海盐，发行的北海币最坚挺；晋冀鲁豫的冀钞次之；西北地区因为物资最为缺乏，需要大量进口，发行的西北农币最弱。结果出现了晋冀豫抵制山东的海盐，冀南扣押冀中订购的煤炭等混乱现象。

董必武在1947年底向中央汇报时，严肃批评了各地“互相建筑关税壁垒，各区票币互相压抑抵制，商业上互相竞争，互相摩擦，忘记了对敌”。

南汉宸和董必武

统一解放区的财经工作，成立全解放区的银行，发行全国统一使用的货币，这已成为刻不容缓的大事。再不统一货币，等到北京解放，各路大军拿着各自的钞票，涌入北京使用，市场必然乱作一团。

要发行统一货币，有两种选择，一是借鉴苏联1947年的货币改革，在第二次世界大战结束之后，以新币换旧币，实行差别兑换，新旧币以1∶10兑换，此时持有旧币越多贬值越大，乘机剥夺一部分人的货币财富，压缩货币流通量，达到实现货币稳定的目的。

其实，蒋介石在接收沦陷区时所搞的法币以1∶200收兑伪币，苏联用新币以1∶10兑换旧币，都是在掠夺旧币持有人的财富。同样的道理，美国逼迫人民币升值，相对于美元资产国际购买力不变的情况，假如1∶7的美元兑换人民币的比值突然变成了1∶6，这就相当于人民币“以旧换新”，在升值的那一时刻，人民币的“新币”以6∶7的比价“取代”了“旧币”，其结果必然是“旧币”持有人的财富流失！也就是说，人民币升值是对外“名义升值”，对内购买力实际贬值的道理。

南汉宸从保护人民利益的角度出发，认为中国不适合模仿苏联的货币改革政策。

另一种选择是先合并简化各个解放区发行的货币，等物价和货币稳定后再发行新币。同时，考虑到国民党币制改革的负面影响，要让老百姓了解，共产党实行的是统一货币，不是货币改革，与国民党搞的完全不一样。国民党的币制改革是以更严重的通货膨胀为手段，来掠夺人民财富，其结果是物价飞涨，民怨鼎沸，经济走向崩溃。而货币统一，是为了简化和巩固解放区的货币制度，为了促进经济发展和商品交流，完全是从人民的利益出发的。

1948 年 12 月 1 日，中国人民银行在河北省石家庄市宣告成立，南汉宸任总经理，并从即日起发行中国人民银行钞票“人民币”。

为了在货币统一的过程中不损害人民群众的利益，政府采取了“固定比价，混合流通，逐步收回，负责到底”的方针，逐步收回了各解放区发行的货币。

政府根据各解放区的物价水平，规定了人民币与各解放区货币的合理比价，并停止了各地区货币的发行，要求各地银行按照规定比价逐步收回。这样，原来各自为政的地区之间的经济关系得到迅速调整。人民币的出现大大方便了市场流通。

为了消除老百姓对手中解放区货币因来不及兑换而作废的担心，政府保证不但对人民银行的新币负责，而且对所有解放区银行过去发行的旧币负责。以后，政府不但对抗日战争和解放战争时期发行的货币负责收回，而且对土地革命时期发行的货币、期票、公债也按合理的比价收回。这充分保障了人民的利益不受损失，从而建立起人民币在社会中的信用。

第一套人民币

到中华人民共和国成立

前夕，政府通过银行业务、财政征收、贸易回笼等方式，陆续收回了关内各解放区发行的货币，为中国的货币统一奠定了坚实的基础，成功地避免了各解放区货币闹京城的乱象。

1950年，国内经济形势稳定后，开始回收东北货币。主持东北工作的高岗想搞独立，曾授意东北银行行长提出保留东北币，南汉宸当面质问高岗是何企图，高岗只得作罢。

至此，自1911年以来，中国第一次实现了全国货币的真正统一。过去近40年间，中国"货币割据"问题被彻底清除。

除了在解放区内部逐渐统一外，为了保证人民币的流通，政府吸取在根据地驱逐法币的"排毒"经验，对人民币流通域内的金圆券、外币和金银采取不同的"排毒"措施。

首先是坚决肃清法币和金圆券，这是恶性通货膨胀的罪魁祸首，必须坚决肃清，为人民币占领市场铺平道路。

其次是实行外汇管理。取消外国银行的货币发行权，禁止外币流通，实施外汇统一管理。外汇、外币均须存入中国银行，禁止买卖或转让，由国家银行统一经营。

再次是严禁金银流通。恶性通货膨胀造成金银在市场上计价流通，并成为金融投机的主要对象，也是人民币占领市场的主要障碍。政府严禁金银流通，规定金银买卖与兑换，统一由国家银行办理，私下买卖和计价行使属于违法行为。对于人民手中的金银，以适当的价格进行收兑，逐步将金银集中到国家银行，用作国际储备。

然而，人民币刚发行时，只能解决统一全国货币的问题，还来不及解决货币的稳定问题。1949年是解放战争取得全面胜利的一年，财政支出猛增，不得不大量发行人民币来弥补赤字，通货膨胀难以避免。这一年中，曾多次出现程度不等的通货膨胀。

通货膨胀与投机势力好比火与风的关系，无风之火不足为患，而火借风势，风助火威，则通货膨胀将立刻升级！对抗通货膨胀的核心工作，就是打击投机势力。

在中国的经济中心上海，政府与投机势力上演了一场大规模的物价争夺战。政府在通货膨胀的阵痛中，最终搞定了投机玩家，实现了人民币和物价的稳定。

银元之战

1949年6月10日，上海汉口路证券大厦四周的街道上，哗啦哗啦的声音响成一片，许多人身穿长衫，手里拿着一大把银元，不断互相敲击，吸引过路行人的注意，口中还不断报出银元的价格。他们就是上海倒卖银元的“银牛”。证券大厦是上海投机交易的中心，里里外外聚集的大投机商和小贩多达数千人。他们通过几千部电话同分布在全市各个角落的分支据点保持密切联系，操纵银元价格。

上午10点，十几辆军用大卡车飞驰而来，停在证券大厦的门口，车上跳下一个营的解放军士兵，把证券大厦包围得水泄不通。早已埋伏在大厅和所有进出通道的公安便衣也亮出身份，命令大厅所有人员就地接受检查。

六楼一间宽敞的办公室里，摆放着50部电话和对讲机，电话线像蜘蛛网一样，密密麻麻地从门外沿着天花板延伸到屋内。电话铃声此起彼伏，夹杂着投机筹码的暗号，不断与香港、澳门市场呼叫联络。墙上挂着的黑板，上面密密麻麻贴满了纸条，按黄金、美元、银元分类，下面用白粉水笔写着当日的买进卖出价格。一位西装革履、头发梳得溜光的中年人，一边抽着雪茄，一边狂打电话：“今天涨得蛮好，这10天已经涨了2倍！侬放心，共产党土包子拿我们没办法，前几天他们抛出10万现洋，想压压我们的势头，结果连声音也没有听到。这里是大上海，不

上海证券交易大厦

是延安，我们跟他们拼的是银元，不是枪，这是我们的天下。你就放心在香港享福吧。哈哈。”

话音刚落，几位公安闯了进来，命令屋里的所有人立即停止活动，那位中年投机商吓得目瞪口呆，燃着的雪茄掉在腿上也丝毫没有察觉。

从上午 10 时到午夜 12 时，公安人员分头搜查了各个投机字号，并登记了所有封堵在大厦内的人员名单及财物，然后，命令全部人员到底层大厅集中，听政府代表训话。集中到大厅的共 2 100 人，除根据事先确定的名单当场扣押 200 多名送市人民法院外，其余人员经教育均陆续放出。

突袭证券大厦，一举获得了胜利。公安局又顺藤摸瓜，抓了一大批散兵游勇银元贩子。从此，上海再也听不到银元的哗啷声了。

这就是共产党解放上海初期整顿经济的第一战——“银元之战”。指挥此战的，正是一位土生土长的上海人，中央财政经济委员会主任陈云。

从 1937 年全面抗日战争开始，到 1949 年的 12 年间，国民党政府的货币发行额增加了 1445 亿倍，物价如脱缰野马一样飞涨。法币 100 元可买的物品，1937 年为 2 头牛，1945 年为 1 条鱼，1946 年为 1 枚鸡蛋，1947 年则为 1/3 盒火柴，1949 年 5 月已经买不到一粒米了。

国民政府在 1949 年 5 月接连发行 10 万元、50 万元、500 万元、1 000 万元面额的金圆券，引起物价狂涨，肉每斤 1200 万元，油条每根 100 万元……有人形容金圆券贬值的情况，说吃第一碗饭是一个价格，等到吃第二碗饭时已经涨价了！

北大教授季羡林曾说，20 世纪 40 年代后期，物价涨得很离谱，领到薪水后，第一件事情就是跑步去买米，而且跑慢了与跑快了米价都是不一样的。这还是当年大学教授的生活，更不用说普通老百姓了。费孝通 20 世纪 40 年代后期发表的《乡土中国》写得非常短。后来有人问费老，那么好的学术著作怎么不多写点儿。他的回答就是，因为通货膨胀，必须写完就发表，发表就领稿费，领了稿费就跑去买米。这个过程不能打乱且要尽量缩短，等一部大部头写出来，稿费早就不值钱了。

金圆券贬值造成了人民不信任纸币的心理，人们愿意使用和保存金银等硬通货。同时，长期恶性通货膨胀还形成了一股庞大的金融投机势力，金融业成为国民经济各行业中最有利可图的行业，其他产业凋敝衰落，唯有金融业畸形繁荣，机构猛增，投机活动愈演愈烈，这就是当时所谓的“农不如工，工不如商，商不如囤，囤不如金”。1948 年，仅上海一地参与金银投机活动的人数就多达 50 余万人。

投机的狂潮加剧了通货膨胀，并从国民党统治区蔓延到解放区。而共产党因为 500 多万解放军的军费开支，加上全面接受蒋介石政府留下的公务人员，要解决 900 万军政人员的生活费，不得不靠发行人民币来解决。从 1948 年开始，人民币发行以几十倍甚至上百倍的速度增加，这就使得蒋介石留下的通货膨胀不但没有得到控制，反而有愈演愈烈之势。投机问题不解决，经济就不可能稳定，新生的政权也必将受到严重的威胁。

毛泽东认识到政权要稳定，必须先稳定物价，要稳定物价，必须打击以上海为中心的投机活动和势力。因此决定成立中央财政经济委员会（中财委），来统一管理全国财经事务，由在陕甘宁边区和东北有丰富财经工作经验的陈云来统率，南汉宸、薛暮桥都是中财委的精兵强将。

当时国内外的各种势力都认为，共产党没法解决经济问题。美国国务卿艾奇逊认为，19 世纪以来，没有哪一个政府能解决中国人吃饭的问题。当时上海的商界大佬荣毅仁的观点就是，共产党能打仗，军事上得 100 分；政治上讲统一战线，得 80 分；经济上只能得 0 分。

5 月 27 日上海解放当天，政府就宣布人民币为计算单位，人民币与金圆券的兑换比例为 1 ∶ 10 万，金圆券可以流通到 6 月 5 日。由于金圆券在老百姓心中形同废纸，有人甚至用来糊墙，回收工作很快就完成了。

但是人民币仍然进不了上海市场。尽管政府明令禁止金银和外币在市场上自由流通，但是长期生活在通货膨胀恐惧中的市民，依旧是保存钞票不如保存实物的心理。利用人们这种对纸币的恐惧心理，投机商对政府法令置若罔闻，集中投机银元，有人甚至扬言："解放军进得了上海，人民币进不了上海。"

在他们的操纵下，上海解放后仅10天，银元涨了近2倍，并带动整个物价上涨，作为生活必需品的米和棉跟着涨了1~2倍。这时，上海的四大私营百货公司纷纷开始用银元标价，拒收人民币。

人民银行发行的人民币，早上发出去，晚上几乎全部回到人民银行。人民币和政府的信用受到严重挑战。陈云意识到，人民币的主要对手不是软弱的金圆券，而是强势的银元。

针对这一情况，人民政府曾采取抛售银元的办法来稳住市场。但10万银元刚一抛出，就被投机分子全部吃进，不但没有稳住市场，投机之风反而愈演愈烈。上海游资和投机分子的实力太强大了，靠抛售的办法是无法稳住市场的。1937年日本人占领上海时，也曾发生过银元投机危机。日本人想靠市场手段来打击投机，从东京运来5吨黄金，投下去之后却如泥牛入海，毫无作用。

上海解放前夕，蒋介石共运走270万两黄金、1 500万银元和1 500万美钞。人民政府接管中央银行时，仅剩黄金6 000多两，白银3万两，银元150多万元。要想用银元抛售来压低黑市价格，有些力不从心。而上海市民手里的银元至少有200万，在打击银元投机上，政府并没有绝对优势。一旦打压不下，还可能引来内地甚至港澳的热钱围攻上海。

权衡利弊后，陈云果断动用铁腕手段查封证券交易所，严惩投机分子。不出一个月，猖狂的银元风波即被平息下去，银元彻底从市场上退出，人民币在上海开始站稳脚跟。

但是，投机商哪能如此轻易就范，银元投机失败，他们便把全部资金押到纱布和粮食上面，要在日用品上和政府决一死战。

棉布之战

谁能解释中国在新中国成立初期治理通货膨胀的成就，就足以获得诺贝尔经济学奖。[14]

——弗里德曼

1949 年 10 月 1 日，毛泽东在天安门城楼上庄严宣布："中国人民站起来了！"仅半个月后，以上海、天津为龙头，全国物价开始猛涨。11 月的物价，比 7 月底已经涨了 2 倍！人民还没伸直腰，就被通货膨胀压弯了。

这种局面，已在陈云的预料之中。一方面，战争仍在进行，军费开支巨大，政府不得不靠增加货币发行来弥补军费。另一方面，在银元之战中被陈云铁腕打压的投机商不甘心失败，把赌注下在老百姓必需的日常用品上。他们的如意算盘是，共产党能够没收银元，难道还能取缔粮食和纱布的买卖？如果老百姓买不到粮食，一定会找共产党闹事，到时候共产党只有乖乖地到投机商那里去买粮食和棉布。

他们哪里知道，陈云早就摸清稳定物价的关键，那就是政府掌握主要物资的数量，"人心乱不乱，在城市中心是粮食"。对付投机商的策略是，一方面和投机商比囤积物资，一方面在他们的资金来源上进行釜底抽薪，这就是紧缩银根！

投机商犯了胡雪岩当年的致命错误，囤积方叫板政府，但如果不掌握货币发行大权，那就是在找死！

中财委在全国范围内组织了粮食、棉花、棉布的大规模调运，并进行集中管理。陈云派当年苏区国家银行的骨干曹菊如，到东北调运粮食。他亲自嘱咐曹菊如坐镇沈阳，每天发一车皮粮食到北京，并在天坛囤放，而且必须让粮贩子看到粮囤每天都在增加，国家手里真有粮食，涨价得不偿失。他又指示当年苏区的贸易局长钱之光到上海、西安和广州等地调整各地的纱布存量，以便统一行动。

同时又采取多种办法收紧银根，一是征收税款，二是发行公债。

另外命令资本家按时给工人发工资，不许停产把资金转移到投机活动中。他还要求国家单位必须把现金存入国家银行，不许存入私人行庄。对私人行庄实行严格的金融管理。人民银行还推出“折实储蓄”来吸纳社会闲散资金。这样社会的游资渐渐被吸干了，而投机商还浑然不觉，继续用很高的利息拆借资金，买入粮食和纱布。

截至11月13日，国家可以调用的粮食不下50亿斤，国营中纺公司掌握的棉纱和棉布达全国产量的一半，人民银行吸收了8 000亿元社会游资，投机商已经深陷重围而不自知。

这时，陈云认为稳定物价的基本条件已经具备，连下12道金牌，制定了紧盯物价目标，集中物资，打击投机商的细则，为大战做最后的部署。

11月20日开始，上海、北京、天津、汉口等大城市的国营贸易公司开始陆续出货。投机商一看又有物资放出，不管价钱多少，一窝蜂地扑上来吃进。这次国营公司在出售物资的同时，居然在逐步提高价格，向黑市价格靠拢。这葫芦里卖的是什么药？难道政府也想利用涨价套利？他们没想到这是陈云使出的“引蛇出洞”之计，引诱投机商把手里的资金全部拿出来。

投机商根据过去的经验判断，紧俏商品一天就能涨好几轮，不但可以应付拆借利息，更可以获得暴利。他们也顾不得多想国营公司涨价的动机，不惜一切疯狂吃进，兜里的钞票却在不知不觉中被吸干了。银行贷不到款，就借高利贷，甚至不惜每天支付50%，甚至100%的惊人利息！

11月24日，总体物价水平达到7月底的2.2倍，这正是陈云定下的物价目标，在此水平上，国家手里的物资和市场上流通的货币量相当，政府集中力量对投机商发起总攻的决战时刻来到了！

11月25日，同时在各地，国营贸易公司开始了全面抛售纱布，并不断地调低价格。

投机商开始还敢接招，继续吃进。但国营公司的物资铺天盖地而来，投机商手里的资金几下就被抽干了。这时投机商才意识到大事不妙，赶紧“割肉”抛售手中高价囤积的纱布。他们抛得越多，亏得越厉害，棉纱市场行情如雪崩一般一泻而下。

政府连续抛售10天以后，粮棉等商品价格总计猛跌了三四成。许多投机商扛不住了，纷纷破产，天津的投机商纷纷跳楼自杀。上海的私营批发商一下子倒闭了几十家，棉布投机商一共亏了250多亿元。

三个月后，陈云采用同样的战术，在粮食大战中，对负隅顽抗的投机商给予最后的致命一击，从此投机势力土崩瓦解了，在后来的50年中再也没能形成气候，直到2010年的“蒜你狠”“豆你玩”“姜你军”。

从此，物价逐步走向平稳，在中国大地横行十几年的超级通货膨胀终于被驯服了！

上海的投机商一败涂地，血本无归，哀叹道：“共产党真有能人，我们斗不过商务印书馆的那个小个子（指陈云）！”唯一让他们稍感安慰的是，他们输给了一个比他们更能精打细算，更能玩转市场的上海同乡。

对投机资本的沉重打击，把上海工商业者完全镇住了。荣毅仁表示，6月银元风潮，中共是用政治力量压下去的，而此次粮棉之战则完全是用经济力量就能稳住的，这给了上海工商界一个教训。

在这场粮棉之战中，政府不仅能够主动应对，而且有计划、有步骤地达到了预定目标。无论是物价总指数，还是主要商品的价格，都在预计的水平上。蒋介石解决不了的通货膨胀，美国人认为不可能平息的物价，被陈云和他的同事们，经过精确计算和严格执行，一举实现了。

著名金融家、当时担任中财委顾问的章乃器，曾经十分叹服陈云对反击投机势力时的时机拿捏：“在那紧要关头，像我们这班知识分子就难免要犯主观主义的急性病。我那时曾经一再建议早点下手，对市场施用压力。然而，财经工作的负责人（指陈云）却是那样得沉着、坚定，认为依据通货数量和物资数量的对比，时机尚未成熟，应该再多准备一些实力。同时，不妨再从市场阵地撤退若干步，以便争取主动，进行反攻。事后的实际告诉我们，这种策略是完全正确的。经济上的反攻从 11 月中旬开始，以五福布为例，11 月 13 日的行市是每匹 12.6 万元，比较 10 月 31 日的 5.5 万元，已经涨起一倍多。那就是说，倘使反攻提早半个月，两匹布吸收货币回笼的能力，就抵不了半个月以后的一匹。譬如用兵，在敌人深入到达了于我绝对有利的地形之后，一师兵就可以发挥出来两师兵的力量，就有把握可以克敌制胜了。”[15]

章乃器是何等人也？ 1948 年陈诚曾一度向蒋介石推荐章乃器出任财政部部长，以挽救危局。蒋介石叹了口气说：“我是要用章乃器，可是他不为我所用！”可见章乃器的水平，更可见陈云是高手中的绝顶高手。

毛泽东认为这场物价保卫战的胜利意义重大，“不下于淮海战役”。有一次，薄一波向毛泽东汇报工作谈及陈云时说：“陈云同志主持中财委工作很得力，凡是看准了的事情总是很有勇气去干的。”毛泽东听后回答：“过去我倒还没有看出来。”说罢，顺手拿起笔来，在纸上写了一个“能”字。薄一波问道：“你写的这个‘能’字，是否指诸葛亮在《前出师表》里叙述刘备夸奖向宠的用语：‘将军向宠，性行淑均，晓畅军事，试用于昔日，先帝称之曰能。’”毛泽东点头称是。[16]

从陈云指挥整个粮棉之战来看，他兼具天才经济学家看问题一针见血的洞察力和超级交易员对细节和市场时机的掌控力，是弗里德曼和索罗斯的完美结合。

难怪曾有人说，那些获诺贝尔经济学奖的人同陈云、薛暮桥、南汉宸等相比，完全不在一个级别，因为他们都没有机会在世界人口第一大国里，实际操刀验证过他们的理论。弗里德曼和萨缪尔森等人注重自由市场，斯蒂格利茨强调政府计划调控。而陈云早在新中国成立初期就提出了“大计划，小自由”的经济工作指导思想，既强调政府调控，又注意自由市场。

人民币：为人民服务的货币

1953年，在政府完成统一财政，全国物价基本稳定的情况下，陈云提出了发行新人民币的建议。1954年年底，中共中央指示“现行的人民币在计算上已失去作用，在国际观感上，对国内人民心理上影响均不好。为进一步健全和巩固我国的货币制度，整理货币流通，缩小票面额，便利计算和使用”。中央批准1955年发行新人民币，考虑到年初两个月正值节假日，因此改为3月1日起发行新币。

新人民币的出台，必须要解决两大问题：第一，人民币是否与黄金挂钩；第二，新旧货币如何兑换。

在世界普遍实行货币规定含金量的时代，陈云力主人民币不与黄金挂钩，不规定人民币的含金量。

为什么陈云在设立人民币含金量时顾虑重重呢？这还要扯上苏联外长葛罗米柯丢官的事。

1951年4月30日，斯大林亲自提出，苏共中央政治局做出决定，撤销4月5日由苏联国家银行制定的一项关于卢布与人民币汇率的决定，并给予国家银行行长和财政部部长警告处分，外交部部长葛罗米柯被降级为英国大使，原因就是葛罗米柯在汇率问题上让斯大林勃然大怒。

新中国成立之初，毛泽东和周恩来先后赴莫斯科，和斯大林等苏联领导人谈判和签订了《中苏友好同盟互助条约》，将中苏的战略同盟关系以法律形式确定下来。双方争论最激烈的就是卢布与人民币汇率问题，而苏联政府在这方面做了精心准备。

第二套人民币

苏方没有、也不想按照一般国际惯例，根据主要产品价格综合指数，来确定卢布与人民币的比值，而是采取抬高卢布压低人民币的办法。苏方首先和中国确定卢布与人民币的比值是通过美元来计算。在毛泽东谈好条约的大框架，离开苏联后，他们马上宣布提高卢布对包括美元在内的所有外币的汇率，一举把卢布的购买力提高了 30%，这样大大增加了中苏贸易谈判中汇率问题的难度。中方代表很不满意，对此提出不同意见。但是，由于当时中国急于得到苏联的物资和技术，只好做出让步和妥协，在不平等的条件下确定了两国货币汇率，确定卢布与人民币比价为 1 卢布兑换 9 500 元人民币。

此后，中方一直想方设法改变这一汇率，采取了和苏联相同的方法，“以其人之道还治其人之身”。据 1951 年 2 月苏联大使报告，中国政府从 1950 年年底开始连续 4 次降低美元汇率，由于卢布与人民币的汇率以美元计算，美元汇率的降低直接导致卢布兑换人民币汇率的下降，即从 1 卢布下降到兑换人民币 5 720 元。报告估计，根据美元计算的卢布和人民币的汇率，比按中国人民银行收购黄金的官价计算的汇率大约低 20%。因此，美元在中国的汇率降低自动导致卢布对人民币汇率的降低是不正常的，在政治上和经济上都对苏联不利，特别是 1951 年苏中之间结算将进一步增长，情况会对苏联更加不利。

“苏联使馆建议，苏联财政部和国家银行应与中国进行谈判，以便确定按黄金价格计算卢布和人民币的比价。4 月 5 日，苏联国家银行制定了一项关于卢布与人民币兑换率的文件，具体内容不详，但据时任驻美大使多勃雷宁的回忆，这个文件对中国比较有利。当外交部副部长佐林把这份文件呈送代理外交部部长葛罗米柯审定时，葛罗米柯一方面出于谨慎，不敢擅自做主，一方面以为汇率并非重大问题，不便打扰斯大林，遂将文件搁置起来。后来，中国政府和苏联使馆再次催促，佐林亦表示支持，于是，葛罗米柯未经请示斯大林，就批准了这一文件。斯大林得知此事后大为恼怒。”[17]

葛罗米柯显然没有完全理解伟大领袖斯大林的深刻用意，一朝不慎，铸成了大错。

斯大林在把东欧国家纳入苏联“社会主义大家庭”时，就想好了在经济上控制它们的策略。既然东欧国家都坚持要自己独立发行货币，那么就在汇率上做文章。苏联盛产黄金，当时约占世界产量的 2/5。因此，苏联故意把卢布含金量定得很高，远远超过卢布的实际购买力。在评估汇率时以对自己有利的黄金为标准，占尽汇率的便宜。东欧国家私下叫苦不迭，但谁也不敢和强硬的斯大林当面顶撞。

在中苏的谈判中，斯大林也用同样的方法对付中国，这才有了毛泽东离开苏联以后，卢布对美元的突然升值。斯大林算好了当时中国有求于苏联，不会在汇率上太强硬。

斯大林布好的局，让只有外交头脑没有经济头脑的葛罗米柯搅了，怎么会不恼羞成怒！陈云明白中国在汇率上占了便宜，如果把人民币的含金量公布出来，那就成了苏联要求重新界定汇率的靶子。

如果人民币不规定含金量，那么币值究竟以什么为依据呢？陈云认为应该用全面抗战前的法币购买力为参照系，从社会实践的观察中去评估货币价值。由于 1936 年法币开始推广后，全国物价基本稳定，而且市场反应良好，币值适中，因此，新人民币应该大致为 1 元人民币与当年 1 法币购买力相当。以此为基础，倒推出新旧人民币之间的收兑比价应为 1∶10 000。

至于人民币新旧币的兑换方式，中国采取了无差异兑换原则，对于所有的人民币持有人，无论存款还是现金，一律采取统一兑换方式。其最终效果就相当于在所有货币单位上消减 4 个零，物价也是如此，相当于货币替换，而非货币改革，社会财富没有发生明显变化。

新人民币的发行十分顺利。在新币发行的最初 10 天内，收回的旧币即达市场货币流通总量的 80%。到 6 月 10 日全国已收回旧币流通总量的 98.06%。1955 年 6 月 10 日，人民币新旧币的兑换工作基本结束，市场反应良好，物价基本稳定，老百姓积极支持。中国仅用了短短 100 天的时间，就风平浪静地实现了新币对旧币的替代，彻底消除国民党时期的通货膨胀残迹。从此，人民币开始了全新的历程。

人民币之所以能够稳定币值，恶性通货膨胀之所以能够有效遏制，除了措施得力的主观原因之外，客观因素就是中国经济在很短的时间内实现了四大平衡：预算收支平衡，断了通货膨胀的根；货币出纳平衡，巩固了币值稳定的源；物资供求平衡，抄了投机势力的底；外汇进出平衡，绝了货币恐慌的路。

只有拥有完全独立的货币，才谈得上经济、政治和军事的独立自主！

鸦片战争后，帝国主义通过中国的买办官僚资产阶级，以金融手段控制中国的历史，毛泽东、陈云等人知道得比谁都清楚。中国近代一百多年里，外国资本势力、洋买办阶级、官僚地主垄断阶级形成了一张硕大无比、盘根错节、利益互锁的关系网，无论哪个军阀执政，无论哪家政府上台，都不得不依赖和借重这张关系网。这些人相互勾结、相互庇护，共同盘剥人民大众。只有在1949年，中国才将这个巨大的毒瘤网络连根铲除，甚至掘地三尺，以确保永无后患。

人民币拒绝与任何外币挂钩，就是为了从金融的根子上切断外国资本势力对中国的渗透和控制，目的就是为了完全控制中国的金融高边疆，这正是中国共产党的最高金融战略！

新中国成立初期，中国面对以美国为首的西方国家的制裁，只能求助于苏联的资金和技术。“按照苏方的统计，从1950—1961年苏联向中国借款14次，总计达18.18亿卢布，其中还包括用于朝鲜战争的军事借款2亿卢布，利息是2%。在抗美援朝战争过程中，苏联从未说明苏方提供的军火属于战争借款，而是一直声称其为对中国出兵维护社会主义集团利益的补偿，是苏联应该担负的责任。但是，这一部分军火后来却被加入到中国的债务中，并且附以高额利息。”[18]

中国为了摆脱苏联的金融控制，就必须早日还清苏联的借款，在当时国力并不强盛的情况下，勒紧腰带，建立起极其严格的国家预算体制，从而保证了人民币的独立自主。到1965年，中国终于完全还清了苏联的借款。这年年底，外交部部长陈毅在接见日本记者时，骄傲地宣称：“中国已经成为一个没有任何外债的国家。”

人民币的历史，就是为人民服务的历史，独立自主的历史，实践创造奇迹的历史！

注　释

[1] 邓加荣，《开国第一任央行行长——南汉宸》，中国金融出版社，2006 年，第 57 页。

[2] 邓小平，《太行区的经济建设》，解放日报，1943 年。

[3] 陕西省社会科学院，《陕甘宁边区政府文件选编》第 1 辑，档案出版社，1986 年 5 月，第 230 页。

[4] 中共河南省委党史研究室，《纪念朱理治文集》，中共党史出版社，2007 年，第 112 页。

[5] 高强，《陕甘宁边区货币发行初期的通货膨胀与治理》。

[6] 宋林飞，《朱理治同志的金融思想及其贡献》。

[7] 张宇燕，《实践与真知——读“朱理治金融论稿”》。

[8] 薛暮桥，《薛暮桥回忆录》，天津人民出版社，2006 年，第 170 页。

[9] 同上书，第 166 页。

[10] 同上书，第 169 页。

[11] 同上书，第 177 页。

[12] 同上书，第 181 页。

[13] 邓加荣，《开国第一任央行行长——南汉宸》，中国金融出版社，2006 年，第 252 页。

[14] 杨斌，《不唯洋的“老海归”》，中国城乡金融报，2006 年 3 月 17 日。

[15] 章立凡，《章乃器文集》上卷，华夏出版社，1997 年，第 621 页。

[16] 何立波，《新中国第一任财政部部长薄一波》。

[17] 沈志华，《论 1950—1953 年苏联对华经济援助状况》。

[18] 韩毓海，《明清 500 年兴亡：五百年来谁着史》，九州出版社，2009 年。

第九章

金融高边疆与人民币国际化

CURRENCY WARS

本章导读

当今世界，货币战争硝烟未散，远方的战鼓之声远未止歇。未来随着美国“债务癌症”的扩散，美元“周天子”的“龙体”将日益衰微，随之而来的将是一个货币的“春秋战国”时代。货币战争将成为世界经济的一种常态。

人民币的困境在于，外汇占款事实上已经基本将人民币“美元化”了。汇率危机、外汇储备等问题的核心，在于人民币货币本位的定位发生了偏差。人民币的最高宗旨就是为人民服务，这要求人民币的发行需要重大创新，“广义物价本位”将是一种另类的选择。在美元不断贬值的情况下，外汇储备的方式也需要做出相应的调整。

人民币要突出重围，实施国际化战略，就应该在金融高边疆的战略下进行整体布局。人民币的国际化，并非只是将货币放出海外这样简单，人民币出现在哪里，哪里就是国家利益之所在，哪里就是货币当局监管的新边疆。人民币走出国门的前提条件就是：放得出、收得回、看得见、管得着。

货币本位、中央银行、金融网络、交易市场、金融机构与清算中心共同构成了金融高边疆的战略体系。建立这一体系的主要目的就是，确保货币对资源的调动强度和效率。从中央银行创造的货币源头，直至最终接受货币的客户终端；从货币流动的绵密网络，到结算的清算中心；从金融票据的交易市场，到信用评估的评级系统；从软性的金融法律制度监管，到刚性的金融基础设施；从庞大的金融机构，到高效的行业协会；从复杂的金融产品，到简单的投资理财，金融高边疆保护着货币血液从中央银行心脏，流向金融毛细血管乃至全身经济细胞的完整高效的循环系统。

货币战争：历史的轮回

2010年10月的英国《经济学人》杂志的封面，赫然呈现出世界“货币战争”的烽烟，仿佛一场新的世界大战已经开始。世界各国媒体立刻跟进，大幅报道“货币战争”的“战况”，各国政要、经济学家、国际组织、高端论坛纷纷杀入“战场”，西方舆论将主要“交战方”锁定为中国与美国，战争的主要武器就是货币，战争爆发的原因被判定为“人民币汇率”被低估。

一时间，“围剿”人民币汇率的呼声在西方此起彼伏，强大的舆论压力恰似乌云压顶，仿佛人民币不大幅对美元升值，则世界经济不平衡的困境断无出路，各国经济复苏也将最终受挫，贸易战将席卷全球，20世纪30年代大萧条的悲剧将再度重现。

更有美国经济学家抛出，美国爆发的金融危机都是人民币惹的祸。人民币被低估导致中国贸易顺差过大，中国人爱储蓄不爱花钱而大举购买美国国债，致使美国遭到中国廉价“热钱”的冲击，使得美国长期利率偏低，最终诱发了资产泡沫和金融危机。

以贸易不平衡为借口，以打击中国货币为突破口，继而制造中国经济的混乱，染指中国的金融体系，最终控制中国的金融高边疆，这在中国近代史上早已反复出现。

当19世纪英国人来到富裕的中国时，他们已经成功地征服了非

英国《经济学人》杂志以“货币战争”为封面

洲大陆的20多个国家，拥有了大洋洲的澳大利亚和新西兰等英联邦附属国，控制着美洲的加拿大、圭亚那、牙买加、巴哈马等地区，在亚洲，他们统治着从印度（含巴基斯坦）、马来西亚（含新加坡）到缅甸的大片土地。在大英帝国全球殖民的战略方针之下，他们想要以武力征服中国，但面对4亿人口的大国，他们心有余而力不足。所以，欲征服中国，必先征服其货币。货币体系崩溃，则金融高边疆沦陷，进而导致国家财政能力解体，政治权力瘫痪，军事力量瓦解，最终方可将中国作为其殖民地收入囊中。因此，以贸易不平等为理由，进行鸦片贸易，发动鸦片战争，其主攻方向乃是打击中国的白银货币。鸦片贸易出色地完成了对中国白银货币体系的破坏，致使中国的白银大量外流，国内出现“银贵钱贱”的通货紧缩，经济凋敝，生产萎缩，民众苦不堪言，社会矛盾激化，贸易常年严重逆差，国家财政入不敷出，税负沉重而官逼民反。内外战争迫使清政府向列强大量负债，抵押了关税、盐税、厘税等中央财政的主要收入来源，并丧失了中央银行这一金融制高点，致使贸易的定价权，铁路、航运、纺织、钢铁等洋务运动的自主权，“海防”“塞防”等军事行动的融资权相继失守，最终使整个国家陷入任人宰割的半殖民地化的悲惨境地。

20世纪30年代初，正当国民政府即将完成“废两改元”、银本位币制、“四行两局”和货币统一的金融集权，重夺金融高边疆之时，美国人故技重施，再度打击中国的白银货币。罗斯福单方面宣布大量收购世界白银，号称希望通过在市场购买白银的行动，推动白银价格上涨，增加中国等银本位国家的购买力，实际上就是迫使中国的货币升值，以便倾销其过剩商品，并动摇中国的货币稳定。美国的白银行动致使国际银价暴涨，被国际银价上涨所吸引，中国的白银大量“被出口”。中国并非产银大国，本来用于铸币尚需进口，此时中国的金属货币如滔滔江水奔涌流逝。1934 年，仅三个半月时间，白银流出已达 2 亿元。美国不断地收购白银，到 1934 年，伦敦白银市场的银价已经涨到之前的 2 倍！结果不出所料，白银外流，中国货币“被升值”，外贸逆差日益加剧，外国货充斥中国市场，中国出口却日益艰难。白银外流同时造成通货紧缩，银行信贷减少，利息扶摇直上，当时在上海几乎是出多高的利息也借不到钱。白银外流、银根奇缺、市场筹码不足、物价惨跌，致使工商业破产倒闭。1934 年年底，房价一泻千里，上海租界房价下降了 90%！市场上人心浮动，银行挤兑大面积出现，银行和钱庄纷纷倒闭。最终迫使国民政府不得不放弃银本位的货币基础，转而投靠英镑和美元，以外汇汇率为基准发行法币。全面抗战爆发后，为了维持汇率稳定，只得成立外汇平准基金，将中央银行和外汇管理大权拱手交给了英美，再度丧失了金融高边疆。

这一次，美国迫使人民币升值，能够解决美国的贸易赤字和失业危机吗？美国贸易赤字的根源，在于国际美元体系在设计上就存在着致命的先天缺陷，美国的主权信用货币不可能长期稳定地承担世界货币的职能。事实上，任何主权信用货币都不可能做到这一点。世界货币主要承载着国际贸易的交易职能，如果美国贸易长期顺差，则美国必然净输出商品，全世界的美元必回流美国。如此一来，国际贸易将由于缺乏交易货币而陷于萎缩，各国经济都将出现衰退。同样，国际贸易的持续发展，客观上需要美国输出货币，输入商品，所以美国的贸易存在逆差是天生注定的，差别仅在于贸易逆差的对象而已。

因此，人民币升值不可能改变美国贸易逆差的结构性问题，只是将逆差的对象由中国向印度、墨西哥或其他国家转移而已。

人民币升值同样不可能解决美国的失业问题。人民币不要说升值20%，就是升值200%，美国领土上也绝对不可能再开工生产玩具、服装、五金电器之类的产品，因为美国的平均人工成本是中国的10倍以上！

美国的决策层和金融战略家们对此当然心知肚明，高压迫使人民币升值的战略主攻方向绝对不是贸易和就业！

如果历史的经验可供借鉴的话，这一次的行动与历史上的案例应该是一脉相承的。1840年大英帝国用鸦片贸易打击的是清政府的白银，1935年美国用“白银风潮”打击的是国民政府的法币，那么这一次，美国就是在用贸易和失业为借口发动对中国人民币的打击！

人民币的困境

错误的经济思想使人看不清自己的利益归属。因此，与利益相比，更危险的其实是思想。

——凯恩斯

目前人民币的发行与新中国成立初期人民币的发行机制出现了明显变化。当时中国金融战略的最高原则就是独立自主，既不与苏联的卢布挂钩，也不与美国的美元挂钩，同时也不与苏联和西方控制下的黄金挂钩。其目的在于保持人民币的独立性，人民币的币值取决于中国的经济发展，“任尔东南西北风，我自岿然不动”。60年之后，中国经济与世界经济日益融合，在这样的大背景下，人民币的发行机制做出相应的调整乃势所必然。

然而，1994年以来，在人民币的基础货币投放中，外汇占款的比重越来越高，这就使人民币被外币（尤其是美元）左右的程度越来越大。到目前为止，外汇占款已成为人民币基础货币的主要产生方式。所谓外汇占款，说白了，就是以美元为抵押发行人民币，再经过银行系统的放大效应，在中国流通的70万亿元人民币中，绝大部分的“发行储备”，实际上是美元资产。现在的困境就在于，人民币已经基本被“美元化”了。

在当今信用货币体系之下，货币是否有价值，取决于创造信用的人是否守信。而目前的美国正面临20世纪30年代大萧条以来最严重的失业危机，不堪承受的高负债，18%的真实失业率，大幅贬值的房地产，严重缩水的养老金账户。7 900万“婴儿潮一代”在未来一二十年陆续退休（其规模高达就业人口的一半），政府医疗养老开支未来的飙升，财政赤字难以抗拒的恶化，国债私人负债的持续攀升，这一切翻译出来就是，美国人的违约将史无前例地大幅上升，而创造美元的这些白条的价值，将前所未有地下跌。违约，可以是直接与公开的，也可以是间接与隐秘的，美国正在实行的第二轮货币“量化宽松”政策，就属于后者。

美元的实质是一种以债务为抵押所发行的货币。每一张流通美元的背后都是某人对银行系统的负债，这张纸币其实是一份债权的收据，所以每一个持有美元的人都是美元债务的债权人。

当美国以“量化宽松”这样“匪夷所思”的名称来启动印钞机时，美联储通过购买美国国债和金融机构持有的债券、票据来对美国巨额债务进行大规模的“货币化”。“量化宽松”无外乎两个含义：一是规模远超正常水平，从而达到稀释债务的目的；二是“被货币化”的债券质量大大降低，如早已实质破产的“两房”所发行的债券。这样一来，海量增发的美元大大稀释了美元原持有人手中债权的“含金量”，同时，新发行美元中的“资产毒素”大大上升。2008年美国金融海啸之后所“量化宽松”出来的“新美元”是一种典型的劣质货币，这就是为什么黄金这种诚实的货币从2008年金融危机爆发时的每盎司700美元，暴涨到目前1 400美元的主要原因！

当这种债权“含金量”被大大稀释，并且“资产毒素”大幅超标的劣质美元涌向全世界时，全球金融秩序怎能不乱？各国又岂能坐视“劣质毒美元”的冲击？

2008年以来，“劣质毒美元”大量涌入中国，中国的银行系统将对外贸易与直接投资和其他渠道进入中国的美元结算为人民币，再将美元卖给人民银行，此时的“劣质毒美元”堂而皇之地登上了中国央行的资产负债表。而以它们为抵押发行的人民币，就是这些劣质美元债权的收据，最终被广大人民币持有人所拥有。“美元病毒”通过货币流通进而“传染”到人民币。从表面上看，美元储备资产被政府拥有，但这些资产的最终收据却掌握在人民币持有人手中，因此，这些“劣质毒美元”资产的实际拥有者是中国老百姓，而政府仅仅是“代持”。

此时，美国开始发力，强烈要求人民币升值。

假如中国拥有2万亿美元的外汇资产，而人民币对美元比价为8∶1，那么以这些资产为抵押就发行了16万亿元人民币，这些“毒素超标”的美元资产收据经过银行系统的放大作用已经流入中国的经济体内，并广为大众持有。如果在美国的压力下，人民币被迫升值到6∶1，这时将发生什么样的情况呢？做个形象的比喻，如果2万亿美元在国际市场上能够换回16万亿个面包，那么人民币升值前的每一张收据就都可换一个面包。现在，面包价格突然变为用12万亿张新收据可买16万亿个面包，貌似升值后的新收据购买力提高了，但实际上，当人们用这个比价关系去换取面包时，会突然发现在前12万亿张收据取走了16万亿个面包后，还有4万亿张收据什么也换不到了。在人民币升值的那一瞬间，强制12万亿张“新币”等价于16万亿张“旧币”，意味着“旧币”对于存量资产的购买力的暴跌！这与蒋介石1∶200兑换沦陷区的伪币，和苏联1∶10兑换旧卢布一样，都是对旧币持有人的财富剥夺。

更糟糕的是，由于美元滥发，导致了国际商品价格上涨，2万亿美元以前可以买到16万亿个面包，如果现在只能买到10万亿个面包，其结果就是16万亿张旧收据可索取的真实财富，从16万亿个面包下降到10万亿个面包，这意味着升值前的人民币持有人的实际购买力大幅缩水。

这就是为什么人民币对外“名义升值”，而对内的真实购买力却在贬值的原因。当人民币以美元为抵押发行时，美元的贬值将最终传导到人民币持有人头上。

当大众的视线被吸引到贸易平衡或汇率操纵等话题的时候，真正上演的其实是人民币升值对中国30年来所有存量资产进行价格重估的大戏。在人民币名义上的国际购买力升值的同时，伴随着人民币对巨额存量资产的购买力贬值问题。这一过程将明显造成中国国内的通货膨胀压力，特别是在资产价格领域。使问题更加严重的是16万亿收据属于基础货币，当银行系统对其进行放大之后，进入中国的经济实体的信用总量更为巨大，其通胀效应可想而知。

人民币剧烈升值所产生的名义国际购买力增强的好处是在未来数年内伴随着进口和海外投资才能逐步显现的，而其造成的外汇储备资产损失，以及对国内巨额存量资产进行价值重估所诱发的恶性资产通胀的害处却是立刻发作的。

升值游戏的核心在于，让升值后的人民币在名义国际购买力提高的同时，却降低了升值前存量人民币在国内的实际购买力，从而有效地稀释了人民币持有人对美元债权的“含金量”。在这里需要强调的是，最终拥有美国债权的并不是中国政府，而是广大人民币持有人，因此，美国赖账的最后埋单人是中国老百姓。

毫无悬念的是，人民币升值必将引发更大规模的热钱进入，这将会进一步强化通货膨胀压力。参考日元1985年被迫升值后所造成的严重资产泡沫，以及人民币2005年7月以来汇率上涨20%所启动的房地产价格疯涨和股市狂热，不难看出美国迫使人民币大幅升值的一石二鸟的效果，一是大幅降低美国对中国的实际负债，二是刺激中国资产价格泡沫。人民币升值速度越快，人民币投机者对美元资产套现的冲动就越强烈。当“劣质毒美元”所携带的美国有毒债务在世界各国被消化得差不多时，中国资产泡沫或许将发展到难以挽救的恶性状态。此时，美国也许会突然大幅提高利率，举起反击全球通货膨胀的大旗，一举戳破中国和其他国家的资产泡沫。

时间是战争中的关键变量，货币战争更是如此。美国需要各国货币立刻大幅升值，用其他国家经济复苏的能量，帮助美国稀释和分摊

“劣质毒美元”所附着的不良债务。如此以邻为壑的自私行为，怎能不受到世界各国的抵制和反抗！

如果中国的资产泡沫被刺激得足够庞大，其破裂所产生的爆炸当量就足够大。那么，如何拯救中国经济呢？

发生在欧元区的希腊、爱尔兰主权信用危机就是“榜样”。欧元国家将货币发行大权让渡给了欧洲央行，注意，这个欧洲央行是超越欧盟主权国家的机构，它不向欧洲议会负责，不向各国选民负责，更不必理会各国政府，它将根据自己的意志行事。此时，欧洲央行将具备对主权信用危机国家生杀予夺的大权，它将开出财政税收、国家负债、预算规模、养老医疗、退休保险等一系列苛刻条件，强迫各国执行，如不同意，就休想得到欧元货币！

当中国出现问题时，出面的很可能就是那个以未来“世界中央银行”自居的国际货币基金组织，拯救条件用脚后跟都能想象得到，那就是“共享”货币发行权，规定一系列“不允许”的货币发行条件，“监督”中国“汇率”和财政税收政策的执行，换句话说，必须让出金融高边疆的控制权！

这种情况，今天看来类似科幻场景，如果应对得当，它将永远只是科幻。

广义物价本位：人民币的另类选择

人民币的困境源于对货币本位的定位偏差，人民币应该而且必须以中国经济的发展作为基本出发点，美元或任何外币都不应该对人民币的币值造成剧烈冲击。如果20世纪30年代，山东根据地发行的北海币，能够以物资为货币发行储备，进行金融创新，从而稳定物价，繁荣经济，大大增强根据地经济实力的话；如果20世纪50年代，人民币的发行能够完全避免与任何外币挂钩，采用“物价本位”，取得物价高度稳定，经济快速复苏的话，那么今天，人民币就没有理由不能进行更大的创新，走出一条完全不同于美国和西方的货币发行之路。

国民政府20世纪30年代的法币，采用了钉住英镑和美元的“汇率本位”，从而丧失了货币定价权，国民政府的中央银行只能对英美两国“仰人鼻息”，必须大量储备英镑和美元以确保汇率稳定，事实证明，这条路是走不通的。

一个国家的货币本位，其最高原则就是保证“物价稳定”，从而为人民大众的生活、为经济稳定发展而服务。当然，今天的物价稳定已经与20世纪50年代有了巨大的差别，当时人们的工资收入和社会资源的货币化程度很低，老百姓关心的物价主要是柴米油盐的基本物价。现代社会人们的收入和财产有了巨大的提高，老百姓关注的物价，早已不再是粮食和简单生活日用品的价格，而更多地关注资产价格和医疗、教育、养老等社会服务的价格。而货币供应新增的主要部分，并不会直接扑向消费市场进行疯狂采购，其必然进入资产领域或社会服务领域，因为这些货币如果不消费就必将投资出去。

一个时刻考虑人民利益和福祉的货币制度，应该将“广义物价”的稳定作为货币发行的基准，实行人民币的“广义物价”本位制。只有当人民大众看到今天的面包、牛奶、蔬菜和猪肉的价格，与10年后大致相同，而且房地产、教育、医疗、养老等资产与社会服务价格也同样基本稳定时，他们的利益才能得到有效保证，而这样的货币必将赢得人民大众充分的信赖和真心的爱戴。

“广义物价”可以根据人民大众最关心的资产价格（如房地产、股票、黄金和白银等）、社会服务价格（医疗、教育、养老等）和日常生活价格［如现行的CPI（居民消费价格指数）等］，进行分类别和分地区采样，设定不同的加权系数，由统计部门定期发布。央行的货币操作可以围绕这一“广义物价”指数进行微调。

只有首先解决人民币的本位原则，才谈得上根治其他问题。

人民币与美元挂钩造成的一大难题就是巨大的外汇储备。实际上，没有任何“天条律法”规定外汇储备必须要作为人民币发行的抵押品。切断外汇与人民币发行的直接关系，就可以彻底解决外汇占款的问题，这又需要金融创新的勇气和胆识。

如果成立一家“外汇平准基金”，由它出面以国家信用发行特种“外汇公债”，募集人民币资金，在中国的银行市场上，替代中央银行扮演外汇“最后购买人”的角色，就可阻断外汇流入央行资产负债表的通道，杜绝仅仅为了收购外汇而大幅增加的基础货币投放。同时，这种“外汇公债”还可以大大丰富债券市场的品种，为保险公司、银行、基金等机构提供新的投资选择。

“外汇平准基金”的主要职责包括：外汇紧急情况下的市场干预；根据贸易需求调整并稳定汇率；作为外汇最大的集散地，对需求外汇的机构进行放贷，只要放贷收益超过发行“外汇国债”的成本，基金自然可以赢利。基金本身并不进行直接外汇投资，这个工作可以外包给中投或新成立的其他外汇投资机构，甚至可以在世界范围内进行机构招标，它只是以放贷人的身份与外汇投资管理公司打交道。

至于央行已经存在的外汇占款，可以分批以资产置换的方式逐步解决。例如，国家要大力发展医疗卫生机构，彻底改善中国城市乡村的看病就医难等问题，那么卫生部可委托“医疗事业基金”发行医疗公债，募集资金，大力发展全国的医疗卫生机构；同理，国家发行的“国家创新公债”“促进就业公债”“中小企业振兴公债”“廉租房公债”“国家资源储备公债”等新的债券品种，可以用来分批置换央行的外汇资产，所获的外汇，可以进口先进的医疗设备来帮助医疗卫生事业，引进技术专利来帮助创新与就业，引进环保节能技术可以用来改善住房的节能环保品质等。

除此之外，更多的外汇资产在被类似的资产置换出来后，不一定要到海外去投资金融资产，这些外汇可以用来回购在中国非常赚钱的外资企业的股权。改革开放以来，许多外资企业已经在中国经济命脉的关键行业中形成了强大的垄断势力，从长远来看，绝非中国之福。外汇与其投向人生地不熟的海外，不如投在知根知底的本土外资企业的股权中，市场环境、法律政策、政府监管都不存在任何障碍。这样做的好处是，这些外资企业已经形成了市场垄断，利润很高，对它们进行股权投资将有较高的成功概率，说白了就是对它们进行分权分利，既保证了外汇储备投资的安全，又实现了监督外资企业市场垄断的效果，至于这些企业是否心甘情愿让出股权，这就是商业谈判加政府劝导的技巧了。一般而言，胳膊是拧不过大腿的，只要政府下决心去做，没有谈不成的买卖。如果在天时、地利、人和全部占齐的情况下，还不能做好，那么外汇储备投向海外的股权和金融资产的念头趁早打消，国内的优良资产都搞不定，在海外客场的情况下，就能买到好资产吗？稍动脑筋想想就知道没戏。

当外汇储备被逐步从央行资产中置换出来后，人民币的发行储备将由日益贬值的美元资产，逐步替换为中国重点产业和民生事业强大的新兴生产力，人民币将与中国自身的经济发展日益契合，真正做到人民币为人民服务的最高原则。逐步减少对外国货币的依赖，实现人民币发行的独立自主。

好货币的重要特点

对于普通人来说，货币是个既熟悉又陌生的东西。熟悉是因为人们每天都在使用货币，陌生之处在于大家并不了解货币是怎么来的。简单地说，货币乃是财富的一种收据，有财富作为抵押才能发行货币。那么财富又是什么呢？财富就是通过人们工作所创造出的各种商品与服务。

人们将劳动所得交给社会，社会给予财富的收据作为凭证。大家接受这种收据的原因是，在需要时，人们可以用这种收据去社会兑换所需要的别人的劳动成果。

这种财富的收据构成了社会财富所有权交换的基本手段。因此，货币决定了社会财富的分配和流向。如果谁能在货币上做手脚，他将能够不为人知地改变财富的所有权，操纵货币价值就是在悄悄地转移社会的财富。

正是因为货币是社会财富分配的核心手段，因此货币最核心的基础就是道德原则，即货币究竟为谁服务。在西方货币理论中，回避了货币的道德原则问题，而这恰恰是货币最不可回避的问题。

没有货币的道德原则，就不会有社会财富公正分配的基础。一个缺乏公正分配制度的社会，就必然纵容财富的偷窃甚至掠夺。很少有人意识到，广泛的社会不公正和贫富分化的根源，其实就在于不道德的货币原则。

在货币的道德原则基础上，任何一种良好的货币，都必须同时满足下面的条件：

- 货币主权完整；
- 货币信用优良；
- 货币使用性强；
- 货币稳定性好；
- 货币方便获得；
- 货币接受度高。

货币主权就是一个国家能够完全控制自己的货币政策，别国的货币对其没有决定性的影响力，如 19 世纪的英镑与 20 世纪的美元，别国基本对其货币政策无从置喙。

货币信用是指货币发行者从不食言，深受大众信赖。反面例子就是美元的“量化宽松”政策深受各国诟病，但是仍然我行我素，以滥发美元来变相赖账。还有就是蒋介石的法币与金圆券，言而无信，反复欺骗大众，最终落得个被彻底抛弃的命运，毁了货币，丢了江山。

货币的使用性体现在其具备购买所需商品的能力上，一种货币无论它声称的价值有多高，但是如果买不到需要的东西，那就不具备货币的可使用性。如果消费者需要购买石油，他可以用美元买到，但是日元就不行。在购买商品时，货币所受限制越少，货币的使用性越强。

货币的稳定性就是货币的购买力能够保值，如金本位时代的英镑和美元，都能保持上百年的购买力基本稳定，1664 年的 1 英镑在 250

年以后能够买到同等数量的牛肉，1800年的1美元，到1939年时，基本可以买到同样多的面包，这就是购买力稳定的良好标志。1971年，美元与黄金脱钩，39年后，其购买力大大缩水了，1美元大约损失了90%的购买力。

货币方便获得也很重要，如果没有足够的金融基础设施，货币获得的成本将相对高昂，时间也会相对较长。假如在海外旅行的人，需要获得人民币，那基本没戏，因为并非所有银行都有人民币的存储，非要得到，时间和成本都将非常惊人。

货币的接受度，实质上就是货币的流通域有多大，愿意接受的人群有多广。手持人民币在香港问题不大，到东南亚也还可以走得动，但到了其他地方，只怕就很困难了。在国际贸易领域中，就更是如此。货币互换是个好办法，但路还很长。

人民币要想成为世界货币，就必须认真对待上述问题。可以肯定的是，差距仍然很大。除了货币的实力与国际货币的差距还很大之外，另一个重要因素就是中国非常缺乏成为国际货币的心态。这一点，在中美汇率交锋过程中尽显无余。

窝囊的债权人与嚣张的债务人

国防大学金一南将军曾说过一句令人印象深刻的话："什么叫战略威慑？一是你要有实力，二是你要有决心使用这种实力，三是你要让对手相信你敢于使用你的实力！"

战争的核心目的在于掠夺财富，货币战争较传统战争更为"文明"之处在于，它是通过不流血的手段而达成掠夺财富的目的。制止货币战争的唯一手段就是让挑起战争的一方确信发动战争的成本高于战争的收益。

2010年10月13日，在韩国首尔召开的"世界知识论坛"中，两位世界级的学者保罗·克鲁格曼与尼尔·弗格森展开了一场别开生面的"美国国债市场是否能够承受中国抛售"的激烈辩论。

在哈佛大学教授弗格森看来，美联储即将开始的第二轮印钞计划的核心是更大规模的债务货币化，而最大的隐忧是美国国债投资人将丧失对国债的信心，从而引发美国国债被抛售。

克鲁格曼则认为第二轮印钞计划的关键就是迫使储蓄者花钱消费，以刺激经济复苏，否则他们就必须承受财富被侵蚀的后果。至于中国等美国债权人并不值得担心，美国财政赤字也不是问题，他认为债权国不可能抛弃美国国债。他甚至强调，即便是在这些国家抛售美国国债时，美联储也可以照单全收。

对于债权人抛售美国国债的可能性，弗格森表示忧虑，而克鲁格曼觉得无所谓，克鲁格曼的乐观真的站得住脚吗？

在美国经济复苏并未暴露出明确的危险信号时，突如其来地宣布"第二轮货币量化宽松"政策确实显得非常突兀，究竟是什么原因迫使美国做出了这样一种严重冲击全球外汇市场的选择呢？

其根本原因在于美国信用扩张的坍塌。2008 年的金融海啸以来，高度负债的美国消费者和企业的财富损失高达 13 万亿美元，官方失业率接近 10%，真实失业率达到 18%。在财富损失和实际收入及收入预期下降的双重压迫之下，消费者被迫开始提高储蓄率，削减消费和偿还债务。2009 年，美国私人部门的信用收缩了 1.8 万亿美元。

如果我们把经济比作一部庞大的水车，那么信用扩张就是推动经济齿轮转动的水流。当信用扩张停滞甚至收缩，经济齿轮的转动就会停止或反转。经济齿轮正转则创造财富，如果反转则如同吞噬财富的绞肉机。

私人部门的信用扩张开始坍塌，引发了伯南克的恐慌，因为他本人就是研究 20 世纪 30 年代大萧条的专家，曾明确表示绝对不会坐视通货紧缩的"恐怖经历"再现。他长期以来的誓言就是如果出现这种苗头，他的应对之道就是"借钞票、印钞票、花钞票"，甚至从直升机上撒钞票来促使人们花钱，以"恐怖的通胀"来对抗"恐怖的通缩"，以至于荣获了"直升机上的伯南克"的雅号。

正是基于这样的逻辑，2009 年，当美国私人部门信用收缩时，美国联邦和地方政府的负债开始激增，其扩张规模高达1.8万亿美元，抵消了私人部门的信用坍塌，这样才使美国经济维持了增长。但是，目前的情况是，政府信用扩张的刺激效力已基本用尽，美国经济复苏的力量已呈强弩之末，政府债务的猛烈扩张没能有效激活私人部门的信用扩张重新启动。

"量化宽松"之后的美元信誉

这就是第二轮印钞行动的原因。美联储通过将债务货币化，再次向经济体注射信用扩张兴奋剂。

所以，克鲁格曼的自信似乎很有道理。既然美联储决心印刷6 000亿美元来全力购买国债，那么中国如果抛售一部分国债应该不会对国债市场造成什么重大冲击。但弗格森的思虑更加长远，美国国债约一半规模的融资要仰赖国外投资人，而中国手中攥着全世界近1/3的外汇储备，中国作为美国国债数一数二的大买家之一，其巨大的资本实力和心理势能，将对美国国债市场的投资氛围产生重大影响。在突发的事件中，中国的行为，甚至心理暗示，都有可能造成难以控制的链式反应，从而引发国债市场的灾难。

截至2010年6月，美国联邦政府负债总额已突破13万亿美元大关。美国国债目前已达到GDP的90%，若至GDP的150%，将有极大的恶性通货膨胀的风险。美国财政部向国会提交的一份报告显示，到2015年，美国国债规模可能进一步攀升至19.6万亿美元。

可以肯定的是，今后5年中，如果美国要新增6.6万亿美元的国债，其中3.3万亿美元的融资要仰赖外国投资人，而手握世界外汇储备总量近1/3的中国的分量可想而知。

根本不必去想象中国抛售美国国债的情形，人们只需要去推测假如中国停止购买美国国债的后果，那就是美国只能借助第三轮甚至第四轮印钞行动了，而且规模会一次比一次大。如果这次第二轮印钞行动就已经严重冲击世界外汇市场，导致各国货币战争烽烟四起，人们还能设想下一次的景象吗？那时，还会有人愿意或敢于持有美元资产吗？

在中国和美国之间，其实形成了一个被颠倒的债权人与债务人的关系，在世界史上，人们很少看到过如此扭曲和畸形的关系。最大的债务人向最大的债权人提出一系列苛刻的条件，而且还动辄以惩罚来威胁。

债权人的被动不是由于实力不够，而是使用实力的决心不够，至少没有让债务人相信这一点。

人民币在走向国际化的道路上，除了货币自身的因素和心态的因素，还必须考虑核心金融基础设施的建立与完善。

清算中心：金融网络的“路由器”

> 我们一直设想如果你想瘫痪美国经济，你会首先瘫痪它的支付系统，银行将退回到低效的手工汇划货币作业流程，商业将退回到物物交换和借条的原始状态，国家的经济活动水平将像自由落体的石头直线下滑……美联储的电子支付系统每天在银行间和世界各地划转高达4万亿美元的货币和证券……我怀疑“9·11”事件的劫机者是否想到了实质性地破坏金融（清算与支付）系统（的威力）。[1]
>
> ——格林斯潘

在互联网的世界里，路由器乃是信息在网络中自由、有序、准确、高效流动的核心部分。在千百万个计算机相互同时发送和接受信息的流通路径上，如果没有路由器的路径指导，信息流动将呈现完全的混乱。

金钱在金融的网络节点中流动同样需要金融网络的“路由器”，这就是清算和支付系统。

从清朝宁波钱庄首创的“过账制度”，到上海钱业公会所执行的“大汇划庄”体系，从中央银行的清算系统，到美国的联邦资金转账系统（Fedwire）、“环球银行同业金融电讯协会”（SWIFT）和欧洲的“泛欧自动实时总额结算直接转账系统”（TARGET）的支付结算系统，从维萨（VISA）信用卡到中国银联的银行卡清算中心，金钱的流动片刻也离不开清算与支付系统的运作。

清算系统的要害在于每一笔资金的往来都会在此留下痕迹，如果顺藤摸瓜，通过现在的数据挖掘技术，将能够发现资金往来账户的规律，账户所有人的信息，甚至消费习惯，而这些信息具有重大的价值。

罗斯柴尔德曾在 1939 年向丘吉尔递交了一篇关于德国战略物资采购的分析报告，他通过对金融系统的分析来研究军事问题，开创了一种非正统但极富远见卓识的思路。罗斯柴尔德家族银行在各国的分支机构，采集多种多样的金融交易信息，其中包含着德国各类物资采购和交易的关键数据。纳粹政府所有的物资采购，只要通过银行系统来进行交易，都会在罗斯柴尔德家族银行体系的监控范围之内。罗斯柴尔德通过对这些金融数据进行细致分析，得出了德国在军事物资和武器装备方面的采购规模等关键信息，结论表明，纳粹正在执行军事扩张计划。丘吉尔的战争办公室对这个年轻人的新奇研究思路大为赞赏。正是这篇报告使得罗斯柴尔德在 1940 年顺利加入英国的情报五局 B 部，主要进行商业反间谍工作。[2]

罗家正是利用银行交易记录和在银行网络中的清算数据，以及交易账户所有人的相关信息进行分析和研究，并估算出了德国准备发动战争的时间和战争规模。

那是 70 年以前就已经被实际验证的金融“数据挖掘”的威力，如果结合今天的超级计算机和大型复杂的数据挖掘软件技术，清算中心留下的金融活动痕迹将暴露出资金背后更多的秘密。

这也就是维萨和中国银联卡争夺清算权的要害之处！这绝不仅仅是商业利润问题，这是国家金融核心机密的问题！

在中国境内，外国的信用卡被中国法律禁止建设自己的支付和清算系统，所以无法掌握中国境内客户的核心金融数据机密。这种法律规定当然使维萨公司气得跳脚。但是，如果任由其深入中国发行数以亿计的信用卡并建成自己的清算体系，钱被赚走还是小事，关键是中国数亿人的每一笔刷卡交易的数据都将被掌握，这样的后果将不堪设想。想象一下，你的每一次刷卡行为，都将泄露你的银行账户、购买商品的商店、交易金额、交易时间等信息，你的所有交易行为都被别人的眼睛死死盯着。对方再通过其他渠道收集你的银行开户信息、房地产信息、股票交易信息等，当这些信息被强大的数据挖掘工具拼接和分析之后，数亿人的金融财产秘密都将被掌握，甚至连你最爱喝什么牌子的红酒，抽什么牌子的香烟，开什么型号的汽车，穿什么牌子的服装，最爱去什么地方旅游，喜欢哪家航空公司等信息都将泄露。一句话，你的生活细节都有可能被人细细地查看与分析，那将是一种什么样的生活！小到个人隐私，大到国家机密，或者企业的商业活动，都是经不起这样的“挖掘”和“分析”的。这些数据的经济价值和战略价值可能要比战略核武器的机密还要珍贵！

目前，维萨和银联卡斗争的焦点在于，使用双卡的客户在海外交易中到底走谁的清算中心。如果走维萨的清算通道，那么所有持卡消费的客户的交易细节，都会被维萨的数据清算网络所捕捉到，并被存入一个庞大的数据中心“听候发落”。

如果说中国军队在战争的情况下，不敢依赖美国的 GPS（全球定位系统）卫星定位系统或欧洲的伽利略系统来为自己的导弹导航和定位，那么谁能保证在战争或金融博弈中，中国客户的金融交易数据不会被欧美的清算中心用于其他用途呢？

金融高边疆的建设，必须包括建立独立自主的全球金融清算和支付系统，就像中国独立研发自己的北斗系统一样。没有自己的金融“路由器”，中国的金钱在国境之外流动时，就没有可靠的信息安全保证，更谈不上资金在商战中的隐蔽性和突然性了。事实上，国内很多金融机构在国外金融市场对赌和搏杀中遭到惨败，应该从资金在境外流动过程中是否可能泄密的角度去思考。

人民币国际化，绝不是将人民币放出去就万事大吉了，货币的“体外循环”更需要强化资金监管。美国对国际资金往来的监控能力就非常强大，无论在哪个国家，无论用谁的账户，无论在什么时间，只要与美国的敌对国家的银行账户有任何资金往来，只要不是现金交易，几乎都逃不出美国的“法眼”！美国正是通过对全球清算体系的控制，来睁开这一“法眼”的。设想一下，如果这只“法眼”不仅仅盯住恐怖主义国家的银行账户，而是感兴趣地监察某些国家或公司的银行账户，什么国家机密和商业机密不能被侦破？在1997年亚洲金融风暴时，马哈蒂尔就曾抱怨，谁也不知道对冲基金的资金从哪里来，又是如何发动打击亚洲货币的进攻的。那是马来西亚看不见，美国的“法眼”岂能看不见?!

如果不掌握世界清算体系，在发生货币战争之时，就将完全处于被动挨打的地位，而另一方在清算体系的支持下，就好像通过间谍卫星，将清楚地看到这一方排兵布阵的全部安排，这个仗还怎么打？

人民币走出国门，如果没有掌握清算中心，那就变成“放出去，看不见，也管不着”，问题就麻烦了。同样是在亚洲金融风暴中，泰国的泰铢与香港的港币同为自由兑换货币，差别在于泰铢大量散落于东南亚各国，港币则只集中在香港。当索罗斯开始在东南亚悄悄收集泰铢时，泰国中央银行竟毫无察觉，最后索罗斯发起了突然而强大的攻势，泰铢很快就败下阵来。

在香港，索罗斯准备故技重施。他大量收集港币时，很快被香港金管局发觉，结果偷袭变成了强攻。金管局采用了大幅提高隔夜拆借利率的招数，极大地增加了索罗斯袭击港币的成本，最后逼退了金融大鳄，保住了港币。泰铢与港币命运的一个重要差别就在于，泰国无法监控流通在国外的泰铢去向，结果被打了个措手不及，港币则集中在香港，完全在当局的管理权力范围之内，金融大鳄很难偷袭得手。

货币本位、中央银行、金融网络、交易市场、金融机构与清算中心共同构成了金融高边疆的战略体系。在这一体系之下，货币从

保护人民币“体外循环”的金融高边疆战略

被中央银行创造出来的那一时刻开始，到进入全球金融网络，流转于世界清算中心，现身于国际交易市场，转手在各国金融机构的账户之间，最终回流中央银行，在这一货币大循环之中，每一个环节都必须处在严密的保护和监控之下。货币的管理机构必须清楚地知道，货币在国际大循环过程中处于什么样的状态，谁是货币的最终需求者，他打算如何使用这些货币，他是通过什么渠道和方式在使用，这些交易是否符合正常的商业范畴，他的交易对手是谁等重要信息。

人民币要走向世界，当务之急就是建立独立、强大、高效和安全的全球人民币清算体系，同时应该大力支持银联卡在全球的扩张。

人民币的全球金融网络

“整个19世纪，犹太银行家们从德国起家，迅速扑向世界各地，形成了以罗斯柴尔德家族为核心的犹太金融集团。英国方面军有朗热家族，德国方面军包括奥本海默、门德尔松、布雷施劳德、沃伯格、厄兰格家族，法国方面军则包括福尔德、海涅、贝列特、沃尔姆斯、斯特恩家族，美国方面军包括贝尔蒙特、赛林格曼、希夫、沃伯格、雷曼、库恩、雷波、高曼家族，这些家族形成了集团军作战的态势，互为犄角，相互通婚，利益互锁，逐渐形成了一张庞大而绵密的金融网络，外人越来越难以打入这个圈子。”[3]

很明显，中国已经丧失了建立遍布全球的金融网络的最佳历史时机。尽管中国的国有银行从上市公司的市值来看，在全球金融机构的排名中可谓风光无限，但是中国的银行在国际的分支机构却寥若晨星。没有全球绵密的金融网络，就不可能构建起连接人民币创造源头的中央银行与使用人民币的最终客户的主动脉与毛细血管的金融循环系统。

人民币国际化绝不是学者们书斋里坐而论道的闲谈，仅仅是各国央行增加人民币储备或贸易结算使用人民币那么简单。这样还远没有实现对人民币流通渠道的控制力，因为无法接触人民币的最终用户，也就不得不依赖早已被国际金融集团牢牢控制的金融网络。

国际银行家们用了近300年的时间，在金融市场中反复拼杀才创下的网络渠道资源，凭什么让中国免费使用？进入别人的渠道是要交渠道费的。只要有金钱流经这个网络，都必须交上“买路钱”，而且还要世世代代交下去。中国的金融高边疆战略如果不能伸展到全球，那么人民币流通域的控制权仍然掌握在别人手中。

谁掌握着世界信用和资本流动的渠道，谁才是真正的游戏规则制定者！渠道为王在金融市场上更是鲜血淋漓的真理。

中国的国有银行跨出国门建立全球金融网络的难度势比登天。在既有的世界金融网络中插上一脚，势必遭到既得利益集团的群起围攻。各国政府在这些集团的压力之下，定会采取限制、防范、拖延等各种手段来阻止中国全球金融网络的建设。这既涉及巨大的经济利益，又事关金融战略的核心利益。西方自由贸易和开放市场的鼓动家们在这一关键领域将“凶相毕露”。

目前，国有银行建立全球网络有两种模式：一种是中国银行模式，另一种是工商银行模式。中国银行利用其悠久的历史，特别是在国际业务方面长达近百年的积累，在全球拥有30多家分支机构，其中很多是在1949年之前就已经存在了的。尽管如此，中国银行近年来在其他国家开办更多的分支机构的努力，并不那么顺利，原因是世界金融渠道资源早已完成了“跑马圈地”的时代，后来者想要分食这块大饼，绝不会轻易得手。但中国银行模式的优点在于能够完全控制分支机构的运作，这样的网络节点是百分之百可以信赖的。工商银行的模式则是在海外兼并其他国家的银行，例如，收购南非标准银行可算是一个成功的典范。近年来，工商银行通过海外兼并，大幅度扩张了海外分支机构的数量，大有后来居上、压倒中国银行的气势。该模式优点突出，就是一个“快”字。它的问题在于如何才能有效地整合当地银行的资源，为我所用，这中间包括了企业文化、人事安排、债权债务清理、对当地法律法规的适应等。至于两种模式的未来，现在还很难判定优劣长短，这需要时间的检验。

从世界金融的发展史来看，金融首先服务的就是贸易，对贸易的融资与汇兑成为金融扩张的重要途径。当年汇丰银行在中国的建立，就是为了拥有一个殖民地的“英格兰银行”，为洋行在中国的贸易进行金融服务，并在事实上行使中央银行的职权。

当今的中国商品早已销售到世界的各个角落，中国在对外贸易规模上堪称世界级别的超级大国，可是中国的金融机构还未跟上国际贸易的步伐。当中国商品摆上世界各国的货架时，中国的金融机构还远远地龟缩在中国境内。中国的贸易公司和各类企业在全球扩张的过程中，几乎没有得到国内金融机构在当地的金融服务，它们不得不依靠当地的银行或跨国银行来打理所有的金融服务，汇兑、信贷、存款等巨额利润纷纷落入别人的腰包。以中国进出口总规模来看，这中间所涉及的巨大融资规模和赢利机会实在是金融“兵家必争之地”。

对于国有大型金融机构而言，另外一种比较现实的发展路径，是参考日本综合商社的模式。在日本的综合商社中，银行保险等金融机构与实业公司保持密切的空地协同作战态势，捆绑进入，滚动发展。中国应该参照对等开放的原则，凡在中国设有金融机构的国家必须对中国的金融机构开放，这些金融机构在海外可以先从服务于中国企业与贸易公司的融资入手，逐步深入到当地的经济活动中去。

考虑到这一战略推进的速度和效率，建立全球金融网络的重任恐怕难以在短期内奏效。

要打破目前的金融网络困局，除了正规军的模式，还有就是游击队的打法，在“敌后”就地发展金融网络。

中国的一大优势在于遍布全球的华商群体，这些人已经把中国的商品 带到了全世界的各个角落。鼓励和支持当地人建立各类金融机构，对他们提供信贷支持，用他们的贸易渠道建立金融渠道，这与当年山西票号脱胎于山西商号有着同样的意义。由于这些贸易商号久在当地经营，熟知商业环境，客户基础稳固，其中不乏当年山西日升昌票号大掌柜雷履太式的经营奇才，他们存在着向金融机构转型的可能性。就如同在国外创业时，犹太人开银行，韩国人开商场，中国人开餐馆一样，创业人群往往能产生聚合效应，一旦一人成功，将立刻形成示范效应。谁能肯定华人中就没有能够在当地创建金融机构的人才呢？只要能够获得适当的金融支持，这些创业者非常可能开创一种全新的金融网络模式，成为当代的“山西票号”，并且能够“汇通天下”。

最终，这些金融网络将向中国在当地的企业和本地人提供各种金融服务，并接受所在国家的金融监管。它们可以向当地人提供按揭贷款、贸易汇兑、存放款和其他中间业务。中国的金融机构与它们保持信用往来，既可以培育这些海外庞大的金融触角网，延伸金融业务，也可以使国内令人头痛的外汇储备发挥更大的功效。

既然当年毛泽民等5个最高仅有小学学历，并且毫无金融经验的革命者，尚能创造红色中央银行这样匪夷所思的奇迹，那么今天在世界各地遍布的华商中，既有拥有博士学位和大型金融机构工作经验的留学生，又有吃苦耐劳、勤奋好学的众多白手起家的创业者，这两者的有机结合或许能创造出一种新的群体——一大批前所未见的海外华人银行家群体。

这种模式的推广，能够帮助中国建立起自己的人民币流通网络，并将这样的金融触角延伸到世界的任一角落。

当中国的过剩资本在国内缺乏投资机会而开始向全球扩张时，巨大的和饥饿的资本将在全世界寻找矿山、森林、农场、水资源、专利技术、工厂、研究所或医疗高科技，大批的当地华人银行家将成为巨大的人脉资源宝库。

中国的乒乓球之所以雄冠天下，就是因为数以亿计的中国人融入了这个洪流。金融作为中国未来发展的新的高边疆，大批创业者的涌现将是必不可少的环节。在中国开办一家银行或许太难，但在海外相对简单。在金融创业领域中，犹太人就是中国人的榜样。谁说天底下只有犹太人能够从事金融行业？中国人一旦明白金融的巨大好处，在相应的金融支持之下，同样具备“星星之火可以燎原”的潜力。

总有一天，当海外华人谈论创业时会说：“我找到一笔投资，为什么我们不开一家银行呢？”

中国成为世界金融强国，这一天迟早会到来！

金融高边疆的基础设施隐患

在计算机技术高度发达的当代社会，金融活动越来越依赖电子信息与网络技术。这一核心金融基础设施中仍然隐藏着大量的安全隐患。

现在的技术足以在手机关机的情况下，远程激活电源并通过手机进行窃听；当 CIA（美国中央情报局）通过计算机 CPU（中央处理器）读取硬盘数据时，所发射出的微弱电磁波，在数米外就可非接触式地截获和窃取电脑数据。在这样一个高度不安全的电子化社会中，中国金融系统对潜在的安全威胁的意识，可以说还相当淡漠。

目前国内几乎所有的金融机构都使用着外国的主机硬件系统和操作系统软件，在最核心的数据存储方面，大多使用外国的数据库软件，即便所有应用程序全部自主开发，但仍远不足以确保金融数据的安全。微软在操作系统中留有暗门已经不是什么新闻，美国对联想收购 IBM（国际商业机器公司）笔记本电脑所表现出的令人惊讶的敏感说明了什么？当国家安全屡屡成为中国收购美国企业的关键障碍时，可能大家仅仅把这些说法当成新闻媒体的炒作或贸易保护的托词，而并没有认真去思考这背后的原因。

在技术上完全可行的就是在主机硬件系统开放后门，紧急和特殊情况下，可能被远程启动或关闭。在主机操作系统软件方面，就更可以大展拳脚了，由于源程序的保密性，国内金融机构用户不可能知道在系统底层运行程序中可能存在的各种“小程序”。数据库的问题就更大了，那里存放着所有关键信息，如客户的银行账户存款数量等。在数据库软件的源程序中，可以无人知晓地植入一些沉睡的“特洛伊木马”。

如果有一天出现了不可抗拒的重大事件，这些沉睡的“木马”和关闭的暗门就可能会纷纷苏醒和开启。某些程序也许会突然“发疯”，删除所有银行账户中的存款数据，这些程序也许分不清这些账户究竟是属于军方还是民间，是商业还是个人，是政府还是机构。当军队要出动飞机、坦克或汽车时，突然发现账户中的钱不见了，无法支付军事机器的运转费用；当老百姓一夜醒来去银行取款时，却被告知账户上没钱；当公司准备进货，却被退回了支票；当政府发工资时，却无法向公务员的卡中打钱。人们能够设想在这样的金融系统瘫痪的情况下，如何紧急应付各类突发事件吗？

当金融机构紧急启动备份系统时，却发现备份系统用的是同样的硬件、同样的软件和同样的数据库，最终连毛病都是一样的。

居安思危，永远先把自己的篱笆扎牢，金融安全绝非是一句空话，“害人之心不可有，防人之心不可无”。隐患要首先消灭在未发生之时。

货币“春秋战国”时代的来临

人类社会的全部活动无非在做两件事：一是创造财富，二是分配财富。创造财富的效率和分配财富的均衡决定了文明发展的轨迹。没有财富的创造，也就没有财富的分配。

如果说以劳动、生产、技术、自然资源与贸易为中心的实体经济主要负责创造财富的话，那么分配财富则存在着两种形式：一种是以货币、信用、财政税收、金融工具与金融市场所构成的金融分配系统，另一种则是通过战争、掠夺、欺诈与殖民所组成的暴力分配系统。

大到国家，小到个人，拥有财富有两种渠道：一是通过自身劳动来创造，二是通过分配系统去分享。一个强大的国家和一个和谐的社会，必须在财富的创造与分配的游戏规则设定中，谋取一个稳定的平衡点。

财富归根到底是人类有组织地和高效率地利用自然资源，通过劳动的过程，所创造出的满足社会最终需求的各种产品与服务，正是劳动将各种静态要素在动态的过程中整合在一起并形成了最终的财富，因此劳动才是财富的本源。

劳动使人们保持了良好的生活与工作习惯；劳动使人们的兴奋中心始终围绕着如何降低生产成本，使用先进技术，提高生产效率，从而生产更多的产品；劳动使人们保持并持续提高创造财富的能力。事实上，财富的创造力要远比拥有财富本身更重要。

16~17 世纪，强大的西班牙帝国曾一度拥有 1.8 万吨白银和 200 多吨黄金，占世界金银总量的 80%，可谓富甲天下。全世界都在为西班牙打工。当一个国家拥有如此之多的财富时，财富本身将会腐蚀这个国家创造财富的能力。

1545 年，西班牙制造商手中积压的来自新大陆的订单量达 6 年之久。在强大军事力量的保护下，这些海外订单只能由西班牙生产，高额的利润唾手可得。西班牙所拥有的巨大财富，已经使它的制造商们失去了吃苦耐劳、从事艰辛生产活动的欲望和压力。于是，这些制造商开始大量转包制造合同，英国的纺织业、荷兰的造船厂、意大利的农庄、北欧的捕鱼船，纷纷开足马力从事苦累脏差的劳动生产。

西班牙的制造商们则在最终产品上贴上自己的商标出口各国，形成了最早的代工和外包生产模式。其后果是，勤劳勇敢的英国人在劳动中精益求精，大量使用先进技术和全新的生产组织模式，提高了生产效率，强化了自身的财富创造力，并最终将坐拥巨额财富、铺张挥霍、肆意扩张、生产萎缩、财政破产和失业严重的西班牙帝国赶下了世界霸主的宝座。

19世纪末20世纪初，靠制造业起家的大英帝国，在取得了全球海洋军事霸权和金融霸权之后，已达到历史上前所未有的势力范围。在非洲，英国的势力范围包括大部分非洲大陆，多达21个国家臣服于大英帝国，大量原材料和自然资源任由英国取用；在中东，英国控制着从巴勒斯坦、沙特到伊朗、伊拉克的大部分地区，掌握着中东石油的源头；在亚洲，英国统治着从印度（含巴基斯坦）、马来西亚（含新加坡）到缅甸、中国香港的大片地区，庞大的人力资源、自然资源和战略要道悉数被英国控制着；在大洋洲，有澳大利亚、新西兰等英联邦附属国作为工业原材料后盾；在美洲有加拿大、圭亚那、牙买加、巴哈马等为大英帝国提供着从海军基地到自然资源无穷无尽的战略补给。

作为全球霸主的大英帝国，再次面临当年西班牙帝国同样的选择，是继续通过自身艰苦踏实的劳动去创造财富，还是利用军事和金融霸权去“分享”别人的劳动成果？财富本身再度腐蚀了财富创造力。富裕的英国人已经厌倦了枯燥和艰苦的劳动，开始向美国大规模投资，输出工业生产技术，让美国人去干苦活儿和累活儿，自己坐享庞大的投资回报，开始了食利资本主义的“美好生活”。此时，英国决定着世界资金成本，垄断着世界资源价格，控制着全球订单流向，划分着世界市场需求，保护着贸易航运通道。这5个战略制高点牢牢掐住了美国的喉咙，美国就永远只是大英帝国的全球生产车间，而且控制生产车间的股东还是英国资本。一句话，英国将自己定位成全球市场的组织者，而美国仅仅是生产者。只要没有颠覆整个世界格局的大规模战争，英国完全不必担心美国试图“篡权”。

结果，两次世界大战彻底将大英帝国的“日不落”梦想扔进了历史的博物馆。

历史总会不期然地出现惊人的相似。“美利坚帝国”通过200年艰苦劳动所形成的巨大的财富创造力，正在被自身轻易拥有的财富所侵蚀。1971年，当尼克松宣布美元与黄金脱钩之后，美国拥有了当年西班牙与英国连想都不敢想的巨大的财富霸权，这就是美元发行！

当年西班牙拥有财富，还必须远涉重洋开疆辟土去掠夺黄金和白银；大英帝国也必须以“诚实的英镑”从事投资，才能获得食利的特权；而如今的美国，仅仅通过印刷美元钞票，就能轻易获得世界各国丰富而廉价的自然资源和劳动产品。这种史无前例的财富霸权，具有无法抵抗的诱惑力，它使得一切诚实的劳动成为多余，它刺激着空前的财富贪婪游戏疯狂扩张，它颠覆了美国立国的清教徒艰苦创业的精神体系，它瓦解了美国作为一个强国的工业基础，它加剧了世界范围的贫富分化，它成了2008年全球金融危机的真正策源地！

很多人认为美国目前的问题只是技术性问题，美国的制度拥有强大的自我纠错能力，就像美国历史上发生的各种危机一样，美国最终都能成功过渡。其实，美国的危机并非制度上的危机，而是更严重的危机，那就是整个国家被庞大和轻易获得的财富逐步腐蚀，从而丧失了对艰苦劳动的热情，财富创造力已经不可逆转地受到了伤害。从1971年开始的长期不断扩大的贸易逆差已经无情地表明，美国人生产的可以用来与其他国家交换的产品越来越少，伴随着美元发行特权而获得的惊人的全球铸币税收入和巨大的投资收益，使得美国持续不断地将本国产业输出，这与当年的西班牙和英国的行为并无二致。在获得高额利润的同时，却瓦解了本国人民的财富创造能力。

美国20世纪五六十年代，最受社会尊重的是科学家与工程师，七八十年代是医生和律师，90年代以来则是华尔街的金融家。如果一个优秀大学生进入华尔街远比当科学家和工程师挣得多，这个社会还有谁会愿意从事艰苦的研究工作和枯燥的工厂生活？美国能够向其他国家出口医生、金融家和律师吗？也许能，那就是昂贵的医药、劣质的金融产品和旷日持久的索赔法律服务。

当铅华洗尽，全世界突然发现，一个曾经拥有硕大的胡萝卜和大棒的美国，如今只剩下光秃秃的大棒了，也许还有57万亿美元的各种负债和100万亿美元的医保社保基金潜在亏空，这些难以偿还的债务已经形成了巨大的“债务堰塞湖”。全世界最终会问：一个14万亿美元的经济体，拿什么去偿还这些10倍以上的庞大负债呢？更何况这些债务利滚利增加的速度远高于经济体增长的速度。

正如哈佛大学教授尼尔·弗格森在美国《新闻周刊》2009年12月封面文章《帝国的衰落》中所指出的那样：历史经验表明，当一国财政收入中的20%用于债务本息支付时，国家的财政将面临严重危机。

西班牙：1557—1696年，沉重的债务负担导致14次国债违约。

法国：1788年，法国大革命前夕，62%的财政收入用于支付债务本息。

奥斯曼帝国：1875年，50%的政府财政收入用于支付债务本息。

“二战”前夕的大英帝国：44%的财政收入用于支付债务本息。

这些曾经不可一世的帝国，最终都倒在了负债过度的十字架之下。是什么导致了负债过度呢？归根结底是财富创造力的下降和维系帝国存在的成本的上升。

一个国家财富来得越容易，通过艰苦劳动去创造财富的热情就越低，巨大的财富腐蚀了财富创造力，这也许就是历史的辩证法。

到2035年，美国的国债占GDP的比例将会达到200%。届时，美国的财政收入中用于支付债务本息的比例将高达46%，这就是1939年英国面临的情况！大英帝国正是从那时开始走向衰落。

随着美国负债问题的日益恶化，美元将最终走向衰落。随着美元“周天子”未来逐渐病入膏肓，伴随而来的必然是货币“春秋五霸”和“战国七雄”崛起的时代。一场世界范围的货币争霸战，将在未来的1/4世纪里，逐步拉开序幕。

注　释

[1] Alan Greenspan，*The Age of Turbulence*，the Penguin Press，p.2.

[2] 宋鸿兵，《货币战争2：金权天下》，中华工商联合出版社，2009年。

[3] 同上书。

第十章

白银的光荣与梦想

CURRENCY WARS

本章导读

白银在50多种语言中都与钱是同义词。白银在世界上许多国家都曾是主要的货币。自鸦片战争至清末的50多年时间中，屡战屡败的中国，各种不平等条约签了1 000多条，累计赔款总额达到10亿两白银。一贯喜欢金币的西方人为什么不首先掠夺中国的黄金呢？为什么鸦片不被推销到印度、非洲、美洲，偏偏卖到中国来呢？20世纪30年代，美国用高价收购了世界上大部分白银。20世纪60年代，美国在官方与民间白银储备的巅峰时期，突然开始废除白银的货币职能，为此，不明缘由的肯尼迪总统因反对废除白银货币而命丧黄泉。此后，美国政府开始大批抛售白银。打了这么多年仗，花了那么大的本钱，连抢带买搞来了那么多白银，刚聚得差不多了，却又开始当破铜烂铁一样，全部贱卖了。上至美联储，下至一些大银行，都在通过不同方式来大规模做空白银以拼命压低银价。这究竟是为什么呢？

本章将为您揭开其中的惊人奥秘。通过剖析白银的前世、今生和未来，您将不仅可以获得求知欲和好奇心的满足，更能够领悟到一个人生重大的投资机遇。

未来的20年，将是世界货币体系发生翻天覆地大变革的时代，是一个以美元为代表的债务货币与以真金实银为代表的诚实货币两大板块激烈碰撞的时代。它们碰撞的结果，一个逐步没落，另一个则冲天而起。在美元与金银两大板块剧烈碰撞的过程中，智者应该将资金投向不断抬升的一方。它将像喜马拉雅山的崛起一样，把您的投资推上回报的巅峰！

2008 年 9 月 18 日下午 2 点，世界金融体系几乎崩盘！

由于信息不对称，中国人几乎完全不了解在那一时刻，全世界人民的财富面临着怎样一场浩劫。是的，这不是科幻大片的“盗梦空间”，更不是金融系统的灾难演练，而是真实发生在现实中的金融噩梦！全世界都在美元崩盘的鬼门关前梦游了一把，可绝大多数人至今都根本不知道！

这是一场发生在当代金融市场上超级规模的“电子银行挤兑”事件！

最早透露事件细节的是美国民主党众议员保罗·坎卓斯基，2009 年 2 月，他在美国 C–SPAN 电视台做访谈节目时泄露出这一骇人的消息。

> 星期四（2008 年 9 月 18 日）上午 11 点，美联储发现美国货币市场中，高达 5 500 亿美元的资金在 1~2 个小时之内被国际投资人“疯狂挤兑”。
>
> 美国财政部紧急开放救助窗口，立即注入了 1 050 亿美元试图阻止疯狂的资金抽逃风潮，但其很快意识到这根本无济于事。我们面临的是一场电子的银行挤兑事件。
>
> 美国财政部决定立即停止一切交易，冻结所有账户，并宣布美国政府担保每一账户 25 万美元资金的安全，以阻止恐慌的蔓延。

如果美国财政部不采取这些措施，到下午两点，美国货币市场中的5.5万亿美元将被全部挤兑一光，美国经济系统将完全崩溃，24小时之内，世界经济体系也将彻底瘫痪。

如果这一情况真的发生，我们所熟知的美国经济版图和政治体系将变得面目全非。

美国参议员詹姆斯·因赫费在接受俄克拉何马州突沙市的电台采访时提到，时任财政部部长的保尔森在规劝国会议员们通过拯救华尔街的相关法案时，甚至威胁表示，如果议员们投了反对票，美国可能会出现重大的社会动荡，政府将不得不宣布军事管制。

在美国社会进行全面军事管制？这恐怕是人们完全无法想象的场景。什么样的危机会导致社会陷入如此混乱的局面呢？这就是美元危机！

要理解美国货币市场被挤兑将导致美元危机，我们必须首先理解货币市场在美国经济中的重大作用。

与中国的企业不同，美国企业短期借贷很少求助银行，一是手续麻烦，二是费用较高。当企业需要270天以内的短期借贷时，它们往往使用短期商业票据的方式在货币市场中直接融资。这些商业票据就是一种借条，一般以企业信用为基础，发行简单而方便。即便企业当天需要钱，只要一早通知商业票据交易商发行"借条"，当天下午就可以拿到现金。因此，企业往往把工资发放、原料采购、运输仓储、房租水电等公司运转的短期费用支出，与公司中长期发展的资金需求加以区分，短期资金主要依靠商业票据融资，长期资本往往投资于回报更高的资本市场，以便把公司账户中的每一分钱的效力全部调动起来。可以说，美国几百万家公司的日常运转一刻都离不开商业票据和货币市场。除了商业票据之外，短期国债、联邦基金、银行承兑汇票、回购协议、大额存单等各类短期票据都要依靠货币市场来进行交易。

如果5.5万亿美元的美国货币市场遭到国际投资人的疯狂挤兑，

几小时就全面干涸的话，那么美国的几乎所有公司和企业、金融机构、联邦与地方政府的现金流将顷刻全面断裂，24 小时之内，我们将看到的景象是：

- 美国金融市场崩盘，股票暴跌、债券价格狂泻、全国的金融机构资金往来与清算停摆，银行无法运作，自动取款机停止取钱，银行的公司与个人账户全面冻结。
- 银行里恐慌的人群大排长龙，气急败坏的客户破口大骂，少数激进分子开始捣毁自动取款机。
- 很多公司的生产、物流、运输、采购、仓储体系瘫痪，因为公司无法支付各种费用。
- 各大超市出现现金抢购，因为消费者无法刷卡购买。
- 政府公务员、警察、群众一起上街游行，交通基本瘫痪，因为他们拿不到工资，汽车无法加油。没有存现金的家庭无法购买食品和药品。愤怒的人群开始骚乱。
- 学校、医院、办公大楼陷入缺电和停水的境地，因为无法支付电费和水费，发电厂、自来水公司出现停顿，因为它们无法支付生产原料的费用。
- 大批的美国战斗机无法升空，军舰无法出航，坦克、汽车无法行驶，因为军方账户的钱由于政府短期债券融资停摆而出现资金冻结。
- 美国政府宣布全国进入戒严状态。

24 小时之后，灾难开始波及全世界。世界各地的金融市场陆续开盘，在得知美国惊人的消息后，所有金融产品的价格全面崩盘。各国金融机构的资金往来与清算陷入混乱，中国的出口商拿不到货款而拒绝货物装船，中东的石油出口因没钱而停顿，俄罗斯的粮食出口宣布暂停，印度的海外呼叫服务中心没人接听电话，欧洲央行宣布进入紧急状态而紧缩银根，欧洲多国政府债券再融资失败而宣布冻结公务员工资，欧洲工人示威罢工，世界各大航空公司纷纷取消航班……

当 9 月 18 日的世界金融市场陷入上述恐怖遐想的同时，投资机构立刻行动起来，它们在试图抓住逃亡的一线生机时，本能地扑向了货币灾难中的“诺亚方舟”——黄金和白银！

黄金在 9 月 18 日前后，每盎司一口气暴涨了近 100 美元，创下黄金市场有史以来的惊人纪录；白银更是直线飙升了 20% 以上，令所有投资人目瞪口呆。而同一天的其他大宗商品，包括其他贵金属则普遍下跌。

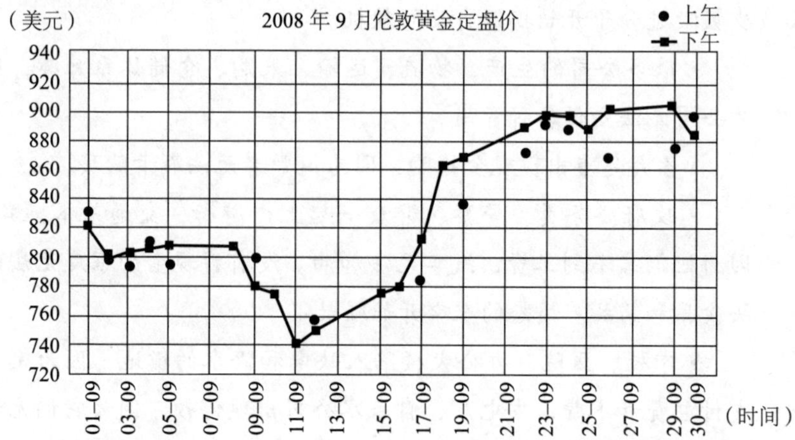

黄金市场价格在一个月内每盎司飙升近 100 美元

换句话说，当世界货币与金融体系真正出现重大危机时，人们的本能并不是去抢石油、钢铁、铜或锌，而是直接扑向黄金和白银。毫无疑问，黄金和白银在货币灾难面前，立刻呈现出它们久被遗忘的货币属性！

黄金不必多说，自金融海啸以来，人们已经普遍开始接受了黄金的货币属性。真正令人惊异的是白银！同黄金一样，白银是不折不扣的货币金属，虽然它的货币属性在 2008 年 9 月 18 日只是银光乍现，但随着美元“周天子”的日渐衰落，白银的货币属性将异军突起，其光芒将直逼令人炫目的黄金。

白银的过去对于中国人来说并不陌生，中国作为世界上最大的白

2008 年 9 月伦敦白银定盘价

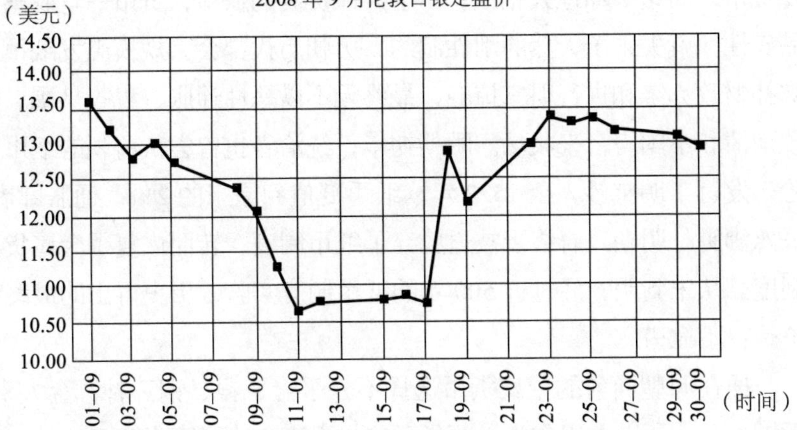

白银市场价格在一个月内暴涨 20%

银货币国家，曾经是世界经济与贸易体系的出口中心。但是，今天的国人对未来白银将给中国带来怎样巨大的战略机遇却认识模糊。

白银不仅曾经是世界货币，白银还将为中国的崛起创造重大的战略机遇。

白银：曾经的世界货币

1621 年，一位葡萄牙商人写道："白银在全世界到处流动，直至流到中国，它被留在那里，好像到了它的天然中心。"

16~17 世纪的欧洲人在世界贸易中的主要业务就是倒卖白银、黄金和商品，因为他们在兴旺的亚洲市场没有什么东西可以出售，主要是他们本国生产的产品没有竞争力。[1]

中国自明代以来一直将白银作为主要流通货币，而当时中国本身并不是世界白银生产大国，那么明朝为什么会选中白银作为货币呢？而中国的白银又是从何而来呢？

白银成为明朝的主要货币并非源于自愿的选择，而是形势比人强的结果。明朝以前的宋、金、元都曾尝试过用纸币替代贵金属作为主要货币，而结果却惊人相似。由于人性贪婪的铁律，货币一旦脱离商品属性，就失去了天然的刚性制约，历朝历代都会大规模滥发纸币来弥补财政赤字和进行财富掠夺，最终无不以恶性通胀、税收枯竭、财政崩溃和帝国垮台来收场。明朝初年，统治者也曾尝试前朝的纸币试验，发行了明宝钞，至 1522 年，纸币贬值到原来的 2‰，通胀肆虐，民怨沸腾。明朝政府终于被迫放弃了纸币制度，转而恢复了金属货币制度。从宋到明，经过近 500 年的纸币制度实验，历史得出的最终结论是：不靠谱。

摆在明朝面前的金属货币选择不外乎金、银、铜三种，金太贵，而铜太贱，所以白银作为主要货币的候选者，成了真真正正的“人民的货币”。

问题是，缺少银矿的中国从哪里去获得大量的白银来充当货币呢？答案就是世界贸易。

如果把世界贸易体系形象地比作是巨大的水车系统，那货币就是驱动水车齿轮旋转的激流。货币供应量越大，水车周转速度越快，世界贸易的规模也就越大。从 16 世纪到 19 世纪，驱动世界贸易体系运转的货币正是白银。

1581 年，明朝首辅张居正在全国开始推行“一条鞭法”，从役法和田赋入手，从保证政府赋役的愿望出发，逐渐把徭役的重心由户丁转向田亩，并将税收的最终结算货币定为白银，从而创造了巨大的白银公共需求。

十分巧合而实属必然的原因是：1545 年和 1548 年西班牙人在秘鲁和墨西哥先后发现巨大的银矿，加上日本的白银出口，这些地区巨大的白银供应构成了驱动世界贸易齿轮旋转的强大力量，也最终成为明朝银本位的货币源头。

当时，中国最强大的产业莫过于茶叶、瓷器和丝绸，在世界市场中几乎没有像样的竞争对手。中国向欧洲出口的瓷器占全部瓷器出口值的 50%，以至于中国在世界上的名号就是英文中的“瓷器”一词“china”。丝绸也是中国出口的重量级产品，“从中国出口丝绸数量超过人们的想象。每年有 1 000 英担①输出到葡属印度群岛和菲律宾，它们装满了 15 艘大船，输往日本的丝绸不计其数……”[2]

由于中国白银稀缺，从而使中国明代出现了“银贵金贱”的局面。17 世纪初，广州的金银价格比为 1∶5.5 到 1∶7，而西班牙则是 1∶12.5 到 1∶14。中国的银价是西班牙的 2 倍。刚在美洲发现超大银矿的西班牙商人，在发现这一巨大的套利空间之后，大喜过望，成群结队的欧洲商人，带着他们从美洲掠夺的巨额白银登上了驶向中国的航船。正是这种白银—黄金的套利冲动，驱动着巨大无比的世界贸易巨轮开始全速转动。

尽管欧洲从 18 世纪开始了工业革命的步伐，机器生产大幅降低了生产成本，但它们的主要产品——纺织品，在中国并没有竞争力。一方面由于长途海运大大增加了运输成本，另一方面也由于中国历朝历代对内河航运，特别是大运河的长期持续投入，有效地降低了中国本地商品的运输成本，从而大大增加了本地商品的竞争力。

更重要的是，中国纺织业在明末清初已达到相当的生产规模，据西方传教士估计，在 17 世纪末，上海及周边地区的织布工人达到 20 万之多，提供纱线的纺纱工人更高达 60 万之众。产业规模效应及低廉的运输成本使得欧洲产品在中国几乎丧失了竞争的机会，这种现象一直持续到 19 世纪中后期。

在这种态势之下，欧洲驶向中国的商船主要运送的商品就是美洲的白银，到达中国之后，用白银换回中国的瓷器、丝绸和茶叶，并且用“昂贵的白银”兑换“便宜的黄金”，再运到印度采购印度的商品，最后满载东方的商品和黄金回到欧洲，赚得盆满钵满。

欧洲人在 16~19 世纪的近 400 年的时间里，主要从事的就是掠夺美洲白银和国际倒爷的工作。不夸张地说，掠夺美洲白银成就了欧洲大发横财的第一桶金。而当时世界贸易的出口中心显然是在中国，中国出口商品，进口白银货币，从而确立了白银本位的货币体系。证明

① 1 英担 ≈50.80 千克。——编者注

中国是当时世界贸易中心的原理很简单，这些白银一旦到了中国就再也不离开了，形成了著名的“白银窖藏”现象，白银不再流出意味着中国的净出口将世界上的白银供应不断吸纳到中国，结果美洲白银构成了中国货币的主要来源，直到英国人开始向中国贩卖鸦片为止。

据估计，从1545年发现美洲银矿到1800年，美洲总共生产出13.3万吨白银，其中75%（约10万吨）运到了欧洲，欧洲通过亚洲贸易，将3.2万吨白银最终送到了中国。如果加上直接从美洲运到中国的白银和日本对中国的白银出口，则中国通过世界贸易获得了4.8万吨白银[3]。有趣的是，6.8万吨的美洲白银涌入欧洲（扣除运往中国的3.2万吨），带来了长期的通货膨胀，即著名的“价格革命”，而进入中国的4.8万吨白银却没有造成明清时代的明显通胀，原因只有一个，中国当时的市场规模远比欧洲更大，货币增加有效地刺激了商品供应的大幅增长，通货膨胀的压力被充分地抵消了。

自从白银来到中国并登上货币之王的宝座，中国历史上宋、辽、金、元及明初近500年反复出现的恶性通货膨胀痼疾，再也没有复发过。1935年以后，蒋介石废除了银本位制度，法币改革和金圆券纸币的发行，再度引发了超级通货膨胀，并最终失去了政权。

在16~19世纪的这400年中，如果有哪种货币堪称是世界货币，进而推动了全球贸易的话，白银将是唯一的候选者。

美元纸币能保值吗？

什么是钱？什么是财富？这个问题是认清美元本质的首要前提。伟大的思想家与众不同的一个重要特点，就是对常人司空见惯和熟视无睹的重要事物有着特殊的敏感和深刻的思考。“苹果落地”这个人们千百年来毫不在意的平常得不能再平常的现象，在牛顿的头脑中却激发出对万有引力的大彻大悟。“时间”这个普通得不能再普通的概念，在爱因斯坦的心中却回味无穷，最终导致了相对论的诞生。千百年来，人们生活在金钱社会之中，为挣钱而忙碌一世的芸芸众生，有多少人能静下心来认认真真、深入细致地思考一下，究竟什么是“钱”？

毫无疑问，这个世界上真有那么一些人对什么是钱这个问题进行过深入探讨。可惜的是，这些探讨不仅没有产生能与万有引力定律和相对论相媲美的伟大金融货币理论，反而是越整越糊涂。因为钱这东西与“时间”“引力”这些纯粹的物理概念不同的是，它在很大程度上受到人性贪婪这个难以测定的变量的影响。学者们提出了五花八门的货币理论，互不兼容，矛盾百出。银行家们却趁机浑水摸鱼，将整个西方金融体系从理论到实践，逐步引向歧途，以致最后走火入魔，诱导了整个世界走向巨大的金融危机。

经典意义上的钱的概念是相当清楚的。钱是一种已经存在的、具有稳定价值的、便于用做商品交换媒介的特殊商品。它具有以下特性：数量有限，容易计量，便于交换，不易伪造，市场公认，并可长期保存。许多符合上述特性的商品都可以成为“钱”。与上述定义和特征符合得最好的商品就是最好的“钱”。黄金和白银就是古今中外不同国家、不同文化、不同地域的人们，经过数千年反复比较和实践，不约而同地选择出来的无与伦比的最好的“钱”。由于它们本身都具有特定的内在价值，并防水、防火、防腐、耐磨，能够长期保存，所以可以作为价值的储藏。由于它们都便于携带、分割和计量，并难以伪造，所以可以成为最方便和最可信赖的商品交换媒介。由于它们的价值稳定又便于计量，所以它们最适合作为价值的尺度。又由于它们是已经存在的有实际价值的商品，所以是不需要任何担保，不需要任何强制，不会因政府更替、法律变化、经济危机、天灾人祸等各种不可抗力而作废的最可靠的“钱”。而且越是在动乱时期，黄金白银就越是会成为人们保护财富的“诺亚方舟”。正所谓“沧海横流，方显出英雄本色”。正因为如此，黄金白银是“钱”的最高形式，是当之无愧的、万民拥戴的“货币之王”。

什么是财富呢？财富的实质就是人们通过劳动所创造出的各类商品。货币则代表着对这些劳动成果的“索取权”。社会中的每一个人，都应该通过出售自己的劳动成果来获得对别人劳动成果的“索取权”。

当这种“索取权”被转让时，它充当了“支付手段”；当某种“索取权”被普遍接受时，它就成了“交易媒介”；如果持有“索取权”的人选择延迟兑现时，那么它就实现了“财富储藏”的功能；最终这种“索取权”被要求兑现时，它能够完好无损地获得别人等价的劳动成果，那么这种“索取权”就是优良的“价值尺度”。这4个方面的因素共同构成了货币与财富的完美对应关系。其实，在货币的四大功能中，最核心的就是“财富储藏”的功能。越是拥有完好无损的财富延迟兑现能力的货币，就越能实现“价值尺度”的重要作用，在市场中就越受欢迎，也就越容易流通，从而成为优质的“交易媒介”和“支付手段”。彻底废除货币的商品属性将导致“财富储藏”功能的紊乱和失调。任何货币，一旦脱离货币的商品属性这一铁律，最终都难逃不断贬值的下场。黄金和白银所代表的“经典意义的钱”，就是货币追求的最高境界。

从历史上看，帝国在其势力上升的周期，经济发达，贸易活跃，军力鼎盛，帝国疆界扩张，货币购买力稳定，货币流通域扩大，贷款利率低廉。随着统治阶级的腐化，帝国内部矛盾激化，生产能力下降，外部征战不断，财政支出剧增，而税收逐渐不足，导致维持帝国存续的综合成本日益上升。此时，帝国往往首先从贬值货币入手，试图减轻财政压力。财政赤字的货币化，无论是古代稀释货币的含金量，还是现代的货币“量化宽松”，正是产生通货膨胀的根源。

当代西方货币理论最本质的“发明”，就是用以债务为抵押的信用货币，取代黄金白银这些不会因债务违约而丧失价值的真正的钱。西方国家首先是通过战争或鸦片贸易等方式，将世界上以白银作为主要货币之国家的白银洗劫一空，从而废掉了银本位。继而又采取将世界各国货币与美元挂钩，美元与黄金挂钩的办法，初步建立世界货币的兑换体系。然后再让美元与黄金脱钩，从而废除了金本位。让以美元为代表的法币，成为不受金银约束的世界储备货币。我们现在使用的美元是没有任何真实价值定义的货币，这种货币在英文中叫作“currency”，其基本含义就是流动性。它只是便于商品进行“流动”

的媒介。这个媒介本身并没有任何价值。它可以是纸币，也可以是支票，甚至就是电脑中的一个数字。它是临时用来兑换价值的凭证。其本质就是一张欠条，它不能保证未来真的就能百分之百地兑换到原先的价值。因为它是欠条，如果别人赖账，欠条就成了白条。现在当人们已经逐渐忘记了黄金白银才是千百年来最可信赖的真钱时，常把信用货币这种欠条与钱这两个概念混为一谈，以为这种欠条就是钱。挣钱就是挣这种欠条，存钱就是存这种欠条。其实在信用货币体制下，人们挣到手的和存起来的这些假定能够兑现的欠条，在欠条不违约时，它就有完全的价值，在欠条部分违约时，它就只有部分价值，在欠条完全违约时，它就一文不值。

纯粹纸币的试验往往在初期能获得惊人的良好效果，但最终这些纸币都贬回到它们的原始价值，那就是纸张的成本！纯粹纸币的制度就其本质而言，就是测试人类贪婪本性的试验。无论货币发行权掌握在政府还是私人之手，也不管执行货币政策的国家是什么样的社会制度，这些并不能改变问题的本质，那就是人性中与生俱来的贪婪本性究竟值不值得信赖！整个人类历史表明，贪、痴、嗔乃是人性中无法自我超越的本质，如果我们仔细观察完全没有来得及被社会风气污染的婴儿的表现，就会发现其贪、嗔、痴的内质其实早有端倪。

这就是我们在人类文明史上，从来找不到任何一种能够保值的纸币的根源。

北宋的交子，从公元 1023 年到 1060 年，货币发行准备金从 1/3 降到 1/60。到南宋末年，通胀率高达 20 万亿倍！财政彻底崩溃，国家战争动员能力枯竭，王朝覆灭。

金朝发行纸币 70 余年，物价上涨 6 000 万倍，终至民心大乱，财富创造绝迹，同样是货币体系先于帝国崩溃。

元朝开始发行宝钞不过 20 多年，货币就剧贬为原值的 1/10。到了元末，米价竟涨到元朝初年的 6 万多倍，宝钞制度彻底崩溃，元政府已无力控制财政和税收，国力日衰，最终灭亡。

明朝对纯粹纸币制度的实验又持续了 150 年之久，到 1522 年，明宝钞贬值为原来价值的2‰，通货膨胀肆虐。明政府终于“从民便”，被迫放弃了纸币制度，转而恢复了白银货币，帝国江山才得以维系到1644年。

1716年，法国第一次约翰·劳的纸币试验，导致4年后法国倾家荡产；1790年，法国大革命后的第二次纸币试验，5年后通胀率高达13000%，结果民心大乱，导致了拿破仑的上台；1937年的第三次纯纸币试验，12年后法郎贬值了99%。法国人只有自嘲地说，法国人有两个传统：一是投降特别快；二是货币贬值特别快。

德国魏玛共和国的纸币马克试验，从1919年1美元兑换12马克，到1923年1美元兑换4.2万亿马克，4年走到了它的生命尽头。

如果人类贪婪的本性没有变化，今天的美元不过是在重蹈历史的覆辙。

美联储的“妙计”：放手让黄金暴涨

美联储和所有西方的中央银行一样，喜欢幕后操作。它防范政府干预，讨厌国会插手，更不喜欢人民大众了解细节，它号称要保持货币政策独立，就好像全社会的货币是他们的私有财产，决不容他人觊觎。

美联储决定利率政策的联邦公开市场委员会（FOMC）的“公开”二字，实在具有讽刺意味，因为它每年8次会议的内容并不打算公开，而是要等到5年以后才“解密”，并且这些会议的内容纪要已经被过滤或“修缮”过了。美国《1976年阳光法案》明确要求，包括美联储在内的组织，必须即时向公众开放所有正式会议的详细且未经修改的内容速记和原始录音，但美联储在1976—1993年的17年中，一直误导国会，声称所有会议的原始记录都被销毁了，只保留了“修缮”后的内容纪要。公众只有等到5年以后，才能从被“过滤”的纪要中去猜测当时会议现场的讨论细节。

美联储的大佬们除了关注利率等问题之外，还对一样东西颇有兴趣，那就是黄金。

1993 年 5 月 18 日，美联储公开市场委员会的会议纪要

安格尔：我想事情可能会这样发展。我不认为我们应该将利率提高 300 个基点，但是如果我们这样做，我非常肯定黄金价格将会开始一个猛烈和快速的（下跌）。金价下跌将会如此快速，你不得不到黄金行情屏幕上去见证这一切。如果我们提高利率 100 个基点，黄金价格肯定会掉头向下，除非情况恶化到超过了我的想象。如果我们提高利率 50 个基点，我不知道黄金价格将会如何，但我肯定会对此非常好奇（笑）……人们会说黄金价格上涨是因为中国人开始购买，这是最傻的看法。黄金价格主要是由那些对法币系统没有信心的人所决定，他们拥有黄金是为了在危险时刻逃离纸币。现在如果每年黄金产量和消费量只占黄金总存量的 2%，那么一年 10% 的黄金产销量变化是不会对黄金价格产生太明显的影响的。但是，人们对通货膨胀的态度将会改变（黄金价格）。

格林斯潘：如果我们是在面对市场心理的问题，那么我们使用的（黄金）温度计，在测量（通胀预期）温度时也会改变温度本身。我曾向穆林斯先生提出，假如财政部在市场上卖出少量黄金，市场将如何反应的问题。这是一个有趣的思想试验，如果黄金价格发生了变化，这说明（黄金）这个温度计不仅仅是测量（通胀预期）的工具，而且它也将会改变（市场对通胀预期的）基本心理。

1994 年 12 月美联储公开市场委员会的会议纪要

乔丹：我认为我们现在面临的主要问题是通胀预期。这显然反映出我们（的美元）缺少名义上的（货币之）锚。这意味着政治上宣称维持强势美元将会有所帮助。如果不管怎样我们能够实现真正的金本位的状态，而没有实际使用黄金的话，那么我们就必须将美元购买力稳定的理念（深植于）人们的脑海里。假以时日，我们现在面临的（通胀预期）短期问题将会变得更加容易处理。

1995 年 7 月的会议纪要

格林斯潘：我想我明白了（笑）！你告诉我从财政部发行的特别提款权（在美联储的资产负债表上）抵消了他们（财政部的人）对美联储的负债，这是纯粹的资产置换，所以财政部对公众的负债同时减少了同样的数额。是这样吗？这倒是同时解决了乔丹先生的问题（笑）。

乔丹：我能对此谈谈我的看法吗？（70 年代）当我们把黄金的价格从 35 美元一盎司提高到 38 美元，直到 42.22 美元的过程中，也能达到同样的效果。财政部因为这两次所谓的（美元）“贬值”行为，获得了 10 亿~12 亿美元的意外之财。我的问题是，当我们将特别提款权进行货币化时，应该按照什么样的价格？你说我有一项资产在我的资产负债表上，但我却不知道它的价格。

格林斯潘：（特别提款权的价格）大约是 42 美元。

杜鲁门：是 42.22 美元，它与黄金的官方价格一致。

乔丹：我们是用官方黄金价格计算特别提款权吗？

格林斯潘：你的意思是我们可以调高黄金价格来降低公共负债压力吗？这样做确实可以使公共负债明显下降。

乔丹：我本来尽量不愿意提及此事，公众其实害怕有人想这么干。

格林斯潘：可惜太晚了，我们刚才已经提到了。

乔丹：5 年以后（会议纪要解密期），公众将会知道这件事。

从这些美联储大佬的对话中，我们可以清晰地看到，黄金始终是国际银行家们的一块“心病”。从历史上看，玩纸币必然经历三个阶段：玩实力，玩信心，玩赖皮！当帝国实力殷实财大气粗时，强大的财富创造力足以确保纸币的商品兑现能力，纸币是有底气的。当帝国过度扩张力不能及时，财力日渐短绌，则必须玩 10 个瓶子 5 个盖的“杂技”，纸币无法完全兑现商品，通货开始膨胀，此时就进入玩信心的阶段。等到帝国财富已被淘空只剩下一副空架子时，纸币丧失了公信力，恶性通胀发作，此时帝国就只有玩赖皮了。

从美国立国到1971年，美元是玩实力的阶段，一度占到全球GDP一半的强大工业生产能力确保了美元的信用，所以美元敢于与黄金挂钩，因为其出口能力足以赚回在世界其他地方的黄金，就如同中国通过400年的世界贸易，将全球白银的一小半都吸纳到中国来一样，此时的黄金白银作为诚实的通货，在经济体内发挥着良好的财富合理分配的作用，从而刺激经济进一步发展，经济循环处于良性状态。

1971—2008年金融海啸，美元进入玩信心的阶段。1971年是美元的转折点，美国不堪世界各国发动的黄金挤兑进攻，只有放弃了美元与黄金的挂钩，其实质是美国贸易连年逆差，财富外流和财富创造力下降，美国人不能生产出其他国家所需要的足够的商品来平衡巨大的进口，久而久之，财政不堪重负，美元再也无法承载黄金诚实货币的重托。这一阶段，国际银行家们最关心的就是所谓对美元的信心问题。他们发明了一整套经济学“黑话”体系来修饰问题的本质，诸如“通货膨胀预期”“量化宽松的货币政策”“资产再通胀”等。其实用老百姓一看就懂的话就是，美元“毛了”。更为离奇的是，他们居然想象着如何实现“没有黄金的金本位”，看来美联储还是改行搞魔术更能发挥其特长。不过，世界银行行长佐利克先生在2010年11月，居然真的提出了世界应该考虑回到“修正版的金本位”，果然是个“没有黄金的金本位”，这难道真是历史的“巧合”?!

2008年，发源于美国的全球金融危机，标志美元已进入第三个阶段——玩赖皮！这一阶段最重要的特点就是美国要赖账，使用的手段便是逼迫其他国家货币大幅升值，美其名曰“全球经济再平衡”，指责他国“操纵汇率”。其中更有意思的就是格林斯潘等人讨论的放手让黄金价格暴涨，让美元大幅贬值，从而“抵消”美国的负债压力。他们早就明白黄金的真实价值，那就是黄金才是“诚实的货币”，因其童叟无欺，货真价实，所以在货币体系中承担着“最终的支付手段”。但他们却在世界范围内对其他国家大肆推销“黄金无用论”，对学术界进行系统和长期的"洗脑"，对人民和市场玩弄"强势美元"的文字游戏，从而达到将"美元购买力稳定的理念（深植于）人们的脑海里"的目的。

黄金和白银好比测量通货膨胀预期的压力计，在全世界以美元为中心的纸币世界里，钞票越印越多，在市场的高压锅中，通货膨胀的压力越来越大。黄金和白银的价格作为唯一具有公信力的压力计，其价格必须被"有效管制"起来，这就是20世纪90年代以来西方中央银行联手压制黄金和白银价格的目的。当市场上黄金、白银充当着最诚实、最公正的货币时，银行家们想要作弊将是非常困难的。而没有金银约束后，情况就大不一样了。比如现在美联储发行的美元，不仅是美国的法币，也是全世界最主要的储备货币，可是它的货币政策完全是不负责任的，想发行多少就发行多少，既不需要联合国安理会通过，也不需要国会批准。根本不顾全世界债权人的利益。银行家既没有所谓民主选举，也不受新闻监督，更无视法律约束。正所谓："只要我控制了一国的货币发行权，我不在乎谁制定法律。"完全就是无法无天。

人们常说："绝对的权力导致绝对的腐败。"其实腐败并不是最可怕的事。几个银行家天天腐败，顿顿腐败，夜夜腐败，对整个社会的影响又能如何呢？绝对的权力最可怕之处不是让人腐败，而是让人疯狂！独揽货币发行权的金融大鳄一旦疯狂，其野心和胃口将极度膨胀，使全人类都跟着遭殃。银行家们能够以花样百出的"行业黑话"愚弄世界人民，随心所欲地控制货币发行量，周期性地制造各种各样的泡沫和经济危机，通过货币战争搞垮各国金融，并在全球经济的废墟之上，重新构建由极少数人控制的世界统一货币新体系，最终通过控制世界货币来奴役全人类。

但是，国际银行家们也做了最坏的打算，那就是高压锅迟早要炸，一旦锅盖"砰"的一声飞上了天，黄金价格的暴涨也会使西方债务大幅减轻，因为西方国家手中持有大量的黄金实物。到2010年6月，全球央行合计黄金储备30 462.8吨，其中欧美共拥有21 898.5吨（包括欧美控制下的 IMF），占黄金储备总量的 72%。

格林斯潘们期望通过放手让黄金价格暴涨以稀释美元债务压力的奇思妙想，乍听起来，似乎很有道理，但他们恐怕低估了“水能载舟亦能覆舟”的风险。黄金价格一旦彻底失控，美国资产负债表上以美元计价的黄金资产价格固然能够暴涨，相应地，使纸币负债压力大幅减轻。但问题在于，美元剧烈贬值所造成的全球恶性通货膨胀，将会从根本上颠覆美元的信用，谁还愿意继续持有美国债券和美元资产呢？失去了美元对全球资源的总动员能力，今天我们所熟悉的超级大国还能够存在吗？

1948 年蒋介石搞金圆券改革，最终也曾使国民党政府资产负债表中的黄金资产价格暴涨，但随着金圆券的滥发，人民拒绝接受纸币，在各地重新开始使用“袁大头”交易。最终纸币滥发所形成的超级通胀，残酷掠夺了人民的财富，其后果是人民抛弃了金圆券，同时也抛弃了发行金圆券的国民党政府。国民党退往台湾和当年约翰·劳逃出巴黎一样，他们带走的不是印刷精美的纸币，而是沉甸甸的黄金和白银！

用黄金暴涨来平衡美元负债，将是最后的疯狂之举，它带来的绝不是美元的稳定，而恰恰是美元的覆灭。

同时，在格林斯潘们的魔术方程式中，还忽略了另一个关键变量，那就是白银！

黄金与白银 1∶16 的历史超稳定结构

古人说：“如果黄金是太阳，白银就像月亮。”在很多古代文明中，一年有 13 个月，每月 28 天。因此，最早的金银比价为 1∶13。

在 5 000 多年的历史长河中，金银比价基本稳定在 1∶16。而现代科学发现，地壳里的黄金与白银储量的比例大约是 1∶17。巧合却不意外的是，古人的直觉，历史形成的金银比价关系，与现代科学探测的结果存在着相当程度的近似。

金银比价的这种超稳定结构可以从地质学和市场供求两个方面得到有效解释。尽管欧洲与亚洲之间存在着一定程度的金银比价的套利空间，但都是以亚洲地区“银贵金贱”所形成的白银东流和黄金西去的形式表现出来。在这种动态平衡之间，欧洲比较偏好黄金，而亚洲更加喜爱白银。在欧洲历史上，谁能控制东西贸易的通道，谁就能利用欧亚大陆的金银比价差异进行 50%~100% 的巨大套利交易，从而获得巨额商业利润，主宰欧洲大陆的命运。

随着美洲白银的大发现，在 250 年中，13.3 万吨白银的巨大供应使金银比价出现了一些短暂波动，但随着东西方大规模世界贸易的进行，最终金银仍以历史的惯性回归到 1∶16 这一神奇的平衡点。尽管进入 20 世纪后，白银与黄金价格波动开始剧烈起来，这主要是由于多数国家采用了金本位而放弃了白银货币，致使白银在一段时间内显得“过剩”。作为世界最大的银本位国家，中国的白银货币一直持续到 1935 年，美国的白银货币（美国政府白银券和白银硬币）一直流通到 1965 年。到 1971 年，黄金与白银的比价在 1∶23 左右波动。

1971 年，美国单方面宣布美元与黄金脱钩，“美元”变成了“没金”，这是人类历史上第一次出现全世界一起进入纯粹纸币时代的重大试验，直到今天，这一试验仍在进行。纯粹纸币制度彻底废除了货币的商品属性，原来形成货币的核心要素——财富储藏功能，完全丧失。

纯粹的纸币美元滥发导致了世界范围的价格错乱，其中就包括金银比价体系的严重扭曲。金银比价从之前 5 000 多年稳定的 1∶16，被严重扭曲到了 1∶60！

是黄金更少了吗？

世界黄金存量从 1940 年的大约 3 万多吨增加到现在的大约 16 万吨，70 年中大约增加了 5 倍！

是白银更多了吗？

世界白银存量从 1940 年的大约 30 万吨下降到目前的大约 3 万多吨，减少到当年的 1/10！

如果以重量计算，目前白银存量只是黄金存量的 1/5。也就是说，白银远比黄金更稀缺！

这种巨大的差异源于白银的大量工业需求。从 1942 年起，白银的工业消耗量开始大大超过生产供应量，几十年下来，白银靠着 5 000 年积累下来的库存量维持着供需平衡。目前每年的需求量大于供给量约 4 000 吨。以当前白银净消耗量来计算，现有 3 万多吨的白银库存只够再维持 7~8 年的时间，人类积累了 5 000 年的地上的白银将被工业需求全部吃掉！

那么，地下的白银还有多少呢？

2005 年，美国地质调查局的调查表明：白银将是人类历史上第一种被开采殆尽的金属，时间大约为 12~13 年。考虑到目前白银的产量中有 2/3 源于伴生矿，如铜、铅、锌矿，由于受到其他矿产开采投入的限制，大幅增加白银产量十分困难。虽然地壳中还有白银可供开采，但由于技术和成本原因，只有在高得多的价格上才具有开采价值。截至 2009 年年底，美国地质调查局最新统计资料表明，全世界白银储量为 40 万吨。按当年矿产量 2.14 万吨计算，可开采 18 年 [4]。由于政府出售和废品回收提供的白银近年来大幅度下降，矿产提供的白银将占总供应量的绝大部分。现在全世界每年白银的总需求量大约是 2.77 万吨 [5]，如果全部靠矿产银提供，那么 40 万吨的世界总储量则只能保证 14 年的供应。考虑到白银工业的应用领域正在急速扩大，未来白银的消耗量将急剧攀升，届时，14 年的开采大限将会大大提前。

以目前黄金价格（每盎司 1 350 美元）与白银价格的历史比价关系看，其价格比应该是 1：16，即达到每盎司 84 美元，才算得上是合理的水平。而黄金与白银历史上的比价是按照它们的数量多少来决定的。古埃及时，白银很少，它的价格与黄金相当。后来被发现的白银多了起来，黄金变得相对稀缺。物以稀为贵，所以黄金的价值更高。以此进一步分析，目前全世界白银的可开采储量约有 40 万吨，加上已有的 3 万吨左右的存量，白银的总量只有约 43 万吨。黄金由于极少被工业用途所消耗，所以存量不断上升，目前普遍估计为 16 万吨。

根据美国地质调查局截至2009年年底的统计，全世界黄金的可采储量约有4.7万吨，两者合计，黄金的总量约为20.7万吨。由此可知，黄金总量与白银总量之比是20.7：43，即大约为1：2。这就是说，白银的总量比过去要少得多，其应有的价格应当是黄金的1/2，而不是1/16。按当前黄金每盎司1 350美元来算，白银的价格应该是每盎司675美元！而当前白银的市场价格每盎司只有20美元上下。

随着时间的推移，白银将进一步减少，黄金与白银的数量比将达到1：1，再往后，白银的总量将少于黄金。这意味着白银在未来十几年的增值潜力将是极其惊心动魄的。

双肩挑的白银：既是货币金属也是工业金属

古代的腓尼基人很早就发现了白银能杀菌这一神奇的功能，他们将葡萄酒装进银瓶之中以保鲜酒质，这一秘密甚至仍在当今著名的葡萄酒庄中流传。大英帝国的水手们在长期的海上航行时，将银币投入自己的饮用水罐中，以保持水质不腐。古希腊医生最早发现了银对伤口愈合有明显功效，并能防止疾病。中国古代的君王常用银筷子来测试食物中是否有毒。欧洲贵族的餐具广泛使用银质器皿，因为细菌在纯银表面无法长时间存活，而木质餐具则是细菌的最爱，不锈钢餐具也无法抗阻细菌的繁衍。尽管当代人广泛使用抗生素来杀菌，但细菌对抗生素的耐药性问题却始终困扰着医学界。

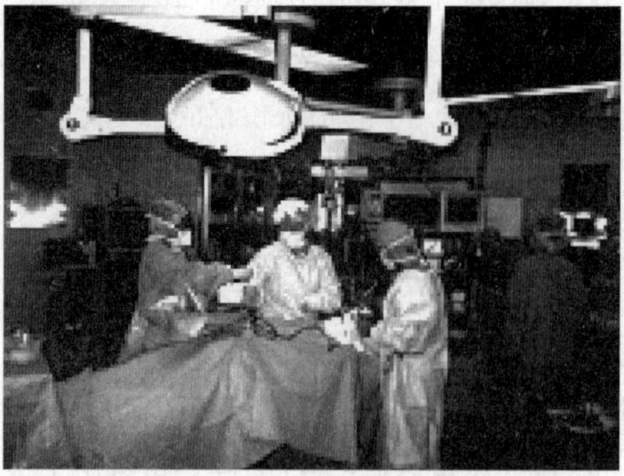

含有银离子的医院被服

长期以来，白银对细菌和病毒的神奇杀灭效果一直没有被深入研究，直到最近，其原理才被搞明白。银在水中能形成微量银离子吸附细菌，破坏其赖以生存的酶，从而使细菌很快死亡。据研究，银离子能在数分钟内杀死 650 多种细菌，是普通抗生素功效的 113 倍，且无任何抗药性。

在医疗卫生方面，仅在欧美医院，每年被细菌和病毒交叉感染的人就高达数百万人，大量使用抗生素产生的耐药性问题使医疗保险系统负担沉重。英国的医院已经开始使用含银离子的清洗剂和防护膏，以避免交叉感染；同样，美国的医院也开始大量使用含银离子的纱布、口罩、手术被单和房间内饰。

21 世纪对白银的工业需求更酝酿着爆炸性增长的潜能，近年来，全世界技术专利中使用白银的总量远远超过对其他任何金属的使用。

绿色环保技术将是未来几十年世界经济增长的主要发动机，在这一领域中，白银的消耗量将出现井喷式增长。

白银在新能源领域的应用

太阳能发电站的聚光镜

白银具有所有金属中最好的光反射性和抛光性，是太阳能聚光镜应用中不可或缺的核心材料。同时，白银又是极佳的催化剂，在与半导体材料混合后，可以大大提高太阳能转化为电能的效率，能量输出至少提高 12%。太阳能技术的迅猛发展将在全球每年产生数千吨白银的需求量。

电池将是绿色环保时代的核心要素，银电池是取代传统锂电池的最佳候选者。银电池持续时间比锂电池高出 40%，同时没有锂电池易爆的危险，95% 的部分可完全回收，具有重要的环保价值。银电池在电脑、手机、助听器、医疗设备和一切移动电子设备中，具有极其广泛的应用前景。在航天器、深海探测器、鱼雷、导弹、潜艇等方面应用前景巨大。

银电池的广泛民用还处在刚刚启动的阶段，但代表着新一代环保电池技术的潮流，考虑到电池技术的广泛使用程度，未来对白银的需求总量将十分惊人。

2017 年，259 亿个 RFID 芯片将使用白银

正在全球迅猛扩张的 RFID（无线电频率识别）技术将使白银应用进入一个全新的领域。RFID 芯片中内嵌微型耦合电路和天线，用以接收读卡机发射出的电磁波，电磁波所携带的能量在耦合线圈中形成电流并“读出”芯片上的独特 ID（身份）信息，然后 ID 信息被天线发射回读卡机。在几百米外的读卡机，就好比是一个远程 ID 探测雷达，可以确认芯片在其探测范围之内。一旦这些远程 ID 探测雷达，形成小到商店学校，大到社区城市甚至全国、全世界的网络时，那么存在于这个巨大网络之中所有的 RFID 芯片的携带者，都将被实时定位和追踪。物联网的技术正是建立在 RFID 技术基础之上的。

RFID 芯片中含有微量白银

2010 年 7 月，沃尔玛宣布开始广泛使用 RFID 来管理其庞大的库存以降低成本，如果效果良好，沃尔玛将在其 3 500 家美国连锁店中全面普及 RFID 应用，其全球供货商也将被要求采用相同技术来与沃尔玛的库存系统对接。

据美国IDTechEx公司预计，RFID芯片将以每年增长93%的惊人速度在全世界扩张，到2017年，全世界RFID芯片的年产量将达到259亿片的规模！而在每一张芯片上都要使用10.9毫克的白银，由于其含量微小，完全无法回收。

未来美国木材防护领域每年将消耗2 400吨白银

仅美国木材防腐领域未来就将增加2 400吨白银需求量

美国参议院“森林与公共土地管理委员会”在2003年9月11日，提交了《公共土地产出研究法案》，该法案致力于取代目前广泛使用的含铜的木材防腐技术，这种技术产生的砷酸铜和醋酸铜所形成的有毒复盐，对环境的危害严重，在美国已日益引起关注。而白银拥有天然的杀菌奇效，作为木材防腐材料可以抵抗白蚁侵蚀、孢子真菌的生长与腐朽、水生生物的寄宿，以及其他昆虫的寄生与繁殖。欧美绝大多数民宅都是木制的，一旦该项技术被正式引入木材防腐市场，仅美国的木材防腐领域，每年就将消耗2 400吨白银！

服装应用将是白银最大的未来需求之一

白银是天然的无机抗菌材料，无机银抗菌材料具有持续性、持久性和广谱性强、耐热性好、安全性高、不会产生耐药性等特点。

美军的沙漠作战军装中普遍使用银离子材料来进行杀菌、除臭。运动服装也是如此，因为汗液中的大量细菌是产生各种异味和病变的主要来源，而白银能够杀灭其中绝大部分细菌。内衬镀银的服装在野

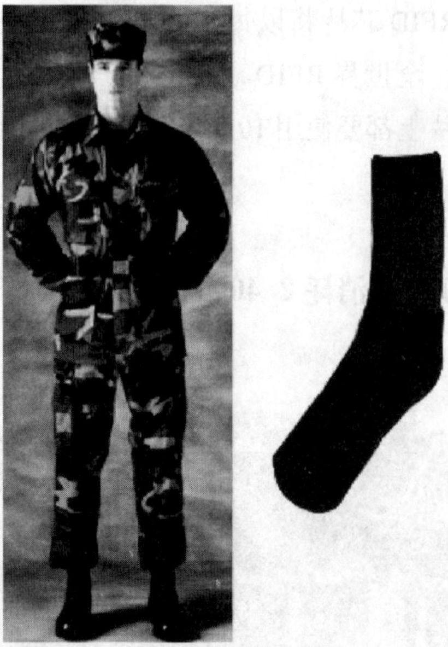

含有银离子材料的美军作战服装

外剧烈运动大量出汗却长期无法清洗的情况下，仍能保持气味清新和健康。仅仅在服装领域，白银就已经成为最大应用领域之一，每年消耗白银1 200吨。

这个数字才是白银刚刚进入服装领域的起步阶段。设想一下，如果13亿中国服装消费者也开始穿含有银离子的健康服装，10亿印度人口再加入这一潮流，白银的需求量将是何等的局面？

在食品包装领域，含银离子的食品、饮料、牛奶等包装材料，可以大大延长保鲜期。饮用水的过滤装置中也开始使用银离子杀菌材料，同时，美国全国的游泳池也将废弃有严重副作用的氯气杀菌法，转而使用白银杀菌材料。

用银离子杀菌的游泳池再也闻不到讨厌的氯气味道

目前，全球白银的年工业消耗量在3万吨左右，而庞大的白银新兴消费市场才刚刚拉开帷幕。

白银与黄金存在着一个重大区别，那就是白银具备广泛的工业用途，因此，白银的工业消耗量要远比黄金大。白银的另外一个重要特点就是在工业领域的各种应用中，绝大部分都是微量应用，如手机的集成电路中含有价值几美分的微量白银，液晶大屏幕彩电也镀有微量白银，几乎一切家用电子设备中都不难发现微量的白银应用。这种微量白银应用，即使在白银价格暴涨10倍的情况下，也难以对其最终产品价格造成值得一提的影响。

另外，白银在工业中微量使用的特点，导致了白银在工业应用之后，无法有效回收，从而永远地流失了。

白银优异的多种性能和巨大的应用空间，使其成为所有金属中最具价格爆发力的翘楚！

不能理解白银货币属性的人，往往将白银称为工业金属，这是一个明显带有误导性的称呼。难道人们发现黄金可以用来镶假牙，就会改变黄金的货币属性吗？大量的工业用途和微量不可回收的消耗，非但不会使白银的稀有与贵重的品质受到丝毫伤害，反而是其更具投资价值的重要证据。对白银准确的称谓应该是，具有大量工业用途的稀有的货币金属。

“价格发现”了什么

无论从金银的历史比价，还是市场供求关系，或者通货膨胀，都无法解释白银今天每盎司20美元的价格竟远低于1980年50美元的原因！是什么样的力量能够将白银价格严重扭曲到现在这种程度呢？

长期以来，由于黄金与白银存在着天然的货币血脉关系，其历史比价更是几千年来超级稳定，这种固化的联系早就深深地植入文明的记忆里了。它跨越了时代、跨越了国家、跨越了宗教、跨越了地理、跨越了意识形态，远比国际银行家们人为的“强势美元”更能持久地存在于世人的脑海里。人们知道，白银和黄金一样是最优质的“钱”，而且白银的流通比黄金更广泛。因为日常生活中的衣食住行，多是小额交易，而黄金一般是非常大额的交易才用得上。因此，白银不仅是真正的钱，而且是比黄金流通性更好的钱。为了保护美元发行的巨大利益，银行家们就必须挣脱金银货币的约束，就必须废除金银货币。欲废除金银货币，首先就要废除白银，因为白银每天都跟老百姓的日常生活紧密联系在一起，只有让大家在日常生活中看不见白银，买柴米油盐时，不再用到白银，才能让大家彻底忘掉白银的货币职能。因此，国际银行家们的战略就是：欲征服货币，必先征服黄金；欲征服黄金，必先征服白银！

如今，尽管美元已经如愿以偿地篡夺了黄金白银的“货币王位”，但“伪皇帝”毕竟是假的，国际银行家们心里总是不踏实，因为一有风吹草动，人们就立刻想起了黄金白银。国际银行家们对黄金和白银真是“恨得要死，怕得要命”。其心态非常类似于中国历史上的王莽篡位，恨不得把天下所有姓刘的都斩尽杀绝。白银就好像太子刘秀，被“银行界的王莽”到处追杀，如今已经有 50 年之久。这种“追杀”就是价格的打压，国际银行家们希望大家把白银当成普通的金属，一种一般性的工业原料而已。因为人们总是忘不了白银几千年来一直是和黄金一样的“货币之王”，所以国际银行家们就先将白银赶出货币王宫——中央银行，然后故意大幅压低白银的价格，将其贬为“庶民”，与铜铁铅锌为伍，浪迹普通商品的街头。

白银市场是远比黄金市场小得多的盘子，通过大规模“裸做空”的手段来压低白银价格，同时用低价的白银绳索来拖住黄金上涨的脱缰野马，实在是一种高倍杠杆和高度有效的价格控制策略。只要压制住白银的价格，就能使以美元纸币为核心的全球金融赌场为开赌场的国际银行家们带来永远的暴利！

1990—2003 年，白银的价格已从 1980 年的每盎司近 50 美元，被一路打压到每盎司仅有 4~5 美元。就在白银最不景气的时候，一些有识之士却看到了白银价值被严重低估所产生的投资机会。著名的

"股神"巴菲特管理的投资基金在1997—1998年间，分批买进了近1.3亿盎司的白银，占当时世界白银年产量的1/4，基本上是抄到了白银几十年的大底。令人不解的是，巴菲特为何在2006年过早地卖掉了全部的白银，他的平均买入价是每盎司6美元，卖出价只有7.5美元。巴菲特自己也承认这笔买卖做得不漂亮。"我买得早了，卖得也早了。这是我的失误。投机到最后才是最疯狂的。"非常巧合的是，就在巴菲特卖掉全部白银之后不久，巴克莱银行创建的第一只白银交易基金（ETF）也在2006年获准在美国股票交易所开张了。有传闻说，巴克莱银行为了给它的白银交易基金准备白银现货担保，曾向巴菲特"借用"或购买了1.3亿盎司的白银，这正好是巴菲特手上全部白银的总和。2006年正是白银市场开始启动之际，巴菲特却将所有白银卖出，他下了这么大的赌注，却没有像亨特兄弟当年那样把白银价格炒将起来，耐着性子卧底9年，只是为了赚区区1.5美元的差价吗？这桩买卖不免令人生疑。至于巴克莱银行与巴菲特到底有怎样的暗中交易，外界就不得而知了。

另一个对白银市场感觉特别敏锐，并影响深远的人叫泰德·巴特勒。巴特勒从1971年起就是一名商品期货交易员，当时为美林公司工作。20世纪80年代中期，他的一位客户问他："白银市场供不应求，可是白银的价格却几年都不上涨，这是什么原因呢？"巴特勒为了向客户解释其中的原因，开始研究白银期货市场。可是他也被难住了，他了解到白银确实是供不应求，可解释不了银价为什么就是不涨。后来他凭着在商品期货交易市场多年历练的经验发现，市场上做空白银的数量总是远远大于白银现货的供应量。原来，他发现有机构在人为压低白银价格，于是他向美国商品期货交易委员会（CFTC）报告了这一市场操纵行为。但是有关部门却回答说没问题，对此置之不理。巴特勒是个犟脾气，认准了的事情就非要干到底，他坚持不懈地向有关部门反映，一直没有结果。后来有了互联网，从1996年起，巴特勒开始通过互联网来揭露白银价格被人为压低的真相。他几乎每周都在网上发表一篇关于白银市场的详细分析或评论。由于长年坚持不懈地研究和评论白银市场，巴特勒逐渐成为该领域最有影响力的权威人士。他认为白银市场的操纵行为是“有史以来最为恶劣”的资本阴谋。他除了继续多次上书美国商品期货交易委员会之外，还呼吁广大投资者联合行动起来，对白银市场的操纵行为展开斗争。经过多年努力，几大银行巨头非法打压白银（也包括黄金）市场的操纵行为正在遭到越来越多的揭露，引起世人普遍的关注。

近年来，美国商品期货交易委员会终于对白银操纵开始了调查。同时，英国、德国的金融监管部门也开始对黄金价格操纵的行为进行深入取证。

对于美国商品期货交易委员会的调查，巴特勒在一次专访中表示，尽管有关方面有意愿解决问题，但白银市场操控的问题太大，以致很难有不引起巨大动荡的解决方案。

20 年来，全世界贵金属市场的参与者对金银价格被操纵的法律诉讼和公开辩论早已汗牛充栋。2004 年 4 月 14 日，称霸世界黄金市场 200 年的罗斯柴尔德家族出人意料地放弃了黄金市场定价权。无独有偶，白银市场的大哥大 AIG（美亚保险）公司于 6 月 1 日主动放弃白银市场的定价权。莫非罗斯柴尔德家族真的看淡黄金吗？若是如此，为何不在 1999 年金价跌到历史最低点退出，反而要在黄金白银价格气势如虹的 2004 年金盆洗手呢？另外一种可能就是，黄金和白银的价格最终将会失控……早早撇清与黄金之间的任何关系，如果 10 年以后，金银价格果然出了大问题，谁也怪不到罗斯德柴尔德家族的身上。如今，黄金、白银的价格果然“出事”了，黄金价格不断刷新历史最高纪录，而白银也突破 30 年来的最高点，一度超过了 25 美元，与当时相比，金银价格都已涨了近 3 倍！

没错，这里说的白银市场的大哥大 AIG，就是 2008 年金融海啸中那个被美国政府拯救的世界最大的保险公司。在 AIG 之后，白银市场的主要操纵者变成了贝尔斯登。就在 2008 年 3 月 17 日贝尔斯登垮台的当天，白银创下了 1980 年以来的最高价位——21 美元。

贝尔斯登成立于 1923 年，是美国华尔街第五大投资银行，也是美国主要的证券交易公司之一。2008 年 3 月 15 日，这家有着 85 年历史，经历了美国 20 世纪 30 年代的大萧条和多次经济起落的大投资银行，突然宣布出现严重的现金短缺。当天，美联储和摩根大通联手向贝尔斯登提供了紧急资金援助。人们只知道贝尔斯登因为在美国次级按揭风暴中严重亏损濒临破产而被收购，可是很少有人知道原来它也是美国商品期货市场上最大的白银做空者，并因做空白银遭多方逼迫到几乎被迫平仓的地步。2008 年 3 月 14 日，白银价格在接连上涨近一个月后，由每盎司 17 美元一直冲到近 21 美元。贝尔斯登没钱补仓抵挡不住，这恐怕就是它突然宣布出现严重的现金短缺的另一个重要原因。眼看就要被迫平仓，这不仅会使其做空白银的所有资金血本无归，而且也有可能让白银价格立刻失控，并引发金价暴涨和美元暴跌。美联储见势不妙，紧急救援。贝尔斯登得到一笔为期 28 天的借款，这笔款项是美联储通过摩根大通借给贝尔斯登的，但贷款风险由美联储来承担。这也是 20 世纪 30 年代大萧条以来，美联储第一次以这种方式贷款。尽管得到短期借款，贝尔斯登仍然无力回天，难逃彻底覆灭的下场。2008 年 3 月 16 日，在美联储紧急出手，同意“包底”300 亿美元贷款支持摩根大通公司后，摩根大通公司随即宣布对贝尔斯登的收购，挽救了一场严重的白银价格危机。

摩根大通收购贝尔斯登后，立刻开始对白银价格实施新一轮的打压。从 3 月 18 日开始，也就是摩根大通接替贝尔斯登的第二天，白银价格开始突然暴跌，到 3 月 20 日，仅仅三天，白银价格就从每盎司 21 美元暴跌到每盎司 17.5 美元，白银价格一个月的涨幅全部丢失。此后，摩根大通和汇丰银行联手继续追杀白银，到 2008 年 8 月，两家共持有 85% 的白银净空头仓位，白银市场在这两大银行的联手打击下一路下跌，8 月 15 日跌破 13 美元，10 月底至 12 月初，竟然跌到每盎司 9 美元上下，回到了 2006 年的价格水平。

这一切自然逃脱不了白银市场分析专家巴特勒的眼睛。为何会出现银行大幅增加做空白银头寸的情况？巴特勒就此向美国商品期货交易委员会和国会议员们多次提出质询，最后，他得到的解释是由于摩根大通接手了贝尔斯登。在此之前，巴特勒和所有的白银投资者对白银市场上到底谁是最大的空头这个问题一直没搞清楚，因为期货交易报告上并不披露参加交易者的身份。巴特勒的市场分析报告一直是用一种没有指名的方式来描述，直到这时，巴特勒才恍然大悟，原来贝尔斯登和摩根大通就是打压白银价格的主力。巴特勒将这一内幕抖搂出来，引起了市场的强烈反响，激起广大白银投资者的公愤。这才引出了美国商品期货交易委员会对摩根大通的调查，随后又有很多投资者对摩根大通和汇丰银行非法操控白银市场发起诉讼。

在广大投资者越来越大的压力下，2010 年 9 月，摩根大通宣布为了满足美国新出台的金融监管法案《多德—弗兰克华尔街改革与消费者保护法》的要求，停止自营业务，裁减大约 20 名在伦敦的商品期货交易员，这些人交易的品种中就包括白银，结果白银市场闻声而起，价格立刻突破 21 美元，打破了 2008 年 3 月 17 日贝尔斯登垮台时创下的高点。1980 年以来，白银价格两次突破最高纪录，都和白银市场的主要操纵者出了大麻烦有关，难道历史真是充满了有趣的巧合？

值得注意的是，对白银市场的很多大动作都是从伦敦进行操作的，AIG 如此，摩根大通也是如此，这主要是为了避开美国监管机构的麻烦。

对白银价格的操纵，人们耳熟能详的就是 20 世纪 70 年代美国大富豪亨特兄弟囤积白银，最后惨遭失败的案例。通过这个案例，教科书反复教诲人们，市场监管是有效的，操纵期货市场的行为已经永远结束了，谁要再想操纵白银价格，亨特兄弟就是前车之鉴。

其实，操纵白银价格并不仅限于囤积白银的抬价行为，更应该包括大规模“裸卖空”白银所产生的价格压制效应。对于后者，美国期货交易管理部门从前并未认真调查过。也就是说，州官可以放火，百姓却不能点灯。做空白银有理，做多白银必究。

与黄金的情况一样，世界白银市场的定价权始终掌握在华尔街—伦敦轴心手中。纽约期货交易市场负责“纸白银”定价，而伦敦金银市场协会（LBMA）则决定着“实物白银”的定价，在双方通力合作之下，白银价格在通货膨胀面前，始终显得灰头土脸。如此一来，所谓白银的货币属性看起来简直就像个笑话，最普通的金属都能有效对付通货膨胀，白银连这点本事都没有，还能奢谈货币属性？白银被彻底妖魔化为普通工业金属。请注意，在人们的脑海里，工业金属和贱金属几乎可以画等号。

这就是普通人乍听到白银投资觉得莫名其妙的原因！国际银行家巧妙地制造了白银价格长期疲软，并充分利用了这一心理效应来掩盖白银的货币本质，从而使美元体系的赌局更大更刺激。

在几十年中有效压制白银价格却也不是件容易的事，供求关系决定价格的经济学规律好比物理学中的牛顿三大定律，是个无法撼动的铁律。工业需求是板上钉钉的事，很难有做手脚的余地，于是打压白银价格就只有从人为加大供应量来破题了。压低白银价格可以有效遏制白银的投资需求，而白银的货币属性在一个面临日益通胀的世界经济生态环境之中，其被激发出来的潜在投资需求才是未来白银供求关系的焦点问题。如果实物白银的供应量不足，那么只要创造出惊人的“纸白银”供应量，同样可以达到白银“供过于求”的理想效果。而华尔街—伦敦轴心正是沿着这条思路来操纵白银价格的。

白银市场：1 个瓶盖与 100 个瓶子的游戏

部分准备金制度原本是银行业所采用的一种对金钱进行“放大”的制度，中央银行创造出的每一块钱当存入银行系统时，都能在这个制度下被银行系统放大 10 倍后进行信用输出。形象地说，部分准备金制度的核心，就是玩 10 个瓶子只有 1 个盖子的游戏。储户的钱就像盖子，银行以盖子为基础放大了 10 倍的信贷就像是瓶子，只要大家在任意时刻只看 1 个瓶子时，盖子总在上面，游戏就没有穿帮，否则就会出现银行挤兑，严重时将导致金融危机。1 个盖子所对应的瓶子越多，玩这个游戏的难度越大，玩砸的可能性越高。2008 年金融海啸中倒掉的那些大的金融机构都是因为玩得太疯而出事的。这些机构在最疯狂时，玩的是 1 个盖子要盖 50 个瓶子的游戏，稍有不慎就会满盘皆输。

如果说 1∶50 的盖子游戏最终导致了严重的金融危机，那么白银与黄金市场的游戏玩得就更疯了，这个比例是 1∶100！

在目前的世界白银市场中，每一盎司实物白银背后，有 100 盎司的各类纸合约号称拥有它！在经过 100 倍的放大后，白银交易看起来供求两旺，交易频繁，市场繁荣。在这样被超级泡沫化的“纸白银”市场中，价格终于被合理地“发现”出来，这就是极其低廉的白银价格，而且看起来白银的供应量似乎可以无穷无尽。用幻想出来的 99% 的“纸白银”交易量，来彻底左右 1% 的实物白银交易价格，实在是个天才的想法。只要 99% 的持有“纸白银”的人，不来要求兑现白银实物，这个游戏就可以高枕无忧。最后决定白银价格的是国际银行家们永不匮乏的美元，而不是白银真实的供求关系。

可笑的是，即便在号称“实物白银”交易的伦敦金银市场上，其绝大部分交易也并非“实物”交割，而是通过“号称实物”的“纸白银”过户。这种户头有个学名，叫作“非实物账户”。按照伦敦金银市场协会的定义就是：“这是一种没有具体金属块与之对应的账户，客户拥有的是对金属块的承诺……交易由借贷双方根据借贷余额在账户上交割。账户所有者并不直接拥有具体的黄金或白银金属块，而是由账户所在的交易商的金属库存作为抵押。该客户是没有实物确认的（金银）所有者。”其中，最后一句话最实在，拥有“纸白银”的人其实是“没有实物确认的（金银）所有者”。

2010 年 3 月 25 日，美国商品期货交易委员会在华盛顿举行听证会，调查白银市场可能存在的价格操纵行为，会议记录中突显了这一问题的严重性。

各方对美国白银期货市场大量卖空合约是否构成价格操纵的激辩

奥马里（美国期货交易委员会专员）：你认为当白银期货到

期时，如果买方要求交割白银实物，这对卖空方会构成问题吗？

克林斯琴（前高盛大宗商品研究部主任）：不，我一点儿都不担心，因为几十年来一贯如此。另外一个原因是，（当白银实物要求被兑现时）一些其他的机制可以使用现金交割；第三，很多人都知道今天所调查的白银和黄金市场中，几乎所有的做空仓位都是在对冲风险，期货做空合约对冲的是（伦敦实物）OTC市场（场外交易市场）上买入（实物金银）的风险。所以我真的不认为有什么风险存在。

这里出现了一个可笑的问题，当买家要求白银现货，而卖方手中没有实物，于是提出能不能赔钱了事，这本身就是违约行为！因为期货合约中已经明确规定了交货的时间、地点和货物成色与数量，任何不能按照合约进行的行为都是违约行为，而克林斯琴居然不认为这是风险！更可笑的是他第一条的逻辑，以前的庞氏骗局没出事，所以现在也不用担心。

紧接着黄金反垄断协会的道格拉斯上场了。

道格拉斯：我们谈论的用期货对冲现货市场风险，可是如果我们看看现货市场，伦敦金银市场协会每天净交易2 000万盎司的黄金，相当于220亿美元，一年约5.4万亿美元……从伦敦金银市场协会的网站上你能看到，这些所谓的“非实物账户”交易背后并没有实物。它们是在部分准备的情况下交易的，你无法交易这样的规模，因为地球上没有这么多（金银）。所以那些在（美国期货市场）做空的人，在（伦敦金银）市场上实际上是用纸片对冲纸片的风险。

（8秒钟沉默）

在这里，道格拉斯指出了问题的要害，那就是为什么在华尔街做空白银期货的人要跑到伦敦柜台交易实物市场去“对冲”所谓的风险。原因在于美国期货市场对期货合约有着明确的监管条例，任何做空白银的人必须有90%的被确认的现货来源，否则就是涉嫌操纵市场。而伦敦的金银OTC市场，号称是“实物市场”，交易的却是“无实物”账户，但伦敦金银市场协会乃是“自律”组织，充分相信大家是“自觉的”，所以并不硬性规定交易参与者拿出真金白银来验货，而且OTC市场是个不透明的市场，没人准确知道什么东西在交易，成交价格是多少。所以华尔街的白银操纵者在伦敦可以大展拳脚，他们用伦敦市场的所谓“实物交易”拿到美国监管部门说明为什么在华尔街大举做空是合理对冲，从而避开美国监管，大玩特玩以纸片“合理”对冲纸片风险的游戏。

伦敦号称“实物白银”市场，每天大约交易着1.25亿盎司白银，但它的金库中可以交割的真实白银实物不过7 500万盎司。纽约期货交易市场处在开仓状态的白银合约大约8亿盎司，但它实际可供交割的现货白银仅5 000万盎司。伦敦和纽约白银市场总共可以进行交割的白银实物量约为1.2亿盎司。据国际清算银行在2009年6月的统计，“其他贵金属类别”（绝大部分是白银）的衍生产品余额高达2 030亿美元，相当于120亿盎司白银（大约20年的白银矿产总量）!

展现在我们眼前的是一个超级虚拟化的白银市场，一个被价格操纵的市场，一个高倍杠杆化的市场，一个时刻处在挤兑危机之下的市场!

白银操纵调查

2010年3月25日，美国期货交易委员会的白银价格操纵听证会主要调查2008年9月以来黄金白银市场的操纵问题。本次听证会邀请了16名人员参与做证，包括监管者、交易所官员、银行、交易商、经纪公司、投资者等。其中，最具震撼力的就是伦敦贵金属交易员安德鲁·麦凯尔的关于摩根大通操纵白银价格的证词。

诡异的是，听证会的第二天（3月26日），麦凯尔和妻子在英国伦敦“意外”遭遇车祸并被送进医院抢救。据当时正在路上行走的目击证人指证，“一辆车从辅路上斜刺冲过来撞上了他（麦凯尔）的车”，当目击者试图拦住企图逃跑的肇事车辆时，那个开车的人猛然加速，目击者急忙闪开险些被撞，紧接着肇事车在逃跑过程中又撞上了另外两辆车。在警察紧急围追过程中，还调用了直升机，最终将肇事者逮捕，案情至今没有公布。

麦凯尔究竟是何许人也，敢于挺身而出曝光白银操纵黑幕，又是因何险遭暗算的呢？世界黄金反垄断协会（GATA）在2010年3月23日的报道中说：“伦敦贵金属交易员安德鲁·麦凯尔曾与黄金反垄断协会负责人安德里·道格拉斯联系，摩根大通的（白银）交易员向麦凯尔提供了第一手的贵金属市场被操纵的信息，并向他夸耀摩根大通如何在这一操纵过程中牟取暴利。”在得到这些信息后，麦凯尔于2009年11月，向美国期货交易委员会执法部门报告了这一犯罪行为。他详细描述了摩根大通是如何向市场传递打压白银价格的信号，以及市场中的众多交易员如何识别这些信号，并在与摩根大通共同卖空白银的过程中大获其利的。具体说来，摩根大通一般会选择关键时间点下手，如期权到期日、非农业就业数据公布日、美国期货市场白银合约滚动日和其他重大事件发生的时刻。

在2010年1月26日的邮件中，麦凯尔向美国期货交易委员会说明，当摩根大通开始做空白银的时候，“我们交易员密切观察他们（摩根大通工作人员）在重大行动之前的‘信号’。第一个信号是在亚洲出现的较小的（白银）交易量。作为交易员，我们获得了暴利，但我并不想在一个被操纵的市场里和犯罪活动中（去赚钱）。例如，如果你观察今天刚开盘的成交情况，你会发现大约1 500手合约同时被抛出，而买家仅有1/5到1/10。这样的操作立刻会使每个卖空合约赚取2 500美元，看多的一方立刻损失并很可能被强制平仓。也许你可以自己察看一下谁是背后的卖空者。注意，在短短的10分钟之内，2 800手合约顷刻之间击垮了买盘的力量。这不可能是正常商品交易中寻求最佳价格的行为。”

为了进一步说明自己的指证，麦凯尔曾在2010年2月3日通过电子邮件向美国期货交易委员会执法部门高级调查员埃鲁德·拉米来兹发出预警，白银市场将在两天后的2月5日被“袭击”。在邮件中麦凯尔写道：“伦敦的贵金属交易员们都知道，摩根大通在3月开始讨论关于在（白银做空仓位）限制之前，将尽最大可能清除掉做空仓位。我对那些不在这个圈子里的人感到遗憾，巨额财富将在这天易手，在我看来，这正是美国期货交易委员会对于非法操纵市场行为的错误定义所导致的。”

在2月3日的邮件中，麦凯尔向美国期货交易委员会“预测”了两天后的白银市场将会出现的行情：“非农就业数据将在美国东部时间早上8：30公布，此刻将会出现两种情形，无论是数据好与坏，白银（和黄金）价格都将在海量的卖空操作中大幅下跌，目的在于击穿技术支撑线。尽管我毫无疑问地将会在此次操纵中获利，但这个例子说明，当高度集中的仓位情形被（美国期货交易委员会）允许时，市场将是何等容易地被少数交易员所操纵。第一种情形是坏消息出现（就业数据很差），这对黄金和白银是利好，因为（坏经济消息）将削弱美元，贵金属会吸引投资人，（金银）价格将走高。这一过程将持续很短的时间（1~5分钟），然后将涌现数千手新的卖空合约，（卖空袭击）将彻底打垮新的买入合约，并使贵金属价格暴跌至关键技术支撑点以下。第二种情形是好消息（就业情况比预计好），这将导致大规模的卖空合约立刻抛出，（白银）价格顿时暴跌。做多的人将立刻被击穿止损线，价格也将跌破技术支撑点。在两种情况下，都是两个主要做空大户（摩根大通和汇丰银行）出手，他们将获得暴利。我们这些人会被‘邀请’加盟，对（白银价格的）下跌落井下石。”

2月5日的市场行情与麦凯尔的“预测”完全一致！

2010年5月9日，美国媒体《纽约邮报》以“联邦政府开始调查摩根大通的白银交易”为题，大幅报道美国联邦政府开始对摩根大通在白银市场的操纵行为进行刑事和民事犯罪的双重调查。“据不愿披露姓名的消息人士透露，期货交易委员会负责民事犯罪调查，司法部开始调查刑事犯罪行为。调查范围涉及广泛，联邦政府官员查看了摩根大通在伦敦金银交易协会的贵金属交易记录，这是实物（白银）交易市场，同时也调查了摩根大通在纽约商品交易所的（白银）期货和衍生品的交易情况。据财政部货币控制办公室的报告显示，摩根大通在2009年最后三个月里增持了白银衍生品总量高达67.6亿美元，相当于2.2亿盎司（约6 800吨白银）……据指控，在做空白银的操作中，摩根大通大规模卖空白银期权合约或实物白银，以此行为来打压白银价格。”

《纽约邮报》的报道强烈震撼世界白银市场，白银价格闻声一天暴涨6.5%！几天以后，摩根大通发表声明：“摩根大通没有受到司法部的刑事或民事的白银交易调查。”

如果亨特兄弟当年囤积2亿盎司白银来推高白银价格算是惊天大案的话，在今天白银期货与衍生品市场上动辄120亿盎司的大手笔面前，亨特兄弟只怕要为自己出这么大名而羞愧难当了。

蹊跷的是，与2008年9月18日美国货币市场几乎崩盘的消息一样，白银价格操纵的世纪大案似乎也没有引起太多美国主流媒体的兴趣。

2010年10月26日，在美国商品期货交易委员会召开的听证会上，主任委员奇尔顿表示：“一些市场参与者不断采取欺诈手段来影响和控制白银价格，对于这种并非光明正大地控制银价的不诚实行为，必须予以严厉查处。”该委员会正对白银市场进行为期两年的高规格调查。

与此同时，在收集到大量证据的基础上，操控白银市场的最大两家银行被投资者告上法庭。国际媒体2010年10月27日发布报道称，摩根大通和汇丰银行被控囤积大量短期空头头寸，以操控白银期货价格。自称在纽约金属交易所从事白银期货和期权合约交易的投资者表示，上述两家银行密谋压低白银期货，互相告知大宗交易，并利用巨大仓位发布指令影响市场。该垄断行为和市场操纵使投资者权益遭受严重损害。投资者声称，这两家银行还安排所谓的模拟交易命令，即提交未被执行的大订单，但对价格产生影响之后，在将要被执行之前突然撤销订单。投资者提交的材料显示，摩根大通和汇丰银行在2008年8月共持有85%的白银净空头仓位，到2009年第一季度持有79亿美元的贵金属衍生品。

截至2010年11月24日，针对这两家银行的诉讼至少已达25起。

至于这两家大银行最终是否会受到法律的制裁，还有待观察。众所周知，此次全球金融危机的祸根就在华尔街，就在美联储。但它们太大，大到不能倒，大到法律约束不了，资本主义时代的金权与封建主义的王权都是凌驾于法律之上的。摩根大通是美国最大的银行之一，其金融衍生品的价值约70万亿美元之巨，它的倒台将引发比雷曼兄弟银行倒闭更严重的冲击。求着它不倒还来不及呢，哪里还敢动大刑？然而，市场规律却是铁面无情的。不管是谁，违背市场规律都逃脱不了最后的惩罚。对白银和黄金市场的打压，违反了供求关系的铁律。在需求日益增加，供应越来越少，资源逐渐枯竭的白银市场上，长期大举做空是不可能不受惩罚的。规模愈大，时间愈长，惩罚愈重。

挤兑危机之下的白银市场

尽管人们对美国法院能否制裁摩根大通和汇丰银行这样的金融大鳄不抱任何幻想，但这件事让全世界的投资人重新认识了白银的价值。白银的价格这样低，并不是因为它和白菜是一路货色，而是被AIG、贝尔斯登、摩根大通和汇丰银行这样一些超重量级的金融大鳄拼命追杀的结果。白银是美联储不惜一切代价也要除之而后快的“美元撒手锏”，同时，白银更是不久的将来会在投资市场上大放异彩的“灰姑娘”。当全世界的投资人都明白这个道理后，白银这个“一代天骄”，立即会引来市场上“无数英雄竞折腰”。

在白银的增值潜力方面，巴特勒远比巴菲特更有眼光和耐心。巴特勒认为正是因为有了几大银行人为地压低白银价格，才使普通投资者遇到了千载难逢的投资机会，而市场的供求关系将保证白银的买入方最终战胜做空的大银行。事态的发展将会印证巴特勒曾经设想的白银价格最终爆炸性增长的几种情况。

第一种情况是，大银行的卖空合约被迫平仓对白银市场的影响。当市场发现了白银的增值潜力，大量买盘涌进，不断推高实物白银的价格时，大银行的卖空合约将受到巨大的交割压力。最终迫使其到期要么支付实物白银，要么买入与卖空合约相等数量的合约，即被迫平仓。目前，仅在纽约期货交易所做空白银的合约总量就相当于 5.5 亿盎司，相当于卖出世界市场所有白银现货的 79%，卖空方如果不出血本，从哪里找得到这么多的白银现货来卖呢？

第二种情况是，出租白银的被迫归还对白银价格的影响。从 20 多年前开始，多国央行就通过出租白银的方式将大量白银抛向市场，借以打压银价。为什么会有出租白银之举呢？因为有些银矿由于种种原因不能按时交货，所以就从金银现货交易银行暂时租借白银以保证按时交货。等以后白银开采出来，再按原数归还，外加 1% 或更低的利息。同样的道理，金银现货交易银行也可以向中央银行租借白银。中央银行借口白银堆在仓库里又不能生利息，于是就很乐意地将大量白银储备租借出去，好歹还能收 1% 的利息。而金银现货交易银行租到这些白银现货后，把其中的绝大部分都抛向市场套现，再用所得现金购买收益率为 5% 的国债。在还给央行 1% 的利息后，可稳赚 4%。通过这样的方式，中央银行和金银现货交易银行不露痕迹地压制着白银市场的价格。

巴特勒估计，过去 20 年来，可能有几亿甚至上十亿盎司的白银是通过出租这种形式流入市场的。理论上讲，这些租出去的白银最终还得归还中央银行。可是这些白银大部分已被当成工业原料用掉了，不可能原数奉还了。一旦白银价格最终还是压制不住而暴涨，中央银行开始要求租借方归还，租借方必须从市场上买回等量的实物白银。这些实物白银是在纽约商品交易市场上被做空的白银之外的另一大批白银现货，购回这批白银现货将对白银价格造成巨大冲击。如果这种情况出现，仅此一条，白银价格就可能剧烈上涨，这也是那些租借白银的金银现货交易银行拼命想要压制银价的一个重要原因。

第三种情况是，工业用户的恐慌性储备对白银价格的影响。白银是具有成千上万种用途的原材料，它在许多产品中都是关键性要素，但用量却不大，这一特点使白银的需求不因价格的升高而下降，即所谓刚性需求。随着投资需求的激增，3 万多吨的白银库存将很难满足需求，而新增白银矿产量周期长达数年，而且还多是伴生矿，远水难解近渴。这样一来，白银就会出现断货，而且断货的时间也会越来越长，从几天到几周，后来可能长达几个月。工厂的生产线不能因为白银断货而停产，于是企业必然未雨绸缪，抢先储备，这就必然导致白银价格的飙升。

白银是一个非常奇妙的投资品种，在金融危机后的货币宽松时期，它和黄金一样随着美元贬值而上涨，当经济真实复苏后，由于大量的工业需求，白银又会展现其工业原料的特性，随着供求关系而升值，这是一种得天独厚的双重优势。

当今世界的白银市场规模小得惊人，全世界地面以上的白银库存仅 3 万吨，价值不过 1 000 多亿人民币，比中国农业银行上市的融资规模还要小得多。目前，世界白银市场的实物与“纸白银”的比例极端悬殊到 1∶100，100 盎司“纸白银”交易背后，只有 1 盎司实物做支撑，如果说金融市场 1∶50 的高倍杠杆最终导致了金融海啸席卷全球，那么比这一比例再高一倍的白银市场其实是处于随时可能出现挤兑的危险边缘。

一个极度扭曲的、高倍杠杆的、规模极小的白银市场，蕴含着严重冲击世界金融体系的潜在能量！

当格林斯潘等人在 1995 年探讨黄金价格暴涨可以有效降低美国负债时，他们笃定能够胜券在握。由于美国和欧洲总共控制了中央银行的黄金储备高达 2 万吨以上，拥有着对实物黄金市场无可置疑的定价权，再加上华尔街—伦敦轴心对黄金期货和其他黄金衍生产品市场拥有的绝对控制力，他们可以实现黄金价格有控制地涨跌，并掩护美元“成建制”地撤退，在大幅降低政府负债的同时，继续维持美元世界货币霸主的地位，实现美元危机的软着陆。

但是，他们忽略了一个重要变量，这就是白银。

由于金银比价的历史惯性和金银市场之间明显的心理互动能量，如果世界白银价格突然而猛烈地上涨，将会打乱黄金价格上涨的节奏，失控的白银价格所激发出的世界金融市场的避险情绪将像横冲直撞的火牛阵，直接冲击黄金市场的阵脚。如果实物白银供应告罄，纽约的白银期货市场将出现大范围违约，对实物白银极度渴求的投资人，将顷刻把纽约期货交易市场的 5 000 万盎司可交割白银实物挤兑一光。当大家在纽约“纸白银”市场彻底失望之后，马上开始成群结队地涌向伦敦的“实物白银”市场。但是，他们马上发现这个仅有 7 500 万盎司现货的所谓“实物白银”市场，原来竟是“无实物账户”，绝大部分白银拥有者只是“没有实物确认的（金银）所有者”。同时，白银市场的恐怖消息将诱发黄金市场的挤兑，别忘了，这也是个 1∶100 的超级瓶盖游戏。

这时，全世界将猛然发现，原来黄金和白银是深埋在地下的世界信用货币摩天大楼的基石，基石一旦动摇，建立在信用货币之上的更为庞大的债券市场、股票市场、货币市场、外汇市场，以及数百万亿美元的金融衍生品市场，将晃动得更加猛烈！

此时，全世界的金融市场都将依赖政府救助。

但此时的欧洲和美国政府却无能为力，白银毕竟不是可以搞个“量化宽松”文件就能变出来的。欧美政府原先巨大的白银储备早已在过去的几十年里卖光了，从而失去了直接影响市场价格的最重要的筹码。

紧急开采银矿能够平息世界白银挤兑的风潮吗？可以，但远水难救近渴，要开采银矿，从资源勘探、新增设备、扩大生产规模，到总供应量明显提高，至少需要 3~5 年时间，黄花菜都凉了。

白银库存，犹如一个高悬的堰塞湖，在危险的市场信心的游戏里，艰难地保持着极端脆弱的平衡。

美元的长期贬值与白银的历史机遇

2014年，美国终于开始逐步退出量化宽松的货币政策，人们普遍认为这是美国经济已经复苏的信号，美元即将步入强势的长周期，金银价格面临着漫长的大熊市。

其实，判断长期趋势需要历史的纵深感！

2000年以来，黄金白银大牛市的根本动力究竟是什么？归根到底乃是由于美元的全球供应过剩！实际上，任何商品的价格都是由两个供求关系共同决定，一个是商品本身在市场中的供求关系，另一个则是货币本身的供求关系！人们往往关注前者，而忽视了后者的作用。最明显的案例就是西方历史上的“价格革命”。

自西班牙在16世纪中叶发现美洲大银矿以来，到18世纪末，欧洲输入了大约10万吨美洲白银，西班牙在150年中物价暴涨了4倍，其他欧洲国家也遭受了严重的通胀。在这一时期，欧洲的工业革命尚未爆发，各类商品的供求关系基本未变，但货币的供求关系却发生了巨大变化，货币本身出现了严重的供过于求，这是“价格革命”的本质。当今超发的美元如同从前西班牙输入的美洲白银，只不过规模更大、货币更多、波及更广罢了。

不过，1999年诞生的欧元体系从根本上改变了美元的全球供求关系，欧盟这一世界上最大的经济体内部的贸易结算不再使用美元，美元被欧元赶出了欧盟的贸易版图，这使得美元出现了结构性的过剩。欧元对贸易结算的冲击最终必然反映在国际储备货币的比例上，因为各国持有外汇储备最根本的目的之一就是为了国际贸易结算。美元在外汇储备中的比例从2001年的72.7%一路下滑到2013年的61.4%。外汇储备多样化已成为各国央行的共同选择，其本质体现出国际贸易与外汇储备逐步“去美元化”的世界性潮流，这一进程将加速美元结构性过剩的趋势。

正是在1999年欧元宣布“货币独立”之后，国际市场上的黄金、白银、石油、粮食等大宗商品开始出现了一个持续十余年的大牛市，从1999—2014年，大宗商品价格普遍上涨了200%~300%，这15年来商品价格暴涨的幅度与16~17世纪150年的“价格革命”相当，而时间仅为后者的1/10。如果再往前看，1971年美元与黄金脱钩之后，美元出现了战后第一次全球供应过剩，大宗商品同样上涨了200%~300%。可以说自1971年以来，全球商品价格大涨背后的主导因素正是美元的供应过剩。

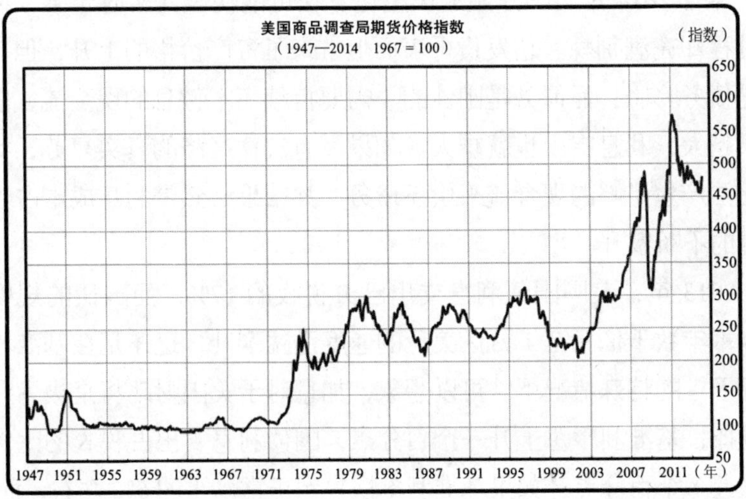

继欧盟宣布“货币独立”之后，金砖五国也不堪忍受美元霸权的压迫，于2011年4月开始正式启动金砖国家之间的贸易本币结算进程，竖起了“货币起义”的大旗。金砖五国，即中国、俄罗斯、印度、巴西和南非这五个国家，占世界领土面积的近30%，人口占全球总人口的42%，贸易占国际贸易的15%，既有广阔的市场规模，又有丰富的自然资源，各国之间的贸易增长远高于世界平均水平，堪称是世界经济与贸易增长的发动机。如果说欧元打劫了美元贸易结算的存量，那么金砖五国的“货币起义”将抢走美元贸易结算的增量！

与此同时，南美洲国家联盟也掀起了反抗“美元暴政”的浪潮。2011年8月，南美12国集团发表宣言，决心推进集团内1 200亿美元的贸易结算本币化，以摆脱美元的控制。

金砖五国与南美12国联手，世界“去美元化”的进程将大大加速。货币区域化已成为未来全球的大趋势，一个世界货币的“战国时代”刚刚拉开序幕。美元全球供应过剩的矛盾将在未来 10 年里逐渐激化。

即便不去考虑未来白银需求在工业领域的强劲增长，也不考虑白银矿藏与库存的极度短缺，仅仅是未来 10 年美元过剩无可挽回的局面，就已经足以判断白银的价格趋势了。

尽管 2014 年美国开始退出量化宽松可能使美元暂时走强，但这一过程却充满荆棘。超发货币表面上带来了资产价格的上升，但其本质是债务膨胀！而债务是刚性的，需要持续还本付息的现金流，债务规模越大，利息支出也就越大。如果没有实体经济的真实复苏，实业将无法产生足够的现金流来偿还债务，其结果必然是利息成本占收入比重的不断攀升。

2013 年，美国国债利息支出已占税收的 17%，而国债的规模仍在以每年数千亿乃至 1 万亿美元的速度迅猛攀升，这还是在基准利率接近于零的特殊情况下。可以想象，加息对于美国财政将是极为痛苦的选择，基准利率每上升一个百分点，国债利息支出占税收的比例将猛涨近 7 个百分点，如果基准利率恢复到正常水平的 5% 左右，而 10 年国债收益率达到 5.7% 的平均水平，国债利息支出将轻易达到令财政难以为继的程度。美国当然不愿意出现国债违约的预期，因此大幅加税或持续贬值美元就成为必须面对的抉择。而大幅加税不仅将削弱消费能力，窒息经济复苏，更相当于政治上的自杀，很难有总统敢冒这样的风险。最终，贬值美元将是唯一现实的出路。

不过，贬值美元的代价必然是加速世界各国“货币起义”的步伐，而“去美元化”的提速又会导致美元征收全球“铸币税”的减少，加剧财政恶化的困境，迫使美元进一步贬值，这将是一个恶性循环的开始，直至美元危机的爆发。

美国能否赶在恶性循环之前振兴经济，挽狂澜于既倒呢？《货币战争 5：山雨欲来》一书已经给出了分析，结论是，货币宽松解决不了问题，货币宽松本身才是问题！

资料来源：默克投资、美国劳工统计局

金融危机之后的货币刺激，虽然拯救了金融系统免于立刻崩溃，但这却是以实体经济的长痛为代价。股票市场的畸形繁荣依靠的是上市公司的股票回购，股票回购的资金源于严重泡沫化的债券融资，而债券融资的低成本全赖美联储的购债操作。在货币泛滥的状态下，金融资产的回报远高于实业的利润率，资本追逐资产回报的冲动压制了投资实业的热情，结果是就业率创下 35 年的最低，国家财政税收的增长微不足道，房地产市场充斥着全现金的机构投机者，而中产阶级的真实收入却倒退到 20 世纪 70 年代初，负债累累的普通人已难以激活消费。

这正是货币宽松最终失败的原因，也是埋下美元未来大贬值的祸根。

在本书第一版创作的两年里（2008 年秋到 2010 年秋），受金融危机的影响，白银价格一度跌至每盎司 9 美元，并在大部分时间里稳定在每盎司 15 美元附近，由此书中判断银价处于被低估的状态，建议读者应该考虑白银投资。在第一版 2010 年秋完稿之后，银价即从 18 美元开始一路剧烈攀升，并在 2011 年夏一度逼近 50 美元。当然投机性狂热很难持久，银价最终回到了 20~25 美元的稳定区间。美元长期贬值已是无可挽回的趋势，同时白银的开采成本正在显著上升，现在有理由判断白银又一次处于被低估的状态，在未来的价值发现过程中，白银将再度引发世人的关注。

注 释

[1]〔德〕弗兰克，《白银资本》，刘北成译，中央编译出版社，2008 年。

[2] 同上书。

[3] 同上书。

[4] U. S. Geological Survey，*Mineral Commodity Summaries*，2010.

[5] Silver Institute，*Demand and Supply in 2009*.

香山的秋夜，静谧而淡然。在一间茶馆的露台上，月色流淌，微风习习。一群志同道合、意气风发的年轻人，常常放弃节假日和周末，聚在一起，共同研究和探讨近百年来中国的金融对社会各个领域的影响与作用。这群人就是《货币战争 3》的研究小组成员及志愿者。在经过了一天紧张的研究工作后，大家常常在此轻松讨论，梳理思路。

郑莺燕，研究小组中唯一的女生，大家亲切地称她“小神妞”。因为她迥异于中土人士的眉眼，常常会让人联想到其祖先很可能是一位波斯公主。她一开口便有如水银泻地，那股子“神”劲儿，让人绝对找不到合适的英文对应词，那是幽默犀利、机灵古怪和特立独行的混合体。她知识广博，一针见血，对细节近乎严苛的认真态度，为她赢来了“史上最伟大的挑剔者”的名头。在讨论最初的稿子时，她毫不留情地说：“这是什么？推倒重来！我要是读不下去，读者也会读不下去！艰深、晦涩、线索太多、人名太多、术语太多，记不住、听不懂！普通人看不懂，你的书还有价值吗？”她代表读者对书稿的责问，令我大感意外，以前写东西只管自己痛快，很少顾及读者的感受。她力主的读者阅读体验的观念，使我深受触动。于是，两遍、三遍、四遍地调结构、改文字、理线索。

杨巍，从来不与任何人正面辩论，双子座的性格在他身上体现得淋漓尽致。他总是委婉而客气地表达自己的看法。老杨是我从小一起长大的铁杆兄弟，从幼儿园到大洋彼岸的美国，我们几乎都在一起。他比我早一年到美国，从生物、电脑、MBA 到投资银行，他的学习和工作经历远比其他人丰富。尤其是他在日本富士银行和中国香港施罗德公司的工作经历，使得他对美国和亚洲的金融市场有着直接的体会。于是，他承担了繁重的日本资料筛选和交叉验证的工作。在最后4个月中，他还深入研究了苏区、边区和解放区的金融问题，后来，老杨见人就说，在研究了中国共产党的金融创新之后，他佩服得想交入党申请书。

苗刚，他的典型特点就是常常皱着眉头晃着脑袋说：“这个数据不一定靠谱，必须找到第二来源。”一旦找到一个重要线索，苗刚就立刻像变了一个人，时而眉飞色舞，时而义正词严地从三皇五帝一直侃到地老天荒，尽显北京男人惊人的口才。大家一直认为他当年应该去参加中国人民大学的辩论团，后来传说苗刚在美国哥伦比亚大学师从蒙代尔学习金融时，又练就了一身英文侃爷的硬功夫。除了演讲的天赋外，苗刚对数字也相当敏感，在他把关的“质量控制”环节上，数据校对和信息来源都得到了很大改进。

薛小明，令人印象最深刻的是他西北人特有的憨厚朴实。在他的观点受到挑战而情绪激动时，这个娃娃脸的男生也会与对方争得面红耳赤，但由于语速很慢，往往不占上风。这位国际关系学院的研究生，学习勤奋，英语阅读能力很强，对金融和历史研究充满激情，他为资料的收集和整理做出了重大贡献。

《货币战争3》研究的重点是中国近代史上的金融问题。从1840—1949年，要查阅的各种与金融相关的资料堪称浩如烟海。从朝廷奏折、皇帝朱批、民国档案、外国及各省报纸、外国使团密电到国际金融市场同期债券发行记录、中外各大金融家族的活动情况、外债统计、海关关税、盐税、厘税的统计报告、各国解密档案、当事人的口供及笔录，当然还少不了数百本金融货币史和人物传记的书籍。在香山红叶缤纷的时节，大家忘却了尘世的一切烦恼，全身心地遨游在浩瀚的历史资料的海洋之中。

对这本书贡献最大的还是广大读者。在我的微博中，无数博友热情地提出了建议，当然，也有很多中肯的批评。正是这些同事和朋友的巨大鼓励和期待，使我能够最终坚持下来。

我一直有一种信念：一个人的价值，不体现在与别人相同的东西上，而体现在与别人不同的东西上。“货币战争”系列著作的研究和写作过程，是一个充满挑战、艰辛与沮丧而又富于激情、振奋和豁然的过程，它已经融为我生命中不可或缺的组成部分。在世界货币战争的烽烟中，我愿做一个忠实的历史记录者。

我始终认为自己是个非常幸运的人，有这么多朋友的支持和帮助，使我常常激情澎湃。同时，面对很多争议，又使我处处冷静客观。我觉得自己已经找到了生命中最具价值和创造力的源头。当一个人在从事自己最有天赋的事情时，不吃不喝不睡也不会觉得痛苦，因为他正在努力为社会创造性地贡献价值。事实上，世界上的每一个人都与生俱来地拥有某种天赋，一个人最大的幸福就是能够尽早地发现自己的天赋。而大多数人的悲哀就在于不知道，或者放弃了自己的天赋。在我看来，教育、读书、工作和生活的全部目的，就在于找到自己的天赋，它是与生俱来的，它是不可改变的，探索并发现它将是一生的重任。

我还要感谢我的妻子和女儿，没有你们长期和毫无保留的支持与鼓励，我同样不可能成为今天的自己。

最后，谨以此书献给所有关心中国命运的读者。

宋鸿兵

2010 年末于北京香山